刑事辩护的艺术

第2版

陈瑞华 著

图书在版编目(CIP)数据

刑事辩护的艺术 / 陈瑞华著. -- 2版. --北京：北京大学出版社，2024.10. -- ISBN 978-7-301-35697-5

Ⅰ. D925.210.4

中国国家版本馆CIP数据核字第20248GH710号

书　　　　名	刑事辩护的艺术（第二版） XINGSHI BIANHU DE YISHU (DI-ER BAN)
著作责任者	陈瑞华　著
责 任 编 辑	许心晴
标 准 书 号	ISBN 978-7-301-35697-5
出 版 发 行	北京大学出版社
地　　　　址	北京市海淀区成府路205号　100871
网　　　　址	http://www.pup.cn
新 浪 微 博	@北京大学出版社　@北大出版社法律图书
电 子 邮 箱	编辑部 law@pup.cn　总编室 zpup@pup.cn
电　　　　话	邮购部 010-62752015　发行部 010-62750672　编辑部 010-62752027
印 刷 者	北京中科印刷有限公司
经 销 者	新华书店
	720毫米×1020毫米　16开本　17.75印张　302千字 2018年5月第1版 2024年10月第2版　2024年10月第1次印刷
定　　　　价	96.00元

未经许可，不得以任何方式复制或抄袭本书之部分或全部内容。
版权所有，侵权必究
举报电话：010-62752024　电子邮箱：fd@pup.cn
图书如有印装质量问题，请与出版部联系，电话：010-62756370

作者简介

陈瑞华,法学博士,北京大学博雅特聘教授,博士生导师。兼任北京大学法学院学术委员会主任、中国法学会常务理事、中国刑事诉讼法学研究会副会长、中国检察学研究会副会长。曾荣获第四届"全国十大杰出青年法学家"称号,2010年获聘教育部"长江学者奖励计划"特聘教授。

主要研究领域是刑事诉讼法、证据法、程序法理论、司法制度、企业合规理论。在程序价值理论、诉讼构造理论、程序性制裁理论、刑事诉讼模式理论、辩护理论、企业合规理论等方面的研究上具有广泛的学术影响。代表作有《刑事程序的法理》《程序正义理论》《程序性制裁理论》《看得见的正义》《论法学研究方法》《刑事辩护的理念》《刑事诉讼的中国模式》《刑事证据法的理论问题》《企业合规基本理论》《有效合规的中国经验》等。

第二版序言

与一位从事法律伦理研究的朋友交谈时,听到这样一段格言——"有时治愈,常常帮助,总是安慰。"据说,这是长眠在美国纽约东北部的萨拉纳克湖畔的特鲁多医生的墓志铭,被用来概括医生的独特职业价值。听罢,不由感到心中一震,并发出慨叹:医生如此,律师不也一样吗?

在网上搜索相关文献,发现了这句格言的英文原文:

> To cure sometimes,
> to relieve often,
> to comfort always.

笔者不才,为揭示这句格言的神韵和哲理,尝试将其重新翻译,表述为:

> 偶尔可治愈,
> 经常有缓解,
> 总是能抚慰。

的确,医生是既充满遗憾又颇为崇高的专业服务人员。说其遗憾,主要是指面对诸多疑难杂症,面对众多病入膏肓或身患绝症的病人,医生的治疗并不总能产生积极效果,经常出现力不从心的情况,造成非伤即死的无奈结果。这里既可能有医生医疗水平不高、专业能力不足的原因,也不排除有患者病情严重、讳疾忌医以致耽搁治疗等多方面的因素。在很多情况下,面对诸多重症病患,纵是扁鹊再世,孙思邈复活,也回天乏术。因此,"偶尔可治愈",是对医生治疗效果的真切比喻。

既然如此,在大多数无法治愈的病例中,医生的专业价值究竟体现在哪里呢?有过医疗经历的人都知道,无论患有何种疾病,无论病情有多么严重,也无论患者有多么痛苦,只要医生尽职尽责,准确诊断病情,对症下药,或者施以手术,还是可以在不同程度上缓解病情的。至少,医生的治疗可以减少病人的痛苦,减轻病人的症状,消除迫在眉睫的危险,甚至延长患者的寿命。这说明,对于大多数患者来说,医生的治疗尽管不一定能够"根除病症",却是可以发挥"缓解病情"作用的。

无论是"偶尔治愈",还是"经常缓解",这都是一种"结果中心论"的观察视角。其实,无论患者是否得到了"治愈",或者病情是否得到了"缓解",医生的治疗都具有一种不可替代的独特价值,那就是对病人及其亲属进行精神上的抚慰,倾听其陈述,给予其建议,协商各种治疗方案,消除其求告无门的孤独感,使其获得被关注、被尊重、被爱护的心理感受。对于那些"摊上大事""陷入困境"的病人及其亲属而言,医生既可以对其开展专业的治疗工作,也可以提供一种"感同身受的专业陪伴"。这从"过程中心论"的角度来看,可能是医生在"治病救人"结果之外所能提供的独特过程价值。正因为如此,医生在所有病例中,"总是能抚慰"病人及其亲属的心灵。

反复思考上述格言,不由得让人想到律师的职业定位问题。作为一种为他人提供专业服务的职业,律师与医生具有很多相似之处:两者救助的对象都是陷入困境的人,一种陷入诉讼或身陷囹圄,另一种则患有疾病,有健康甚至生命之虞;两者都属于提供服务和帮助的专业人士,一种为他人提供法律服务,以法律为武器维护委托人的权益,另一种则以医术为工具,为他们提供医疗服务;两者都被委托者寄予帮助其摆脱危难境地的厚望,一种是期望获得胜诉或者免受牢狱之灾,另一种则期待着解除病痛,获得康复……

与医生一样,律师通常也面临着职业定位上的困境,需要回答诸如"我是谁""我能做什么""如何满足委托人需求"以及"我的独特价值在哪里"等问题。尤其是从事刑事辩护业务的律师,在协调与委托人的关系时,经常会面临"辩护的价值究竟在于结果还是过程"的自我究问。假如将刑事辩护的价值定位为"结果",也就是为委托人追求"最理想的诉讼结果",那么,很多案件的辩护显然就是不成功的,也是"无效"的,辩护律师的作用也是难以得到发挥的。而假如将刑事辩护的价值确定为"过程",也就是为陷入危难的委托人"提供专业服务的过程",那么,律师的存在价值也是容易令人生疑的,因为无法为委托人争取有利结果的律师,充其量只是为委托人提供"专业陪伴"而已,这与那些宗教服务工作者究竟有多大区别呢?

但是,认真思考一下前面提到的格言,再联想到刑事辩护律师的职业处境,我们似乎可以走出上述困境,为这一职业作出新的定位。其实,律师与医生一样,并不会在每一个案件中都"大获全胜",更难以完全推翻公诉方的指控,无罪辩护的成功总是具有一定的或然性,属于一种"可遇而不可求"的偶然事件。"偶尔可治愈",是辩护律师和医生的共同宿命。但是,正如医生在大多数情况下可以发挥缓解患者病痛的作用一般,律师只要尽职尽责,积极运用其专业能力,在多数案件中总是可以为委托人争取一些合法权益的,如说服法院将重罪改为轻罪,改变刑罚的种类、降低量刑的幅度,将某些控方证据予以排除,将羁押措施改为取保候审,将涉案财物的追缴数额予以降低,等等。可以说,"经常有缓解",是律师和医生所能发挥的不可替代的作用。但是,偶尔治愈也罢,经常缓解也罢,对于陷入危难境地的患者而言,医生的参与和治疗本身就具有独特的价值:缓解其焦虑,使其摆脱痛苦绝望,给其精神上的鼓励和安慰。与医生相似,当委托人面临被定罪判刑的困境之时,律师的参与和帮助本身也具有一种独立的价值:使其摆脱孤立绝望的境地,处于一种协商者、对话者和被说服者的地位,获得一种受尊重、被关注以及自主决定命运的主观感受。可以说,"总是能抚慰",是律师给所有陷入危机之中的委托人提供的最大帮助。无论委托人得到什么样的最终结局,律师参与对抗、协商和陪伴本身,就具有不可替代的作用。

当然,上述说法只是对律师职业定位的解读,并不意味着律师只能秉持"宿命论",对刑事辩护工作消极应对,被动接受,无所作为。相反,律师在了解职业现状的前提下,应当树立"为权利而斗争"的精神,为委托人提供专业的法律服务。对于律师如何维护委托人的利益问题,德肖维茨曾作出过一段非常直观的陈述:一旦接受当事人的委托,担任了辩护人,就应全力以赴,利用一切合法资源,穷尽一切法律手段,为委托人争取最好的诉讼结果。用一种理论化的方式表达,就是律师应尽职尽责,承担忠诚义务,为委托人提供称职敬业的法律服务,使其获得"有效辩护"。

面对不尽如人意的执业环境,面对刑事辩护的固有难题,律师应采取有所作为的态度,提升辩护的技能和水平,利用外部的机遇和资源,掌握"说服司法官员的艺术",通过专业的法律服务争取最好的诉讼结果。尽管无罪辩护的成功是具有或然性的,但经过律师坚持不懈的努力,达到"治愈"的结果也是有一定可能的。因此,尽管"偶尔可治愈"是一种司法现象,但"尽力提高治愈的比率",却应成为律师努力的方向。与此同时,在无罪辩护之外,律师还可以开展诸多类型的辩护活动,包括旨在争取降低指控幅度的罪轻辩护,为获得宽大刑事处罚而开展的量刑辩护,以说服法院宣告无效为目的的程序性辩护,以减免涉案财物追缴为目标的法律帮助活动,等等。在这些辩护或法律帮助活动中,律师可以利用包括诉讼对抗、刑事协商在内的各种手段,最大限度地为委托人争取宽大的刑事处理。可以说,尽管"经常有缓解"是一种普遍现象,但律师仍然可以通过努力,争取达到"增大缓解幅度"的结果。不仅如此,面对委托人的强烈需求,律师不应仅仅满足于开展"法庭上的抗辩",也不应仅仅满足于履行委托协议所要求的形式化义务,更不应将辩护变成一种"例行公事"的诉讼流程,而应当在法律容许的范围内,充分地参与所有可能影响委托人权益的活动,对专门机关的决定发挥实质性的影响,并为委托人提供最大限度的法律帮助,缓解其焦虑,表达其主张,救济其权利,回应其关切,穷尽其空间。一言以蔽之,"总是能抚慰"是一种客观现象,但律师所要做的应当是"加大抚慰的力度",使所有委托人都能感受到律师的专业关怀。

  以上就是笔者近期对刑事辩护问题所作的一些初步思考。根据上述思考,笔者对《刑事辩护的艺术》一书进行了修订。在即将推出的第二版中,笔者保留了原书的整体框架和大部分内容,根据相关制度和律师辩护实践的变化,对部分不合时宜的章节作了删改。同时,根据认罪认罚从宽制度的发展情况,讨论了协商性辩护的基本技巧;根据涉案企业合规改革的推进情况,分析了律师申请启动合规考察程序、参与合规整改以及申请合规从宽处理的执业经验。一如既往,《刑事辩护的艺术》第二版将继续以"非学院派"的方式,讲述律师的刑事辩护故事,总结律师的辩护经验,提炼律师的辩护智慧,展望刑事辩护的未来。笔者深信,从刑事辩护的实践出发,掌握刑事辩护的规律,具备刑事辩护的思想和灵感,是一位律师超越"法律匠人"层级、达到更高境界的必由之路。

陈瑞华
2024 年 4 月 6 日

初版序言

这是一部姗姗来迟的著作,也是笔者历经曲折而完成的一部随笔性作品。

这部著作被冠以《刑事辩护的艺术》的书名,可能会引起读者的误会,以为这是作者对"自己"刑事辩护经验的总结和提炼。但熟悉我的朋友都知道,我不是律师,也并不从事刑事辩护业务。既然如此,为何要起这样一个标题呢?

其实,从事任何行业,通常都会经历"工匠层级""职业层级"和"专业层级"这三个境界。每一位律师,只要受过基本的法律训练,具有良好的天资,又具备"为民请命"的信念,经过十几年或者数十年的磨炼,就都可以成为一名以法律服务为业的专业工作者。但是,确实有为数不多的律师,在"天时""地利""人和"等诸多条件同时具备的情况下,既具有为权利而斗争的勇气,又具有在复杂环境下因地制宜、因时变通的智慧,在刑事辩护领域达到了炉火纯青的地步,不仅在很多案件中达到了说服裁判者的辩护效果,而且尽最大努力维护了委托人的合法权益。可以说,刑事辩护的最高层级就是"艺术层级"。对于这些站在刑事辩护巅峰之上的律师,我们有必要总结其辩护经验,提炼其辩护智慧,领略其刑事辩护的艺术。作为一名试图博采众长的"学术搬运工",我愿意像蜜蜂采撷花粉酿制蜂蜜那样,发现并分析这些律师的辩护经验,并对这些辩护经验加以总结和提炼,使之成为"中国律师的辩护艺术"。通过对律师辩护艺术的总结,我们既可以对这个时代刑事辩护的状况作出忠实的记录,也可以使年轻的律师从业者获得有益的启迪。

这部著作的写作经历了一个十分曲折的过程。早在十年前,我就作为全国律师协会刑事专业委员会的顾问,主持起草过一部律师版的"刑事诉讼法立法建议草案",与刑事辩护律师开始了密切接触。后来,与河南、山东和贵州等省律师协会就"死刑案件辩护指导规范"项目的合作,又给了我深度了解辩护律师工作状态的机会。再后来,与山东东营律师协会、济南律师协会以及贵州遵义律师协会就"量刑辩护规范"项目的合作,以及与江苏省律师协会以及山东律师事务所刑事专业联盟就"非法证据排除与律师辩护"项目的合作,也使我对刑事辩护律师的生存环境有了进一步的认识。

通过这些长达近十年的研究和调研活动,在经历了无数次深度座谈之后,我对于一些资深律师的辩护经验和智慧逐渐有了一些认识和感悟。例如,对于律师会见在押嫌疑人、被告人的三种诉讼功能的认识,也就是确立委托关系、了解案情并形成辩护思路、协调辩护立场,就是在调研中逐步产生的。又如,一些律师事务所对于律师制作阅卷笔录的专业要求,使我对阅卷的技巧茅塞顿开。至今,我在给律师授课时仍然强调的诸如"对证据笔录进行缩写""对言词证据通过图表对比反映变化过程""对证据矛盾、孤证以及重大疑问作出列举"等方面的知识,就都是在那一时期从律师那里获得的感悟。再如,对于辩护律师与委托人当庭发生辩护观点的冲突,以及诸多律师受"独立辩护论"的严重影响,当庭不理会委托人的立场而"自说自话"的辩护方式,我也是从律师那里首次了解的。在一些辩护规范中,我还接受了一些资深律师的建议,将律师"忠实于委托人利益"以及"与委托人就辩护观点进行充分沟通和协商"的观点,写入一些规范条文之中。由此引发的争议和震撼,我至今还记忆犹新。还有,在那一时期的调研过程中,我对于中国律师在刑事辩护中所面临的种种职业风险,特别是1997年《刑法》第306条所确立的"辩护人、诉讼代理人妨害作证罪"使律师遭受的职业困难,甚至少数律师因此受到刑事追诉乃至被定罪判刑的现象,也促使我不断思考律师的执业环境和权益保障问题,并对我的学术观点产生了很深的影响。

五年前,一个偶然的机缘,使我有了与田文昌大律师进行面对面讨论"刑事辩护经验"的机会。经过数个日夜的交流和对话,我对这位被誉为"中国刑辩第一人"的资深律师,进而对整个中国刑事辩护律师界,有了更为深入的认识。通过那次学术对话,我深切感受到,经过几代人的努力,中国律师界逐步在刑事辩护中形成了一些特有的风格和模式。例如,在现行司法制度下,刑事辩护逐渐呈现出无罪辩护、量刑辩护、罪轻辩护、程序性辩护、证据辩护等多种形态并存的格局;律师辩护有了法庭辩护与审判前辩护的区分,而随着刑事诉讼制度的不断改革,审判前辩护的空间还在不断扩大;法庭上的辩护侧重在法庭辩论环节的集中辩护,具有"大专辩论会"式的风格;在法庭调查环节,比较注重对公诉方案卷材料的研究以及对公诉方证据体系的把握,在此基础上,形成针对言词证据、实物证据的质证方式。辩护从方向和策略上,有积极辩护与消极辩护之分。前者是通过调查新证据、提出新事实、论证新观点来进行的辩护活动;后者则是以公诉方的证据和事实来论证公诉方诉讼主张不成立的辩护活动。在程序性辩护方面,律师与其动辄强调侦查人员收集证据程序的违法性,倒不如论证这种非法取证行为对于证据真实性的实质性影响,这对于说服法官更为有利……

经过对话,我与田文昌律师最终出版了《刑事辩护的中国经验:田文昌、陈瑞华对话录》一书。这部对话体的著作取得了较好的社会反响,成为很多刑事律师的必读书之一。该书侧重于刑事辩护基本技能的讲解和分析,属于一本入门级的读物。但是,对于那些已经在刑事辩护领域有了数年积累的律师而言,该书没有办法提供进一步的指引,更没有总结律师界在面对重大、复杂、疑难案件时所形成的技巧、风格和策略。再加上作品保持对话体的形式,一个学者与一位资深律师的对话本身,就容易使各自的思路受困,影响双方全方位地阐述各自的观点。这显然是一个缺憾。也正因如此,在该书出版后不久,就有律师建议我独立出版一部有关刑事辩护经验的著作。一些出版界的朋友也早早地"伸出橄榄枝",建议我推出一部新的著作。

从2017年6月开始,我全力以赴地投入到《刑事辩护的艺术》的写作之中。一进入写作状态,才发现最难完成的部分是对相关案例的搜集。要知道,这不是普通的案例,而是能记录律师辩护过程、体现律师辩护经验、具有一定挖掘价值的案例。而无论是最高人民法院公报案例和指导性案例,还是《刑事审判参考》案例,虽能具有很强的权威性,但所记录的都是法官的裁判理由和裁判思路,而无法反映律师辩护的历程和经验。经过再三考虑,历经苦苦搜寻,我最终还是通过三种渠道获取了本书所需要的"经典辩护案例":一是律师出版的辩护实务著作,里面有大量"成功辩护"的案例;二是律师在网站甚至微信公众号上发表的辩护案例,尤其是一些微信公众号,为我提供了律师成功辩护的资料;三是我作为专家参与论证的典型案例,尤其是那些存在重大争议、给我留下深刻印象的案例材料。

在对所搜集的案件进行深度加工和整理之后,我根据先前形成的基本框架,也根据案例本身所反映的特殊辩护经验,把我近十年来对刑事辩护经验的认识作了全方位的整理和总结,最终形成了大约有三十篇、二十五万字规模的作品。与《看得见的正义》有些相似,《刑事辩护的艺术》也不是一部具有严密理论体系的学术作品,而属于一部由一篇篇案例分析组合而成的汇集。尽管本书在体例结构上较为松散,但所讨论的问题还是刑事辩护的经验和智慧,所总结的还是一些资深律师的刑事辩护艺术。

《刑事辩护的艺术》一书分为三个部分:一是"刑事辩护的经验",二是"刑事辩护的智慧",三是"刑事辩护的未来"。在第一部分,笔者讨论了刑事辩护的主要策略和技巧,从案例分析中提炼出诸多经得起检验的观点。该部分所涉及的话题主要有:律师如何提出申请,如何阅卷,如何调查取证,如何挑战公诉方的鉴定意见,如何对公诉方证据进行质证,如何掌握说服二审法官的独特技术,如何走向实质性辩护,如何从积极辩护的逻辑出发形成辩护思路,如何有效展开程序性辩护,等等。

与第一部分注重总结刑事辩护的经验不同的是,第二部分侧重讨论刑事辩护的智慧。在这一部分,笔者将一些为律师界所熟知的辩护经验概括成若干个朗朗上口的"格言"或短句,以作为对刑事辩护文化的提炼。这些带有个性化色彩的"格言"或短句主要有:"刑事辩护的黄金救援期""刑事辩护的前置化""刑事辩护的庭后延伸""专业化过程理论""阶梯理论""相似案例的援引""战略威慑理论""为权利而斗争""政治问题法律化""适当利用社会政治力量",等等。

本书第三部分讨论了刑事辩护业务未来的发展趋势。笔者曾在多次讲座中对此作出过总结,引起了律师界的广泛关注。根据我国司法制度改革的进展情况,也考虑到刑事辩护业务自身的发展规律,未来的刑事辩护会出现一些新的发展动向。事实上,有些发展动向在实际辩护过程中已经得到一定程度的显现。在此背景下,谁能掌握未来,谁就有可能占据优势地位,有效地把握刑事辩护的最新机遇。例如,从刑事辩护专业化和高端化的角度来说,这一律师业务应当走向"模块化"和"单元化";从有效辩护的角度来看,未来的量刑辩护应当走向"数量化"和"精准化";从未来参与刑事辩护的方式来看,律师在高度重视对抗性辩护的同时,还要重视"协商和妥协";从律师处理与委托人关系的角度来说,传统的"独立辩护论"已经被律师界集体抛弃,建立在委托人与辩护律师委托代理关系基础上的新的职业伦理逐步确立,因此,未来律师应当注意"不发表不利于委托人的意见",律师辩护的最高境界是"将委托人转化为得力助手";在按照传统的"五形态辩护法"展开辩护活动的同时，律师还应高度重视刑事辩护衍生出的民事代理业务，尤其是那种涉及涉案财物追缴问题的代理业务；鉴于律师的辩护质量和效果有时会受到非议，未来律师有必要高度重视有效辩护问题，避免出现"无效的辩护"；随着公司单位刑事法律风险防范业务的勃然兴起，越来越多的律师和律师事务所开始为委托人提供一种有别于传统法律顾问业务的刑事非诉业务，未来律师应当高度重视刑事合规业务，以最大限度地帮助客户避免可能的刑事法律风险，有效地维护客户的合法权益。

在一项全身心投入的工作结束之后，所完成的作品通常会给自己带来最大的愉悦。这是笔者最真切的体验。经过接近半年的笔耕不辍，笔者终于推出了这部带有随笔性质的著作。这既完成了一个学术心愿，也是对自己十年来研究刑事辩护问题所作的一个"交代"。在《刑事辩护的艺术》即将出版之际，笔者要感谢所有为这部著作的出版作出过贡献、提供过帮助的朋友。尤其要感谢为笔者的写作贡献出案例的徐宗新、孙瑞玺、马维国、彭素芬、王亚林、丁一元、王思鲁、刘平凡、张燕生、汪少鹏、张树国、青松、康烨、焦鹏、窦荣刚、余安平、何辉新、邓忠开、成安等各位律师朋友。这些律师在这些案件中所作的成功辩护的经验，值得加以总结，也值得在全国律师界加以推广，更值得年轻律师加以学习。笔者期待着，我国的刑事辩护制度和司法环境会得到更大的改善，越来越多的律师都能创造奇迹，达到刑事辩护的"艺术层级"。

陈瑞华

2017年10月24日

目录 CONTENTS

第一部分
刑事辩护的经验

申请的艺术 / 003

阅卷的艺术 / 013

调查取证的艺术 / 023

如何挑战公诉方的鉴定意见 / 033

法庭质证的艺术（Ⅰ）
——实物证据的鉴真方法 / 047

法庭质证的艺术（Ⅱ）
——言词证据的质证 / 061

说服二审法官的艺术 / 073

从形式化辩护走向实质化辩护
——如何推翻行政机关出具的行政认定函 / 081

积极辩护的逻辑 / 093

反守为攻的辩护 / 101

如何开展量刑辩护 / 111

第二部分
刑事辩护的智慧

刑事辩护的前置化 / 123

刑事案件的黄金救援期 / 131

刑事辩护的庭后延伸 / 139

专业化过程理论 / 147

阶梯理论 / 155

相似案例的援引 / 163

战略威慑理论 / 171

为权利而斗争
　　——法律边缘地带的辩护 / 179

政治问题法律化 / 187

适当利用社会和政治力量 / 195

第三部分
刑事辩护的未来

刑事辩护业务的模块化与单元化 / 205

量刑辩护的精准化 / 215

协商与妥协的艺术 / 223

不发表不利于委托人的意见
　　——辩护律师的忠诚义务 / 231

被告人是最好的辩护助理 / 241

刑事辩护的第六空间
　　——由刑事辩护衍生出的民事代理业务 / 253

无筹码,不协商 / 263

第一部分

刑事辩护的经验

申请的艺术

阅卷的艺术

调查取证的艺术

如何挑战公诉方的鉴定意见

法庭质证的艺术（Ⅰ）
　　——实物证据的鉴真方法

法庭质证的艺术（Ⅱ）
　　——言词证据的质证

说服二审法官的艺术

从形式化辩护走向实质化辩护
　　——如何推翻行政机关出具的行政认定函

积极辩护的逻辑

反守为攻的辩护

如何开展量刑辩护

申请的艺术

> 一定程度上,刑事辩护就是提出申请和寻求救济的活动。总结提出诉讼请求的经验,掌握提出申请的艺术,这是一个刑事辩护律师的职业基本功。

在刑事诉讼中,被告人要提出某一诉讼主张,或者启动某一诉讼程序,通常都会提交各种各样的申请书。但是,在刑事诉讼程序越来越走向专业化的背景下,被告人单靠自身的力量提出申请,是无法达到预期效果的。被告方的申请通常都要由辩护律师代为提出,并以书面方式提交给有权作出决定的国家专门机关。这势必涉及辩护律师为何提交申请书,如何撰写申请书,以及如何提交申请书的问题。在一定程度上,刑事辩护的艺术也就是"申请的艺术"。

在提交申请书方面,有些律师进行了很好的探索,并提炼出一些规律性的论断。一位北京律师认为,"任何请求,都要书面申请,好处是法院要么书面驳回,要么记在庭审笔录(若没记,提示法官,能否记入笔录)里,从而使上诉有理由,如果一审程序违法,二审可以直接发回重审"。在申请召开庭前会议方面,他认为,"庭前会议靠法院主动召开是不够的,必须通过律师来推动进行"。在申请二审法院开庭审理方面,该律师也颇有心得:"法院的二审一般不开庭审理,律师可以递交申请书要求开庭审理。实际上,律师要求二审法院开庭审理的最好办法就是提交新证据。"为促使法院二审开庭审理,他提出了一条独特的辩护经验:"律师在一审时最好不要把辩方证据用尽,要为二审改判留点后手。"①

这是一位律师对如何提出申请的建议,也是他对自己辩护经验的精彩总结。其实,律师提出申请书的场合并不局限于庭前会议、二审开庭等,还包括几十种诉讼场合。最为常见的申请书包括取保候审申请书、羁押必要性审查申请书、非法证据排除申请书、调取证据申请书、通知证人(鉴定人、专家辅助人、侦查人员)出庭申请书、重新鉴定申请书、回避申请书、变更管辖申请书,等等。那么,律师究竟在什么情况下提交申请书?如何把握申请书的框架结构?如何将申请书予以提交?遇有不采纳诉讼申请的情形,律师如何寻求司法救济呢?下面以两位北京律师提交给法院的一份申请书为范例,对此作出初步的分析。

---

① 参见王永杰编著:《刑事辩护的艺术:无罪辩护经验谈》,中国法制出版社2015年版,第9—11页。

排除非法证据申请书

一、申请事项

申请排除侦查机关于2012年7月22日至7月26日期间在某市公安局某区分局刑警大队地下室对被告人孙某某所做的三次讯问笔录。

二、申请理由

（一）侦查机关对被告人孙某某的讯问地点不合法

《刑事诉讼法》[①]第一百一十六条第二款规定，犯罪嫌疑人被送交看守所羁押以后，侦查人员对其进行讯问，应当在看守所内进行。某市公安局某区分局于2012年7月22日21：00送交给被告人孙某某家属的《拘留通知书》副本显示，"被告人孙某于2012年7月22日5：30因涉嫌故意杀人被刑事拘留，现羁押在市看守所"。根据该通知书可知，被告人孙某某应当于2012年7月22日被送交市看守所羁押，侦查人员对其进行讯问的地点依法应当为市看守所。

但是，经查阅被告人孙某某2012年7月22日10：00—11：00的第二次讯问笔录、7月25日11：00—15：00的第三次讯问笔录、7月25日20：00至7月26日01：30的第四次讯问笔录，可以证实，侦查人员对被告人孙某某的实际讯问地点均是该市某区公安分局刑警大队。且被告人孙某某作出补充说明，证明自己被长期关在刑警大队一个地下室接受审讯。根据《刑事诉讼法》的规定，侦查机关对被告人孙某某的讯问地点不合法。

（二）侦查机关在2012年7月22日至7月26日连续五日对被告人孙某某采取间歇性电击方式进行讯问，在这期间形成的三次讯问笔录应当予以排除，不得作为判决的依据

据被告人孙某某介绍，其于2012年7月22日被刑事拘留之日起至7月26日期间，侦查人员将其关押于刑警大队地下室，并多次采取电击方式进行讯问。侦查人员让其坐在讯问椅上，将其双手双脚使用械具固定，给其戴上黑布头套，两人按住其左右肩膀，在其左右两个食指上分别缠上电线，进行电击。这种电击行为持续进行了5天，从每天上班开始到晚上下半夜的3点钟左右结束，间断性进行，每次持续约10分钟。被告人孙某某因电击抽搐疼痛而拼命

[①] 由于案件发生时间较早，申请书中的《刑事诉讼法》均指2012年修正的《刑事诉讼法》。

挣扎，拼命往座椅上蹲坐，导致双脚脚踝处及屁股与大腿交接处严重挫伤。后来经过约1个月的治疗才能正常蹲坐，目前屁股与大腿交接处仍有伤疤。侦查人员在此情况下获得的三次讯问笔录不得作为本案定案的依据。

（三）侦查机关对被告人孙某某的第四次讯问过程违反了《刑事诉讼法》第一百一十六条第一款"讯问的时候，侦查人员不得少于二人"的规定，该讯问笔录不得作为定案依据

被告人孙某某的第三次讯问笔录显示，侦查机关在7月25日11:00—15:00对被告人孙某某进行了连续4个小时的讯问，并在当晚20:00至次日凌晨1:30期间又对其进行了第四次讯问，第四次讯问笔录显示侦查人员为陈洋、姜明两人。据孙某某介绍，在第四次讯问过程中，最初是由孙警官带领另外两名侦查人员对其进行了长时间的电击，因未获得侦查人员满意的讯问结果，未形成书面讯问笔录。

在孙警官及其带领的两名侦查人员对孙某某电击完离开后，一名于姓侦查员单独对被告人孙某某进行讯问。在讯问即将结束时在电脑上操作了较短时间，并在操作电脑后将电脑屏幕转过来给被告人孙某某阅读，被告人孙某某距离电脑2米以上，无法看清电脑屏幕上显示的内容。于姓侦查员打印出来一些纸张要孙某某签字。此时已是半夜，孙某某已经极度疲惫，且遭受了长时间的电击，极度痛苦，在此情况下签署了第四次讯问笔录。该次讯问笔录因存在刑讯行为且违反了《刑事诉讼法》"侦查人员不得少于二人"的规定，属于非法证据，不得作为定案的依据，应当予以排除。

三、申请排除以上证据的相关线索、材料

（一）孙某某在受到刑讯后留在脚踝处、屁股与大腿交接处的伤痕

孙某某在公安刑警大队地下室连续5天接受讯问期间，在受到电击时拼命挣扎，导致屁股与大腿交接处有严重挫伤，双脚脚踝处有裂伤。经过长时间治疗，目前伤口已经治愈。但据孙某某介绍，在其屁股与大腿交接处仍有明显伤痕，其双脚脚踝处也有伤痕，申请人请求法院依法调查。

（二）与孙某某同监室人员、看守所的医生及警官等多人均知道孙某某的伤情，请法院依法调查并要求其出庭作证

据孙某某介绍，某市看守所的协管、医生以及多名警官都知道孙某某身上有伤，并进行了查看、询问或者治疗。同时，与孙某某同监室的朱某某、王某某、赵某某、鞠某某等多人均知道孙某某身上有伤，鞠某某作为监室分管生产的人员，曾安排给孙某某治伤。以上人员是调查孙某某受到刑讯逼供情况

的关键证人。因申请人无法联系上述人员,无法确切知道其目前的住所,申请人请求法院调查并依职权通知其出庭作证。

(三)2012年7月22日至7月26日孙某某被羁押在某区公安分局刑警大队期间的全部原始录音、录像资料

据被告人孙某某介绍,其被羁押在某区公安分局刑警大队期间被审讯的次数明显超过四次。但是公安机关只提供了这期间的四次讯问笔录。为查明公安机关是否存在非法取证的情况,申请人请求法院调取自2012年7月22日至7月26日孙某某被羁押在某区公安局刑警大队期间的全部原始录音、录像资料。

基于上述事实和理由,根据《刑事诉讼法》第五十四条、第五十六条第二款,《关于办理刑事案件排除非法证据若干问题的规定》第一条、第二条等法律法规的规定,申请人申请贵院排除上述非法证据,请予准许。

这是一份完整的排除非法证据申请书。其中也包含了调取相关证据、调查相关证人的申请。律师将此申请书提交给法院后,法院召开了庭前会议,启动了非法证据排除程序,对侦查行为的合法性进行了调查,并作出了裁判结论。这份申请书包括了申请事项、申请理由以及相关线索和材料,简要但完整地论述了排除非法证据的事实根据和法律理由。值得指出的是,这份申请书之所以能够说服法官启动排除非法证据的程序,原因主要有几个:一是通过提交申请书以及相关证据材料和线索,律师承担了初步证明责任,促使法官对侦查行为的合法性产生了疑问,从而通过了初步审查程序;二是列明了所要申请排除的非法证据,也就是三份讯问笔录;三是陈述了排除非法证据的事实根据,如在公安机关地下室讯问,电击嫌疑人并使其产生痛苦,讯问时侦查人员少于两人,等等;四是论证了排除非法证据的法律理由,刑事诉讼法明确禁止在看守所以外的地方进行讯问,禁止刑讯逼供,要求讯问时侦查人员不少于两人,并对违反这些规定的行为确立了排除后果。

那么,律师为什么需要提交书面的申请书?

在刑事诉讼中,辩护律师尽管可以代表委托人行使各项诉讼权利,但是,这种权利充其量只是一种申请权,要想使本方的诉讼请求得到实现,就需要从事实认定和法律适用等方面论证本方诉讼请求的合理性,以便说服司法机关接受本方的诉讼请求。作为一种"诉权",律师的诉讼请求权又可以被称为"诉诸司法裁判"的权利。由于最终的决定权掌握在司法机关手中,司

法机关有权随时拒绝辩护律师的诉讼请求。因此,律师需要承担举证责任和论证责任,一方面要提出证据证明所主张的事实成立,另一方面也要从法律适用的角度为本方的诉讼请求找到充分的依据。在一定程度上,申请书既担负着提出证据证明本方诉讼请求所依据的事实成立的任务,又要承担从法律或法理上论证本方诉讼请求合法性的重任。

在我国的司法实践中,法院对于启动某一诉讼程序通常持较为消极的态度。毕竟,启动任何一项新的诉讼程序都会给法院带来诉讼时间的拖延和诉讼资源的耗费。例如,对于举行庭前会议,很多法官都会面露难色,视为畏途。因为法官不仅要花费时间组织庭前会议,召集各方参加庭前会议,还要在押送在押被告人方面投入不少精力,或者面临一些风险。假如没有律师的积极推动,法院极少会主动召开庭前会议。又如,对于开庭审理,二审法院通常都会持排斥态度,更愿意通过阅卷、讯问被告人等方式来处理案件。没有律师的积极申请和强烈要求,二审法院对于当事人上诉的案件通常都更倾向于采取"调查讯问式"的审理方式。再如,对于证人、鉴定人出庭作证,法院也都抱持较为消极的态度,因为这种传召出庭会给法院带来人力、物力、财力、时间的额外支出,大大增加审判办案的成本。而相比之下,假如采取宣读证人证言笔录、鉴定意见的调查方式,就可以避免这些额外的支出。正因如此,辩护律师唯有积极推动和强烈申请,才有可能促使法院启动一项新的诉讼程序,给予辩护律师参与诉讼活动的机会,从而有效维护被告人的合法权益。

既然辩护律师唯有通过提交书面申请书,才能启动一项新的诉讼程序,那么,**究竟如何起草一份合格的申请书呢**?

其实,从刑事辩护的角度来看,天下没有一模一样的申请书,也不会有统一的格式化申请书。每一位律师的辩护风格不同,每一种诉讼请求的性质不同,所出具的申请书也会有各自的特色。不过,从所要达到的诉讼效果来看,律师的申请书一般需要具有三个方面的构成要素:

一是**申请事项**。申请事项也就是律师的具体诉讼请求。在前面所援引的申请书中,律师提出了请求排除的具体证据材料,以及所要申请调取的具体证据材料,所要申请出庭作证的证人名单。这都是非常具体的诉讼请求。相反,假如所主张的诉讼请求并不明确,就会使法官感到困惑,使得他们接受诉讼请求的可能性微乎其微。例如,律师假如动辄提出"排除本案全部证据""排除本案全部被告人供述笔录"或者"调取所有实物证据""通知本案全部证人出庭作证"等笼统的请求,那么法官通常都不会接受。

二是**申请理由**。作为诉讼请求的提出者,律师需要承担证明责任,证明本方诉讼请求的事实基础是成立的。与此同时,作为申请方,律师也要承担论证责任,以说明本方诉讼请求是具有法律依据的。因此,申请理由要由两个部分组成:一是申请所依据的事实;二是申请所依据的法律条文或法理基础。

三是**相关的证据材料或证据线索**。为证明本方诉讼请求所依据的事实成立,也为了使法官有机会对相关证据进行调查核实,律师需要列明所掌握的证据材料或者证据线索。所谓证据材料,就是律师通过会见、阅卷、调查已经获取的证据材料。所谓证据线索,就是律师没有能力调取但已经获悉证据材料的情况,如该证据现在何处、由谁保管、形态如何,等等。通过提供这些信息,律师可以促使法官及时调取证据。

当然,即便提交了合格的申请书,也会遇到法官拒绝接受申请书的情况。那么,**究竟如何向司法机关提交申请书呢**?

律师向法院提交申请书,可以分为庭前提交和当庭提交两种类型。根据一些律师的经验,在开庭审理之前,律师应尽快、尽早地提交申请书。一般而言,律师应尽可能提出召开庭前会议的申请,促使法院组织庭前会议。在庭前会议上,律师可以直接提出各类申请书,并当面向法官陈述这些申请的事实根据和法律理由。由于直接面对法官和公诉人,律师还有可能听到公诉人的意见,并对此作出回应,从而更为有效地说服法官接受本方的申请。有时候即便听不到公诉人的回应和法官的意见,也可以提醒法官将本方的申请及理由记录下来,保留在庭前会议笔录之中,以便为进一步的申请创造条件。

在法院不举行庭前会议的情况下,律师应尽量争取与承办法官进行至少一次当面沟通和交流,届时应将所有申请书　并予以提交。假如无法与承办法官进行面谈,律师也可以将有关申请书递交给法院工作人员,并索取相应的收据。有的律师还有一些非常特殊的经验:遇有法院拒绝接受申请书的情况,律师应尽快通过邮政部门将申请书特快专递给法院,并将本案的承办法官注明为收件人。据说,这种提交申请书的方式会迫使主审法官不得不予以签收,并将申请书载入案卷笔录。

在法庭审理开始之后,律师仍然有权向法庭提交申请书。但是,考虑到法庭通常都是在做好充分准备的情况下才启动庭审程序的,法官也更倾向于连续不断地进行开庭审理,而一般不愿意中断法庭审理。因此,这类当庭申请应当格外慎重，律师也要向法庭陈述合乎情理的理由。例如，律师假如要当庭提出排除非法证据的申请，就需要陈述刚刚发现了开庭前没有发现的证据、线索或者事实，因此才在开庭后提出这类申请。又如，律师假如要当庭提出通知证人、鉴定人、专家辅助人或者侦查人员出庭作证的申请，也需要说明庭前没有提出此类申请的正当理由，并要强调传召这些人士出庭作证的必要性。再如，律师假如要当庭提出延期审理的申请，更要严格根据刑事诉讼法论证延期审理的法定事由，以及延期审理的必要性，以促使法庭中断法庭审理过程。

最后值得讨论的是，**一旦申请遭到拒绝，究竟应当如何寻求司法救济呢**？

很多律师都有这样的经历，尽管提出了有理有据的申请，但是，法院仍然对此申请予以拒绝。例如，律师提出的通知证人、鉴定人出庭作证申请，调取实物证据的申请，重新鉴定的申请，延期审理的申请，二审开庭的申请，等等，经常被法院予以驳回，而又没有提供令人信服的理由。遇到这种情况，律师要么无可奈何，要么作出过度的反应。那么，究竟有没有一种既不轻易激怒法官而又能解决问题的救济方式呢？

通常说来，法院拒绝律师诉讼请求的行为，涉及其审判活动是否违反法定诉讼程序的问题。我国刑事诉讼法确立了一种专门针对法院违反法定程序行为的救济方式，那就是法院撤销原判、发回重审的裁判制度。通常说来，对于一审法院违反法定诉讼程序、影响公正审判的行为，二审法院可以作出这种发回重审的裁定；对于二审法院违反法律程序的行为，最高人民法院在死刑复核阶段可以作出撤销原判、不予核准死刑判决的裁定；对于原审法院违反法定诉讼程序的行为，负责再审的法院在再审程序中也可以作出这种宣告无效的裁决。这些救济方式都赫然写在书本法律之中。可惜的是，这些救济方式经常处于无法激活的状态，很多律师对此感到陌生，更是很少使用这些条款来维护委托人的合法权益。

从刑事辩护专业化的角度来看，对于法院无理拒绝本方诉讼请求的行为，辩护律师可以采取**三步式救济方法**：一是请求法庭将申请被拒绝的情况写入庭审笔录；二是提出积极主动的抗辩，指出法院拒绝诉讼请求的不合理性和不合法性；三是在二审程序、死刑复核程序以及申请再审程序中，将此无理拒绝诉讼请求的行为视为"违反法定诉讼程序，影响公正审判的行为"，以便寻求上级法院的司法审查机会，促使这些法院作出宣告无效的裁决。一言以蔽之，对于法院无理拒绝诉讼请求的行为，既不要忍气吞声，不作任何反应,也不要反应过度,作出那些容易激怒法官的违规言行,而应当尽量在法律程序框架内,利用法律赋予的合法手段,作出有理有据有节的反应,促使上级法院采取行动,纠正下级法院的不当裁决。

那么,律师在刑事辩护过程中究竟有可能提交哪些申请书呢？这里可以对法庭审判阶段经常出现的申请书提供如下清单：

召开庭前会议申请书；

回避申请书；

变更强制措施(适用取保候审)申请书；

变更管辖申请书；

通知证人、鉴定人、专家辅助人、侦查人员出庭作证申请书；

调取证据申请书；

排除非法证据申请书；

延期审理申请书；

重新鉴定或者勘验申请书；

适用简易程序或刑事速裁程序申请书；

二审法院开庭申请书……

任何一项诉讼权利,都需要经过激活,才能转化为现实的利益。律师作为帮助委托人行使诉讼权利的辩护人,更是需要通过积极有效的申请,保证委托人的各项诉讼权利落到实处,并推动刑事诉讼的进程,影响刑事诉讼的结局。因此,总结提出诉讼请求的经验,掌握提出申请的艺术,是一个刑事辩护律师走向成功的必由之路。

阅卷的艺术

> 很难想象,一名辩护律师携带几十及至上百本卷宗材料走上法庭,在公诉方出示一组一组的证据时,手忙脚乱地翻阅案卷,寻找相关证据材料。这将使辩护陷入极大的被动之中。

阅卷，是辩护律师的基本功，也是律师了解案件情况、发现控方证据漏洞、形成辩护思路的必由之路。从形式上看，阅卷包含了辩护律师查阅、摘抄、复制公诉方案卷材料的活动。但从实质上看，阅卷其实是辩护律师认真研究侦查机关、公诉机关办案过程，全面审查公诉方指控证据体系的活动。在一定程度上，阅卷与会见、调查取证一起，构成律师进行辩护准备活动的"三驾马车"。一个律师究竟如何提出辩护意见，可以说是律师的辩护技巧问题。但假如一个律师在出庭辩护之前不进行阅卷，也不了解公诉方的办案过程和卷宗笔录的内容，那么，他所进行的辩护肯定属于无效辩护。

阅卷是一份辛苦活。有经验的辩护律师对一份案卷材料要研读若干遍，可分为"泛泛阅卷""精细阅卷"和"有针对性地阅卷"等几种阅卷方式。对于普通的刑事案件，律师动辄都会花费几天甚至一周以上的时间，一边阅卷，一边整理阅卷摘要，最终形成一份简明扼要但又能反映案卷全貌的阅卷笔录。而遇到那些重大复杂的刑事案件，公诉方提交的案卷多达数十本，律师就不得不投入更多的时间，研究各种诉讼文书、办案程序、证据材料，这样才有可能吃透案情，理出头绪。正因如此，有些律师就把阅卷看作刑事辩护这一复杂脑力劳动过程中的"体力劳动"。

但是，我国律师管理制度和刑事辩护制度都还存在一些缺陷，使得律师在阅卷方面没有基本的法律服务质量控制标准。尤其是我国现行的辩护律师收费制度，使得律师与委托方达成委托协议后，委托方通常立即缴纳全部辩护费用。有的律师甚至将与委托人签订协议书、收取辩护费用，视为"刑事辩护活动结束的标志"。至于真正的辩护活动，则基本交由律师助理去做了。尤其是一些自视"功成名就"的律师，更是将大量时间精力投入到开会、培训乃至应酬当中，而在接案后不去亲自阅卷。有的律师就发现，

> 基于各种因素，很多大律师喜欢将案卷材料交给助理去阅读，自己顶多在"宏观"上、"重点"上指点一下、阅读一下。笔者认为，这样做是远远不够的。由于阅卷不是简单的一个看卷的过程，它凝阅卷人的专业

认知、经验见识、智慧灵感于一身。因此，囿于上述因素，助理阅卷往往有很多问题是看不出来的，会有遗漏的。刑事案件往往涉及被告人的生命、自由与财产，一旦发生失误，对当事人来说就是天大的事情，因此，律师阅卷也得亲力亲为才能保障办案质量。笔者曾见过闻名全国的某一大律师出庭，法庭调查阶段发问环节简单问一两句，法庭调查质证环节一言不发，由助理发表质证意见（自己不阅卷，交给助理阅卷，对案情很陌生）；法庭辩论阶段，由于通过一天的庭审，对案情开始有所了解，这位大律师脱离具体的证据材料"旁征博引""侃侃而谈"20多分钟，将有罪辩护和无罪辩护相互混同。这样的表现，自然很难得到审判人员的认同。

在刑事辩护实践中，律师不亲自阅卷也会自食苦果，甚至受到各种程度的惩罚。例如，有律师接到法院的通知，上级法院的法官、检察官来本院考察工作，顺便要讨论一下某一案件的事实认定和法律适用问题，法院指明要该律师参加并介绍案情。但在这千载难逢的座谈会上，律师发言不到五分钟，就说错了时间、地点和行为过程，甚至还念错了被告人、证人的名字。法官一气之下，将这位没有阅卷的律师"请"出了会议室。因为没有事先阅卷，这位律师白白浪费了一次与两级法院的法官进行当面沟通的宝贵机会。

又如，一位颇有名气的律师在法庭上进行辩护，在法庭调查环节几乎不作发问，完全由另一名律师（该律师的助手）完成举证、质证活动。到了法庭辩论阶段，公诉人发表公诉意见后，该律师还是让自己的助手发表第一轮辩护意见。直到公诉人发表第二轮指控意见后，该律师认为已经"引蛇出洞""时机成熟"，才发表第二轮辩护意见，并美其名曰"后发制人"，从事实不清、证据不足以及被告人不构成指控罪名的角度发表了无罪辩护意见。由于在法庭调查阶段根本没有撼动公诉方的证据体系，这种无罪辩护肯定无法达到说服裁判者的效果。庭审结束后，委托方直接提出了"退费"的要求。在遭到拒绝后，委托方向司法行政机关投诉了该名律师。

以上都是一些反面的例子。那么，在阅卷问题上，有没有较为成熟的辩护经验可循呢？其实，在阅卷以及制作阅卷笔录问题上，每个律师都有自己独到的体会，并不存在整齐划一的工作模式。不过，我们可以根据一些资深律师的辩护经验，提炼出一些带有普遍性的规律。

一位安徽律师对审查起诉阶段的律师阅卷，有着自己独到的体会。他认为,随着办案人员业务水平的逐步提高,显而易见的证据漏洞、法律错误逐渐减少,律师需要不断阅卷、查找法律依据,从浩瀚的案件材料中寻找辩护的着力点。他提出了几个制作阅卷笔录的基本方法,如"从诉讼文书入手,提纲挈领","从最新时事开始,由近及远","以时间任务为纲,分类列表","尽力抓住要害,摘要索引",等等。在他看来,阅卷笔录不仅仅是为了了解案情,更需要在阅卷的过程中形成辩护的方案,其最终目的是让办案机关作出对犯罪嫌疑人、被告人有利的决定。阅卷笔录客观上能反映律师的工作量,体现其认真负责的工作态度。因此,在制作阅卷笔录时,可以通过摘录、列表、比对、画图等形式进行展示。[1]

一位广东律师也强调阅卷的目的主要在于对控方证据进行全面审查,而审查应从"形式"和"内容"两个角度来加以展开。例如,对于诉讼文书、技术性材料,主要应从制作程序和格式上加以审查,尤其是对鉴定意见,可以从鉴定机关的资质、鉴定人的资质和数量、鉴定人的签名印章以及鉴定过程等方面加以审查。对于言词证据的表现形式,可以从笔录制作时间、制作人、在场人、制作地点、是否告知诉讼权利、笔录的签名等方面进行全面审查;而对于言词证据的内容,则可以从同一陈述者对同一事件的陈述是否存在差异,两个人对同一事实的陈述是否存在矛盾,陈述是否符合常识和情理等方面,进行有针对性的审查。[2]

另一位广东律师也认为,律师阅卷的过程也就是对公诉方证据形成质证意见的过程,律师应当将全部证据整理成简明扼要的提纲。他指出,

> 辩护律师应当将全案的证据梳理归纳整理,最好采取列表的形式,将案卷中所存在的全部证据整理成一张张简明扼要的表格,说明是何种证据以及简单证明内容,注明该证据所在的页码和卷数,在辩护律师庭审需要的时候,立即随时调取出来。这样做的好处是,辩护律师随时都可以对证据指挥有度,不会失之于慌乱和被动。
>
> 辩护律师第一次应当粗略全面阅卷,其次再针对起诉意见书、起诉书、一审判决书等法律文书对案卷证据作有重点、有针对性的精读,辩护律师可以采取边注的方式进行阅卷,之后在第二次精读卷宗的时候,按

---

[1] 参见王亚林:《精细化辩护:标准流程与文书写作》,法律出版社2017年版,第117—118页。
[2] 参见丁一元律师团队:《律师办理刑事案件阅卷技巧》,载微信公众号"一元说法",2014年7月25日。

照刑事诉讼法规定的证据顺序,对有疑问的证据,形成详尽规范的质证意见,打印成册并在庭审之前交给法庭。

在阅卷过程中,辩护律师的工作重点是分别针对七种证据形式制作阅卷笔录。例如,对于证人证言,律师应当采取列表的方式整理证言笔录的内容,同时一定要标出,哪一位证人是需要通知出庭的证人,并注明申请其出庭的理由。又如,被害人陈述主要有报案材料和侦查机关询问笔录这两种形式。律师在阅卷时应当将所有被害人的陈述编成一张表格,列明被害人所陈述的案件事实的发生时间、地点、证人等。另一张表格是将被害人陈述时间与被告人的供述进行对比,列出表格,记载是先供后证还是先证后供,并填写相关的质证意见。再如,被告人供述和辩解可以分为两个部分:一是被告人的讯问笔录以及延伸的证据,二是被告人讯问过程的同步录音录像。对于讯问笔录,辩护律师应当按照提讯证记载的时间,比照讯问笔录,按照供述的时间顺序,列明被讯问的次数、时间、地点、讯问人员、简要内容等情况,并进行表格化的整理,对前后供述不一致的内容予以标出,对同案被告人不一致的供述部分也予以注明。对于同步录音录像,辩护律师应对讯问笔录与同步录音录像加以比对,对于存在问题的录像,要标注时间段,尤其是与讯问笔录不一致的部分,或者存在有言不录、无言有录、疲劳审讯、指供诱供、威胁等情节的部分,都要予以注明。还有,对于鉴定意见,在阅卷过程中应当通过标注方式,将所有疑问一一加以列明,将所有鉴定意见列成一张表格,以便对鉴定意见形成适当的质证意见。必要时,针对鉴定意见中存在的疑问,辩护律师可以申请鉴定人出庭作证,或者求助于专家辅助人。[①]

一位安徽律师认为,整个案卷都是围绕着证明嫌疑人、被告人有罪而制作的书面材料。在审查起诉阶段,律师应当将起诉意见书作为阅卷的"导航",可以将起诉意见书单独打印出来,每次阅卷时把它放在旁边,逐段、逐行、逐字去进行审阅,审查起诉意见书所罗列的事实是否有足够的证据支持,再把起诉意见书所列明的重点环节、人物、证据作为再次阅卷时重点核实的内容。在阅卷过程中,律师应当做好笔记,至少可以分为三大类:一是"重

---

① 参见贾慧平律师:《刑辩律师阅卷5步骤+5种材料阅卷技巧》,载微信公众号"金牙大状",2017年7月21日。所引用的内容与原文并不完全一致,经过了笔者的加工整理,但尽可能忠实于所引用文章的原意。后文的引注方式与此相同,不再赘述。

点信息摘录",包括涉案人员的各项信息,涉案人员关系图,案件推演视图,办案人员名单,提讯时间、人员、地点对比信息,证人证言相互印证或存在矛盾的信息摘要等。二是"需要庭审核实的信息",主要用于草拟庭审发问提纲。三是"质证意见的整理",可以先把自己假想成公诉人,制作一份公诉举证清单出来,就知道应该如何质证,以及针对哪些证据的质证意见会影响审理结果。该律师还有一个独特的阅卷经验,那就是善用彩色标签,以便帮助提示卷宗重点。按照他的经验,"使用两种以上颜色的不干胶签贴,粘贴的时候让填写栏突出卷宗一部分,这样可以很容易看清填写上去的摘要。标签的排列要相互错开位置,最好从卷宗整体看是从上至下均匀排列的"。

一位河北律师提出了"全面阅卷"和"有效阅卷"的概念,并认为有效阅卷包括以下基本流程:第一遍阅卷,不是一页一页按顺序往后通读一遍,而是快速浏览翻一遍,初步了解基本案情,也就是用几分钟时间对案件的大体框架有一个概括性的了解;第二遍阅卷,则对程序卷、证据卷进行全面通读,了解案卷材料的整体情况;第三遍阅卷,则要以专业、挑剔、纠错的眼光,带上我们平时掌握的法律专业技能,去寻找、去衡量、去发现案卷材料中有可能存在问题的地方,并作出标记;第四遍阅卷,则开始制作阅卷笔录,律师将主要案情进行摘要、汇总,然后依据法律规定,逐一衡量证据的三性问题,对案卷中影响定罪量刑的重要证据形成初步质证意见;第五遍阅卷,律师要根据法律规定,将所有证据进行纵向和横向的综合比较,再去寻找和发现证据材料存在的矛盾和不一致问题,这次阅卷是完善、补充第四次阅卷所形成的阅卷笔录的过程,律师借此形成系统的质证意见。当然,根据案情的复杂程度,律师还可能进行第六次、第七次、第八次、第九次乃至十次以上的阅卷工作。通过这些必要的补充阅卷,律师可以不断斟酌、推敲、修改阅卷笔录中形成的质证意见,最终可以形成整体性辩护思路。

该律师还认为,有效阅卷的外在形式就是阅卷笔录的高质量制作。在她看来:

> 案件难易程度和复杂情况不同,每个律师的阅卷流程和方法可能有所不同,但做不做阅卷笔录,或者说会不会做阅卷笔录,是区分优秀律师与普通律师的重要标志。在一定意义上,阅卷过程就是去伪存真、简化案卷的过程。案情不同,案卷材料的多少也不相同。对于非常简单的案件,如单人单罪名,案卷材料相对较少,不专门制作阅卷笔录可能没有什

么大碍。但在办理团伙犯罪、集团犯罪、非法集资类犯罪以及其他重大经济类犯罪案件时,律师经常会复制出几百本案卷。律师要携带这么多案卷出庭,并在开庭审理中翻阅这些案卷材料,根本是不可能的。在当下的法庭审理中,为了节省时间,提高效率,公诉人通常不是一份一份地出示各个证据,而是一组一组或者一类一类地出示证据。在此情况下,假如没有阅卷笔录,律师根本无法有针对性地发表质证意见。这时候阅卷笔录就成为辩护律师必备的庭审保障。当公诉人将一组证据出示后,不论律师是否听清或者记住每一证据的内容,都要按照阅卷笔录从容发表质证意见,最好"信手拈来""得心应手",这种质证就是专业的和全面的。

不仅如此,阅卷笔录还是刑辩律师为整个案件所作的最基础、最接地气的辩护工作。因为阅卷笔录的制作过程将是将厚厚的卷宗进行梳理,对那些有异议的证据加以摘要记录并形成质证意见的过程,阅卷笔录也就是简化版的"律师卷宗"。①

通过分析多位资深律师的阅卷心得,笔者发现,在如何阅卷以及如何制作阅卷笔录(或阅卷摘要)②方面,刑事辩护律师真的是异彩纷呈,"各家有各家的高招"。按照大多数律师的观点,律师应当全面阅卷,将阅卷的过程视为全面了解公诉方证据体系的过程,也是逐步形成律师质证意见乃至辩护思路的过程。在阅卷过程中,律师不妨站在公诉人的立场上,对指控证据进行全面的梳理和总结,以便了解公诉方的指控思路。在此基础上,律师应当发现公诉方证据在证明力和证据能力方面存在的基本缺陷,从而在开庭之前形成对各项证据的质证意见。为达到上述效果,辩护律师需要制作一份简要但较为实用的阅卷笔录,以便将案卷主要内容呈现出来。这份阅卷笔录既代表了律师的工作量,也是在法庭审理过程中有效参与质证过程的可靠保证。

除了上述对阅卷问题的基本认识以外,我们还应在阅卷方面有哪些独特的作为呢?其实,要掌握阅卷的经验和智慧,我们可以暂且不去关注一些较为具体的阅卷技巧,而来探究阅卷的几个策略问题。

在法庭审判之前,所谓案卷(或者说卷宗),无非是侦查机关、检察机关对所进行的刑事追诉活动所作的书面记录。这种记录大体可分为两个部分:

---

① 参见《刑辩律师如何有效阅卷》,载微信公众号"大成石家庄刑辩团队",2016年8月29日。
② 二者没有严格意义上的区分,后文统称"阅卷笔录"。

一是侦查机关、检察机关就案件的刑事追诉工作所制作的诉讼文书;二是侦查机关、检察机关为调查案件事实所收集的证据材料,包括相关的证据材料以及为专门调查所作的证据笔录。前者又被称为"程序卷",后者则被称为"证据卷"。当然,在第一审程序结束之后,律师所看到的案卷除了上述材料以外,还会包括法院所制作的各种诉讼文书以及所作的法庭审理笔录。

所谓阅卷,就是辩护律师在全面摘抄、复制上述案卷材料的基础上,对这些案卷材料所进行的查阅、研读并制作阅卷笔录的活动。作为刑事辩护的重要准备活动,律师通过阅卷,既要全面了解公诉方的诉讼文书和证据体系,也要制作相应的阅卷笔录,从而为进一步的辩护活动做好准备工作。那么,通过阅卷工作,辩护律师究竟要达到哪些基本诉讼目标呢?

第一,**律师通过阅卷,要了解侦查机关、检察机关从事刑事追诉活动的全部过程,并对其合法性进行审查**。这具体包括两个方面的目标:一是通过阅卷,律师要了解侦查机关、检察机关所作的诉讼决定和诉讼文书,是否具有充足的事实依据和法律依据,例如在立案、管辖、采取强制措施、实施强制性侦查行为、移送审查起诉、提起公诉等环节是否存在违反法律程序或者越权的情况;二是通过阅卷,律师要审查侦查机关、检察机关在讯问嫌疑人、询问被害人、询问证人、勘验、检查、搜查、扣押、提取、辨认、鉴定、侦查实验以及技术侦查等方面是否存在程序性违法行为,所获取的证据笔录或者证据材料是否属于排除规则的适用对象。

第二,**在阅卷过程中,律师还要全面掌握公诉方据以证明指控主张的证据体系,发现这一证据体系的漏洞和缺陷**。在证据的证明力方面,律师要审查下列问题:同一证据是否存在前后不一致乃至自相矛盾的情况;不同证据相互之间是否存在矛盾;言词证据是否得不到其他证据的印证,或者存在"孤证"问题;物证、书证、视听资料、电子数据等实物证据是否无法形成完整的"证据保管链条",是否存在无法"鉴真"的问题;等等。而在证明标准的审查方面,律师还要关注全案证据结合起来,是否无法形成较为完整的证据链,是否存在无法得到合理解释的重大矛盾和疑点,是否无法排除其他可能性,所得出的结论是不是唯一的,是否还存在其他方面的合理怀疑,等等。

第三,**通过阅卷,律师还应注意发现那些有利于被告人的证据材料或证据线索**。律师在与在押嫌疑人、被告人进行会见的基础上,要善于通过反复阅卷,在案卷中寻找有利于被告人的"蛛丝马迹"。例如,通过阅卷,律师可能发现侦查机关在控制嫌疑人之后的数天时间里,尽管进行了讯问,嫌疑人也作出了无罪辩解,却缺少相应的讯问笔录,但此后却有较为完整的有罪供述笔录。通常情况下,这极可能意味着侦查机关将部分讯问笔录予以隐瞒,没有载入侦查案卷之中。这就给律师申请调取这部分缺失的讯问笔录提供了线索。又如,律师在阅卷中发现,被告人所作的供述笔录前后存在重大矛盾,也得不到其他证据的印证。为审查核实被告人供述笔录的真伪,律师有必要申请调取侦查人员所作的同步录音录像,并与被告人供述笔录进行比对。再如,律师通过阅卷发现鉴定意见所依据的检材以及鉴定人的资质都存在严重问题,就可以申请鉴定人出庭作证,或者委托专家辅助人出具专家意见,或者出庭作证。

第四,通过阅卷,律师可以制作一份专业化的阅卷笔录,既作为辩护律师形成辩护思路的根据,也作为辩护律师与被告人乃至与辩护团队协调辩护立场的基础。一份专业化的阅卷笔录,至少要包括以下几个构成要素:一是根据所指控的罪名,或者所认定的事实,对相关的证据进行简要但准确的缩写;二是对于被告人供述笔录、证人证言笔录等言词证据笔录进行横向对比和纵向比较,可以借鉴律师界的通常做法,进行表格化的对比分析;三是对案卷证据材料所存在的自相矛盾、相互矛盾、无法得到印证、存在重大不合情理之处等问题,作出准确无误的总结和概括。

律师一旦完成这样一份专业化的阅卷笔录,就可以将此作为形成辩护思路的依据。在开庭前的辩护准备过程中,律师也可以将此阅卷笔录交由被告人查看,以便说服其接受自己的辩护思路,并与其协调法庭上的辩护立场。而在那些有多个同案被告人的案件中,整个辩护团队也应获得并研读同一份阅卷笔录,形成各自的辩护思路,协调辩护立场,进行必要的辩护分工。

在需要组织专家论证并出具专家论证意见的情况下,这样一份专业化的阅卷笔录,还可以成为专家全面了解案情、准确提供专家意见的根据。经验表明,辩护律师假如将全部案卷材料提供出来,那么,专家在短时间内根本来不及全面阅卷,这样的专家论证往往会流于形式。相反,假如辩护律师做好充分的准备,事先提供一份简要但全面的阅卷笔录,那么,专家们就可以尽快进入讨论主题,出具一份有理有据的专业性意见。

第五,律师如果能将阅卷笔录提供给公诉方和合议庭成员,使其成为控辩裁三方讨论证据采纳和事实认定的依据,这将达到阅卷的最高境界。阅卷笔录并不只是简单摘录案卷的材料,更不只是辩护律师的阅卷笔记。真正专业化的阅卷笔录,要达到中立、客观、全面的程度,并对公诉方证据体系的漏洞和缺陷给出准确无误的分析。这样的阅卷笔录，对于公诉方而言，就是一份指出公诉方证据体系存在问题的阅卷分析报告；对于合议庭成员而言，就是一份协助其排除非法证据、判断证明力以及准确形成内心确信的证据审查报告。无论是公诉方还是承办法官，尽管也会全面审阅案卷材料，甚至还要据此出具"案件审查报告"或者"案件审结报告"，但是，假如辩护律师所出具的阅卷笔录更为客观，也更能发现问题，那么，至少是出于避免冤假错案的考虑，公诉人和合议庭成员也会对这份阅卷笔录给予认真的对待。到了这种地步，阅卷笔录本身，就有可能成为律师辩护的有力武器。

自2014年以来，司法改革决策者提出了"建立以审判为中心的诉讼制度"的改革目标，并逐步启动了"庭审实质化改革"，试图实现法院调查证据在法庭、庭审质证在法庭、裁判理由形成在法庭的目标，避免法庭审判流于形式，使得法庭审理真正成为刑事诉讼的中心环节。但是，那种案卷移送制度可能很难被废止，甚至就连受到削弱的可能性都微乎其微。在此背景下，检察机关在开庭前移送全部侦查案卷，法官在阅卷的基础上组织法庭审理的做法，可能还将继续实行下去。对公诉方案卷材料的全面审阅，也仍然将是辩护律师进行辩护准备工作的重要组成部分。而辩护律师唯有在阅卷工作方面总结经验，在阅卷的专业化方面得到显著提升，才能对公诉方的证据体系提出强有力的挑战，并实现有效辩护的目标。

调查取证的艺术

> 调查取证是律师从事积极辩护的基本手段。假如律师不满足于仅通过会见、阅卷来形成辩护思路,假如律师希望提出一种足以产生"釜底抽薪"效果的辩护观点,就应当搜集新的证据材料,或者寻找新的证人证言,以便讲述一种有别于指控事实的新"故事"。

调查取证与会见、阅卷一起,被称为律师进行辩护准备工作的"三驾马车"。如果说会见更多是从在押嫌疑人、被告人那里获取案件信息,阅卷是对公诉方的证据体系和办案过程进行全面了解的话,那么,调查取证则是律师获取新证据、核实原有证据的专门调查活动。从调查取证的方式来看,这项辩护活动可以分为两种类型:一是自行向有关单位或者个人调查核实证据材料,或者了解案件情况,制作相关笔录材料;二是向检察机关、法院申请调取相关证据材料,或者申请传召证人出庭作证。对于前一种调查取证方式,我们可以称之为"自行调查取证";对于后一种调查取证方式,我们则称之为"申请调查取证"。

根据众多律师的辩护经验,调查取证是一项十分重要而又充满职业风险的辩护活动。之所以说调查取证十分重要,是因为这是律师开展积极辩护活动的基本保障。假如律师不满足于通过会见、阅卷来形成辩护思路,假如律师要另辟蹊径,提出一种足以产生"釜底抽薪"效果的新的辩护观点,就必须发现并搜集新的证据材料,或者寻找新的证人证言,以便论证一种有别于起诉书所记载的指控事实的新"故事"。在一系列案件的审理过程中,辩护律师即便明确指出了公诉方的证据存在"重大矛盾""无法形成完整的证据链""无法具有排他性"等方面的问题,也很难说服法官接受其无罪辩护意见。但是,律师假如发现了新证据足以证明"凶手另有其人",或者"被害人安然无恙地归来",那么,原来认定被告人构成犯罪的事实也就不攻自破,根本无法成立,从而也就容易实现无罪辩护的目标。这就足以说明,积极辩护是无罪辩护的有效途径,而调查取证则是律师从事积极辩护不可或缺的重要手段。

那么,为什么说调查取证又属于充满职业风险的辩护活动呢?这是因为,我国刑事诉讼法为律师辩护设置了多项禁止性规则,严禁律师毁灭、伪造证据,或者帮助犯罪嫌疑人、被告人或者证人隐匿、毁灭、伪造证据,严禁律师采取威胁、引诱或者其他方式唆使证人违背事实改变证言或者作伪证。律师违反这些禁止性规则的,轻则会受到纪律处分,重则有可能被追究刑事责任。

特别是我国《刑法》第306条所确立的"辩护人、诉讼代理人妨害作证罪",已经成为悬在律师界头上的达摩克利斯之剑,每年导致多名律师被采取强制措施甚至被定罪判刑。通常情况下,遇有某一控方证人或者被害人提供了不利于被告人的证言陈述,辩护律师向其进行单方面调查取证,而这些证人、被害人改变了证言陈述,或者提供了有利于被告人的新证言陈述的,侦查机关就有可能对这些证人、被害人连同辩护律师一起进行立案侦查,甚至提起公诉。自2012年以来,随着刑事诉讼法对辩护律师涉嫌犯罪案件的立案管辖作出一些调整,实践中对辩护律师启动刑事追诉程序的案件也在逐年减少。但是,律师界仍然噤若寒蝉,对于调查取证可能带来的职业风险心存畏惧,对于调查取证本身也是避之唯恐不及。在一定程度上,调查取证已经成为刑事辩护律师自行设定的一大"职业禁区"。

尽管如此,一些资深辩护律师仍然坚持进行调查取证工作,并将调查取证视为积极辩护的内在要素,也将其奉为有效辩护的基本保证。例如,根据一位北京律师的经验,律师不进行调查取证工作,所作辩护就可能完全流于形式。辩护律师在办案中一定要善于调查取证,取证工作应坚持"无限进行"的原则,只要有利于当事人利益,就应该进行取证工作,这也是律师独立行使辩护权的体现。在如何调查取证方面,律师认为,律师对于那些没有被载入诉讼卷宗的证据材料,应当及时向法院申请调取,这是律师获取对被告人有利证据的一个方法。在调查取证过程中,应当首先进行客观证据材料的调取,然后再进行证人证言的调取,以作为客观证据材料的补强证据。对于其证言存有争议的证人,律师应当坚持申请法院传召其出庭作证,发问时找到一个好的切入点,这样有可能取得意想不到的良好效果。

按照一位广东律师的观点,刑事辩护是一个"良心活儿",证据是刑事诉讼的核心和灵魂,是成功辩护的关键因素。凡是不以调查取证积极辩护为目的的辩护都是不可取的。尽管调查取证的难度和风险较高,但是律师调查取证,"愿与不愿是主观态度问题,能与不能是客观因素问题,怕与不怕是水平心态问题"。假如只防守不进攻,就永远不会取胜,进攻才是最好的防守。所谓积极辩护,是律师通过发现、寻找有利于被告人的证据,来否定有罪指控的辩护活动。相反,消极辩护就是"不取证、不踩线,等着阅卷开庭,挑公诉人案卷中的毛病","往往选择以'事实不清、证据不足'这种泛泛之谈为辩点,或者以被告人无前科、家庭情况不好、以往表现不错、悔罪态度好等品格证据"来进行的辩护活动。该律师根据切身辩护经历,认为通过积极调查取证,可以改变案件的定性,降低法院认定的犯罪数额,获取排除非法证据的线索,发现自首的材料。除此以外,通过调查取证,还可以"促成新的量刑证据、制造新的量刑情节",比如推动立功、促成和解和赔偿等,使得案件的辩护取得较好的效果。以下就是该律师通过调查取证取得积极效果的案例:

案例1　调查取证,改变定性

2000年我办理的梁桂生非法持有毒品案,一审时法院判处他无期徒刑,并处罚金十万元,没收非法所得五十万元,二审法院改判十年有期徒刑。这个案件在一审时我作了改变定性的辩护,以窝藏毒品罪来辩护,但没被法院采纳。二审时我经过搜索信息、调查证人,询问到一个新的线索,通过新的证人证实有人在某天早上交了一份东西给被告人。我将调查笔录交给了广东高院合议庭,并申请合议庭调查,最后二审法院认定了这份证据,成功将非法持有改为窝藏毒品案件,由无期徒刑改判为有期徒刑十年,并将没收的现金与罚金退还。

案例2　调查取证,降低数额

我在天河区法院办理的周某受贿四十四万元一案,最终判缓刑。我接受委托以后,发现他没有自首情节,还作过受贿有罪供述,后来一直否认控罪。这类案件如果我不进行调查取证,结果就是大家预料的十年以上有期徒刑。我经过阅卷、会见,发现这个案子有两个问题:一是主体身份存疑,被告人当时在马会公司任总经理,但属于受聘的,且上级单位是联营性质,其中有非国有的成分。经过调查取证,认定主体身份是非国家工作人员。二是金额有误,其中一笔十万元的金额,被告人否认为受贿款,而承认是借款,但检察机关认为行贿人与被告人有业务往来,且笔录中承认是送给被告人的,所以认定是行贿款。后来我冒着风险去调查控方证人,询问时对方承认此款是借款,我将此询问笔录作为证据提交法院,并申请证人出庭。但开庭时证人并未出庭,最后法官认定辩方和控方的两份证据是相互对立的,且证人未能到庭作证,按照疑罪从无的原则,认定这笔十万元的受贿款不成立,判决认定为非国家工作人员受贿,受贿额为三十四万元,判处被告人缓刑。从此案来看,如果不大胆地调查取证,被告人就不可能被判缓刑。

案例3　调查取证，获取排非线索

在我办理的一起制造毒品k粉案中,当我去清远一个县级看守所会见犯罪嫌疑人时,发现其双脚被打得皮开肉绽、淤血肿胀。因为看守所不要求保管手机,当时我纠结了很久是否应该掏手机拍照,作为将来排除非法证据的材料使用。考虑到可能面临行政处罚,最后无奈放弃。但我仍然内疚至今,即使证据来源不合法,也是有效的。

案例4　调查取证，发现自首线索

我曾办理张胡生故意伤害致死的案件,一审佛山中院判处被告人无期徒刑。二审被告人委托我为他辩护。通过会见,我发现一个情节:当时被告人和工友在工厂斗殴后,用木棒把被害人打倒在地不知死活。当潜逃到妹妹处后,他朋友打电话说被害人在医院抢救,且公安机关也介入调查了,让他赶紧到医院送钱抢救。他听后立即赶到医院,被埋伏在医院的便衣警察抓获。我当时听后觉得被告人的行为可以构成自首,于是就找到其朋友取证,后来高院也采纳了我的观点,从无期徒刑改为有期徒刑十五年。还有地产公司翟某职务侵占二十八万元一案。案发后当事人曾与单位就款项处理事宜进行沟通,在协商未果之后乘坐飞机离开广州,到达南京机场后随即被抓获。通过了解情况,我找其单位做了一份调查笔录,证明其是在不知道网上追逃的情况下,坐飞机回南京娘家,且与单位早就有过解决问题的努力,并不属于卷款潜逃,相反属于自首情节。公安机关的起诉意见书没有认定自首,但海珠区检察院采纳了我关于自首的意见,最后也取得了缓刑的理想效果。

当然,也有更多律师对调查取证持极其谨慎的态度,强调要防范调查取证过程中的职业风险。特别是在面临我国《刑法》第306条所设定的"辩护人、诉讼代理人妨害作证罪"的情况下,律师在调查取证方面应当格外留意,避免自身陷入刑事指控之中。甚至有个别侦查人员对律师发出明确的警告:"千万不要把当事人给救出来了,却把自己给送进去了"。另一位广东律师更是对律师如何防范调查取证中的法律风险提出了系统的建议：

律师接受委托后,是否进行调查取证,应当对调查取证的必要性和显见或潜在的风险进行充分的评估、研判。确有调查必要的,方可进行调查取证；无调查必要的，不能进行调查取证。其中，对于无关紧要、不影响定罪量刑的证据最好不调查取证，对于已经客观存在的书证、物证可以适当调查取证，对于主观性较强的证人证言或者证人作出的书面证词的调查务必十分慎重，不能轻率或盲目进行。

从证据效力、审判实践中对证人证言的采信经验及大量可以汲取的反面教训出发，对下列情形中的证人，不得进行调查取证：受贿案的行贿人（或者纪委查办的"双规"案件的有关证人）；证言不明确、反复、不稳定而公安机关或检察机关已经多次取证的证人；证言属于"孤证"（缺乏旁证或其他证据相互印证）的证人；案件的处理结果与其有直接的利害关系的证人（如强奸案件的受害人，故意杀人、故意伤害案件的被害人及其家属，交通肇事案件的被害人及其家属等）。

律师认为证人确有调查取证必要的，除了选择自行调查取证这种方式外，还应该尽量考虑：其一，最好申请侦查机关、检察机关或人民法院调查取证；其二，最好申请证人出庭作证，而不直接向其本人调查取证。

对于侦查机关或检察机关已经多次取证的证人，建议一般不再重新自行调查取证，如果对其证言有异议而且认为其证言事关重大的，可以向法院申请该证人出庭作证以便质证。

律师自行向证人调查取证的，必须做到合法、客观、全面，而且要注意方式方法。具体来说：第一，在调查取证时，只要条件许可，尽量由两个律师一起进行；对于重大、复杂或敏感或定性争议较大的案件，必须两个律师进行。第二，律师向证人调查取证时，应当提醒其他人员回避，拒绝证人以外的无关人员（尤其是其家属、亲友）在场，更不得由被告人家属、亲友陪同一起取证。因为，询问证人时，如果有其他人员在场，会影响取证的客观、真实性。更重要的是，如果有与犯罪嫌疑人、被告人有一定利害关系或利益关系的他人在场，一旦证人"翻证"（改变证言），证人可能以此为由将所谓受到他人在场的心理压力而不能如实回答的责任推到律师头上。第三，调查证人时，应当向证人单独取证，不得向多个证人同时取证。向未成年人取证时，应有监护人在场，并请监护人在笔录上签字。第四，调查证人时，必须向证人说明作伪证所负的法律责任，必须强调证人应当如实作证，询问切忌粗糙、简单而应该尽可能详细、具体，提问不能含糊其词或模棱两可，更不得带有主观倾向进行提问。第五，询问证人制作的笔录字迹要清晰，修改处和每一页都要签字、捺印手印,最后形成的笔录要由证人阅看或向其宣读并签字确认。第六,为了自我保护和防止调查证人出现不必要的纰漏、麻烦,对于重大、复杂或者敏感、争议较大的案件向证人进行调查取证时,建议尽量做到全程录音录像或请公证机关予以公证或证人同时亲笔书写证词等多种形式的配合及相互补充,并一并提交给法庭。①

对于律师的实质性辩护、积极辩护乃至有效辩护而言,调查取证是非常重要的工作保障。而对于律师自身的维权而言,调查取证有可能带来如此多的职业风险,律师需要小心翼翼,如履薄冰,如临深渊,时刻小心因为调查取证而"引火烧身"。这种令人压抑和无奈的境况,使得大量律师对调查取证望而却步。既然如此,律师究竟应当如何展开有效的调查取证工作呢?律师又如何在"救人过程中展开自救工作"呢?

根据一些资深律师的辩护经验,在调查取证方面,律师应当"有所作为",通过调查取证来获取新的证据材料,获得新的证人出庭作证的机会,这是有效展开积极辩护的基本要求。但同时,律师也应当谨慎从事,做到"有所不为",把握律师执业的底线,凡事做到留有余地,控制住自己的情绪,掌握好调查取证的节奏和火候,做到调查取证"零风险"。

其一,律师调查取证应当按照程序规范谨慎展开。

律师自行向有关单位或个人进行调查取证的,应当尽量避免一人单独进行,最好在至少一名律师助理的陪同下进行调查取证工作。调查取证无论是在城镇还是在乡村,尽可能请一名无利害关系的第三人陪同在场,充当事实上的"见证人"。调查取证要做好相关的书面记录,完整而准确地记录调查取证的全部过程,并要求所有参与调查取证的在场人员签字或者盖章。在有条件的情况下,律师可以对调查取证的全过程进行录音录像,并制作多份视听资料。

其二,调查取证应同时搜集两种证据材料:一是结果证据,二是过程证据。

顾名思义,调查取证似乎是律师向有关单位或者个人搜集证据材料的活动,获取这些证据材料就是调查的主要目的。但实际上,律师通过调查既要获取诸如物证、书证、视听资料、电子数据等实物证据材料,也要真实地记录

---

① 参见刘平凡:《刑事辩护律师在调查取证过程中的风险防范》,http://blog.sina.com.cn/s/blog_789fddae0101sxga.html,2017年10月11日访问。

调查取证的全部过程,从而形成有关调查程序合法性和完整性的"过程证据"。而在言词证据的收集方面,律师除了制作证人询问笔录,或者请求其提交书面证言材料以外,还应对询问证人的全部过程进行准确无误的记录,从而形成有关该证言提取过程的证据材料。将来在法庭审理中,律师除了将调查取证的结果也就是实物证据和言词证据提交法庭以外,还应将那些记录调查取证过程的证据材料,如询问笔录、录音录像材料等,一同加以提交。制作并提交过程证据,主要目的在于向法庭证明调查取证的真实性、合法性和完整性,以便回应公诉方可能提出的质疑和挑战,以维护本方所调取的证据材料的证明力和证据能力。

其三,**律师所获取的证据材料,包括实物证据和言词证据笔录,未经提交法庭予以审核确认,并被纳入法庭调查的范围,就不属于证据。**

在调查取证方面,很多律师都想当然地以为自己所调取的证据材料具有证据效力,并据此讲述了一个与指控事实完全不同的"新故事"。但是,我国实行的是案卷移送制度,检察机关在提起公诉时将全部案卷材料一并移交法院,法院在全面审阅侦查笔录和审查起诉笔录的基础上,开始进行审判前的准备工作。这意味着公诉方提交的案卷笔录材料都会被法院接纳为证据。当然,这些证据要转化为定案的根据,还需要经过法庭上对其证据能力和证明力的审查判断过程。但是,辩护律师经过调查取证所获取的材料,就连证据都不算,最多算是一种证据材料或者证据线索。要想使这些证据材料转化为证据,律师就必须将其提交法院,请求其将这些材料纳入法庭调查的范围。因此,在开庭前的准备阶段,尤其是在庭前会议阶段,律师应当提出申请,请求法院将本方所调取的材料纳入法庭调查的范围,如将有关实物证据出示在法庭上,将有关证人传召到法庭上提供证言,等等。只有法院经过审核,同意接纳律师所提交的证据材料,这些材料才具有证据的效力。当然,与公诉方的证据一样,这些被接纳为证据的辩护方材料,要转化为定案的根据,也要经过法庭上的举证、质证和辩论,并最终获得法庭的采信。

其四,**尽量避免对控方证人或被害人进行单方面的调查工作,如果实在要调查核实证据,也要告知办案机关,并建议控辩裁三方共同前往调查。**

在调查取证方面,律师最大的职业风险来自对被害人或控方证人的单方面调查活动,尤其是在这种调查过程中,被害人或控方证人改变了、推翻了原有的证言陈述,而改作有利于被告人的陈述。为避免激化矛盾,引起公诉方的激烈反应,辩护律师应尽可能避免对被害人或控方证人的单方面调查活动。换句话说,律师尽量不要私自找被害人或控方证人进行调查取证。这是避免职业风险的基本要求。

但是,律师如果发现某一被害人或者控方证人提供了前后自相矛盾或者不可信的证言陈述,而不得不对其进行当面调查的,也应当及时告知办案机关。尤其是在检察机关提起公诉之后,律师应尽快告知法院。在办案机关不表示反对的情况下,律师应请求法官、公诉方一同前往调查,向被害人或者相关证人进行当面询问,以便对其证言陈述作全面的调查核实。

其五,遇有法院、公诉方拒绝共同前往调查核实证言陈述的情况,律师应及时向法庭提出传召被害人、控方证人出庭作证的申请,使其在法庭上接受控辩双方的交叉询问。

在公诉方或者法院拒绝共同前往调查核实被害人、控方证人证言陈述的情况下,律师应提出传召被害人、控方证人出庭作证的请求。为说服法官接受这一请求,律师应当说明对该被害人陈述笔录、控方证人证言笔录所提出的质疑,并说明该陈述笔录和证言笔录对于定罪或者量刑具有重大影响,非经出庭作证,无法对其查证是否属实。一旦法院接受了上述请求,律师就要做好当庭对被害人、证人进行交叉询问的准备工作。

如何挑战公诉方的鉴定意见

> 辩护律师亲自对一份专业鉴定意见提出疑议,发起挑战,这种做法通常难以产生理想的效果。对公诉方鉴定意见的有效质证方法,不是申请重新鉴定,也不是传召鉴定人出庭作证,而是委托专家辅助人对鉴定意见发表专家意见,这属于一种"对鉴定的鉴定",可以发挥"借力打力"的效果。

在大多数刑事案件的诉讼过程中，侦查机关都会委托或者聘请司法鉴定机构或鉴定人，就案件中的专业问题出具鉴定意见。常见的鉴定意见会涉及法医学、物证技术学、会计审计学、声像及电子数据等多个专业的领域，涉及纷繁复杂的科学知识和技能。而根据我国多年实行的司法鉴定制度，侦查机关无论是委托本机关内部鉴定机构进行鉴定，还是聘请其他社会鉴定机构提供鉴定意见，几乎都垄断了司法鉴定的启动权。被告方被剥夺了独立启动司法鉴定的资格，而最多只能向检察机关或者法院申请重新鉴定或者补充鉴定。结果，在刑事诉讼中，辩护律师所面对的将是公诉方几乎将全部鉴定意见都作为控方证据的局面。

既然鉴定已经成为侦查的附庸，鉴定意见也几乎都被视为控方证据，那么，对这种鉴定意见的有效质证，就成为辩护律师的基本功。经验表明，对公诉方所出具的鉴定意见，一般有三种质证方法：一是申请检察机关、法院启动重新鉴定或者补充鉴定程序；二是申请法院传召鉴定人出庭作证；三是对鉴定意见存有异议的，委托有专门知识的人充当专家辅助人，或者出具专业意见，或者出庭作证，就鉴定意见发表专家意见。

但是，由于检察机关同时承担公诉职能，法院倾向于刑事追诉，且受到审判时限的限制，辩护律师要想启动重新鉴定或者补充鉴定程序，通常会面临极大的困难，在实践中的成功率也并不高。而向法院申请通知鉴定人出庭作证，则经常面临法院以"没有必要"为由加以任意拒绝的情形。而即便鉴定人最终出庭作证，辩护律师实现了当庭对其交叉询问的意图，也通常难以达到预期的辩护效果。

近年来，随着我国刑事诉讼法正式确立专家辅助人制度，辩护律师可以协助委托人聘请有专门知识的人对鉴定意见发表专业意见。这常被通俗地称为"专家评判专家"的制度。这种专家辅助人在接受被告方的委托后，既可以出具专家意见，也可以出庭作证，当庭对鉴定意见发表专业评论。当然，专家辅助人并不是新的鉴定人，也不对案件的专门问题发表新的鉴定意见，而只是对公诉方出具的专家意见发表评论，目的在于增强被告方对鉴定意见的专业质证能力,因此被视为辩护律师对鉴定意见进行质证的有效手段。而在专家辅助人出具专家意见或者出庭作证的情况下,公诉方迫于应对专家辅助人的需要,也不得不通知鉴定人出庭作证。在有些重大、复杂、疑难案件中,公诉方为了应对辩方专家辅助人的质疑,除了请鉴定人出庭作证以外,还特地委托了本方的专家辅助人出庭作证。于是,在法庭审理中,鉴定人、辩方专家辅助人、控方专家辅助人先后出庭作证,就案件的专业问题发表专家评论,这使得刑事法官获得了听取三方专家意见的机会,避免了仅从鉴定人那里获取专业意见的局限性。在一定程度上,辩护律师对专家辅助人制度的灵活运用,大大弥补了自身专业知识的不足,既可以对鉴定意见进行有效的质证,也可以迫使鉴定人出庭作证,大大避免了刑事法官对鉴定意见的先入为主和偏听偏信,为说服法官接受本方的辩护意见创造了条件。

在辩护律师委托专家辅助人的众多案例中,福建念斌案和浙江金帆达案就是两起值得关注的案例。

案例 1

2014 年 8 月 22 日,福建省高级人民法院对念斌涉嫌投放危险物质一案作出了无罪判决。从 2006 年 7 月本案案发,2008 年 2 月 1 日福州市中级人民法院认定念斌构成投放危险物质罪、判处死刑立即执行以来,本案历经福州市中级人民法院三次死刑判决、福建省高级人民法院两次发回重审裁定和一次维持死刑判决、最高人民法院不予核准死刑裁定,最终以福建省高级人民法院改判无罪而结案。福建省高级人民法院于 2013 年 7 月 4 日至 7 日、2014 年 6 月 25 日至 26 日,分两次对本案开庭审理,先后传召鉴定人 7 人次、侦查人员 13 人次、证人 2 人次、"有专门知识的人" 9 人次出庭作证。福建省高级人民法院认为,"二被害人系中毒死亡,但原判认定致死原因为氟乙酸盐鼠药中毒依据不足,认定的投毒方式依据不确实,毒物来源依据不充分,与上诉人的有罪供述不能相互印证,相关证据矛盾和疑点无法合理解释、排除,全案证据达不到确实、充分的证明标准,不能得出上诉人念斌作案的唯一结论",故而认定公诉机关指控的罪名不能成立。本案的无罪改判一度引起较大的争议。福建警方在案件判决生效后仍然将念斌列为本案的犯罪嫌疑人,并拒绝为其办理出境证件。而念斌案辩护团队则因为在念斌案辩护中的杰出表现,被中央电视台评选为央视年度法治人物。

根据公诉方的指控,2006 年 7 月 27 日凌晨 1 时许,被告人念斌到其与丁云虾等人共同租用的厨房,将半包鼠药倒进矿泉水瓶掺水后倒入丁云虾放置在厨房烧水的铝壶中。当日下午,陈某用铝壶中的水帮助丁云虾煮鱿鱼,傍晚丁云虾用铝壶中的水煮稀饭。当晚,被害人俞攀、俞悦、丁云虾等五人食用了稀饭和鱿鱼后,相继中毒。其中,俞攀、俞悦经抢救无效后死亡。检察机关据以指控念斌犯罪的证据除了被告人的有罪供述、被害人陈述笔录、证人证言笔录、勘验检查笔录等以外,还有福州市公安局出具的理化检验报告和法医学鉴定。根据后两份证据材料,俞攀、俞悦心血尿液中检出氟乙酸盐鼠药,系氟乙酸盐鼠药中毒死亡;丁云虾铝壶中的水、高压锅残留物以及铁锅残留物均检出氟乙酸盐成分。而证人杨某承认向念斌出售了氟乙酸盐鼠药;念斌在公安机关所作的多份供述也证明了其将氟乙酸盐鼠药投入丁云虾铝壶中的作案过程。

被告人念斌在法庭审理中否认了使用氟乙酸盐鼠药投毒的事实,并指称侦查人员对其实施了刑讯逼供行为。一审辩护人最初的辩护意见是念斌不具有投毒犯罪的动机,本案从买鼠药到投放鼠药的全过程事实不清,证据不足。但福州市中级人民法院没有采纳这些辩护意见。自2008年开始,北京某律师事务所的张律师开始参与此案的辩护工作。张律师通过研究公诉方的理化检验报告和法医学鉴定,产生了一些疑异:对于门把手上是否留有氟乙酸盐的成分,报告的结论是"倾向于认为"含有这种成分,这种结论怎么能作为定案的依据呢?既然法医鉴定认定两名被害人死于氟乙酸盐中毒,那么,为什么同样吃过稀粥的丁云虾体内却没有氟乙酸盐呢?为了解决自己的困惑,张律师向一些毒物鉴定领域的专家进行了请教。在专家的支持下,张律师在福建省高级人民法院进行了二审辩护。福建省高级人民法院将案件撤销原判、发回重审。

2009年,福建省高级人民法院对此案再次进行了二审开庭审理。张律师的主要辩护意见是:对于毒源是否来源于铝壶中的水的问题,存在着相互矛盾的证据,难以认定;理化检验报告关于铝壶水有毒的结论与案件事实不符;本案不排除侦查人员采取非法手段获取物证和被告人供述。为佐证本方的辩护观点,辩护人申请法庭传召两名专家出庭作证:一是原公安部物证鉴定中心毒物麻醉药品鉴定处处长张继宗;二是原北京市公安局法医中心毒物检验室高工潘冠民。这两位专家旁听了庭审过程,并与此案鉴定人就毒物性质、中毒情形、毒物检测等问题进行了讨论。但由于鉴定人没有出庭等方面的原因,法庭最终没有准许两位毒物专家出庭作证。令人不解的是,在法庭审理结束后,本案合议庭成员听取了两位专家的意见,在判决书中给出了"二位专家亦同意福州市公安局该意见"的结论。这次审理以维持原审原判而告终。

2010年,最高人民法院作出了不核准念斌死刑的裁定,为此案带来了重大的转机。在福州市中级人民法院第三次作出认定念斌有罪并判处死刑的判决后,案件第三次被上诉至福建省高级人民法院。

2013年7月4日,福建省高院对此案进行了第三次开庭审理。在开庭前,经法院再次调取,公诉方终于向法庭提交了警方用作鉴定依据的原始质谱图。所谓质谱图,是指毒物检验过程中检测物的离子被分离后,被检测仪器检测并记录下来、经计算机处理后所形成的图。质谱图通常被用来作为分析检测物是否为毒物、为何种毒物的依据。此前,在长达数年的时间里,辩护方反复向法院申请调取公安机关掌握的质谱图,都没有成功。在这次二审开庭之前,辩护律师会同专家团队,对26张质谱图进行了认真研究,认为公诉方的检验报告和鉴定意见存在以下问题:检测日期与报告记录不符;报告没有按规定操作;质谱图中样品存在污染;所得结论与事实不符。

与此同时,根据2012年《刑事诉讼法》的规定,辩护方申请法院传召本方专家作为专家辅助人出庭作证,法庭最终准许辩护方的两位专家出庭。与此同时,公诉方也聘请了两位专家辅助人出庭作证。检察机关聘请有专门知识的人就鉴定意见说明情况,未必是第一次,却肯定是极其罕见的一次。在法庭审理中,在鉴定人出庭之后,辩护方的专家辅助人当庭就鉴定意见和检验报告存在的问题发表了意见,接受了控辩双方的询问。紧接着,公诉方的专家辅助人就鉴定意见发表了意见,对辩护方专家辅助人的意见给予了反驳。法庭审理持续了四天,法庭宣布休庭。7月8日,张律师又组织召开了一次专家研讨会。专家们认为,质谱图表明,在死者肝脏和胃中没有检出氟乙酸盐,可是在心血和尿液中却有,这简直是"神检验"。这次研讨会得出的结论是"死者不可能死于氟乙酸盐中毒"。

2013年7月26日,在福建省高级人民法院休庭期间,经过辩护律师的积极努力,六位毒物鉴定领域的专家出具了《关于念斌投毒案理化检验报告及法医学鉴定书的专家意见书》。六位专家认为,本案是一起急性食源性中毒案件,胃组织及胃内容物应当是毒物含量最高的检材。如果在刷洗干净的炒菜铁锅中检出了氟乙酸盐,在中毒死者心血和尿液中检出了氟乙酸盐,而在中毒死者的胃、肝组织中检验不出氟乙酸盐,只能说明其检验结果是错误的。

"本案认定系氟乙酸盐中毒缺少实验室有关毒物检验的实证依据。由于一系列检材提取、送检、检验程序以及检验性质认定上的明显错误,所有检验结果都是不科学、不真实、不可信的。导致本起中毒事件的毒物目前仍然没有查清。"同时,"从这些检材中检出氟乙酸盐鼠药的结论是不规范、不科学、不可靠的,因为不能排除检测过程中的污染和残留对检材的干扰"。辩护律师随即将该专家意见送交福建省高级人民法院。

2014年2月,在休庭期间,张律师与被告人的姐姐经过认真研究,了解到"香港有亚洲最好的毒物鉴定专家",几经周折,找到了香港特别行政区政府化验所前任负责人莫先生,把福建公安机关制作的全部检验鉴定结论和全部质谱图交给了他,委托他以独立专家的身份对这些鉴定结论和图谱重新进行检验。莫先生曾经是澳大利亚化学学会的院士及特许化验师,曾受聘担任澳大利亚新南威尔士政府化验所高级分析员,后来又到香港地区担任了10年的政府化验所高级化学师,主管该化验室毒理学组。他在毒理学界有着非常高的声望。

据张律师回忆,拿到莫先生的审查报告后,他又与莫先生进行了交流。莫先生非常坦诚地认为,念斌案辩方律师委托的国内专家出具的专家意见写得非常好,非常精彩,对其中的观点他是赞同的。"详细检查参考资料(检验报告)包括质谱图后,发现以下的图谱出现非常严重的矛盾。"这句话,莫先生在报告中使用了红色的字迹。这些"非常严重的矛盾"是指:(1)分别被标示为"俞攀的心血"以及"呕吐物"的样本,两者质谱检测显示为同一个样本。(2)分别标示"俞悦尿液"和"标样"的两张质谱图,"皆源自同一样本,只是在不同的滞留时间做取样而已"。换句话说,福建公安机关竟然使用实验室测试用的标准的氟乙酸盐样品冒充死者的尿液。

从这两张质谱图上,同样可以清晰地看到,分别写着"俞悦尿液"和"标样"字迹的两张图谱上,检验的时间分秒不差,都是2006年7月29日10点55分,检测的时间长度都是8.99分钟,唯一不同的是"俞悦的尿液"是在仪器检测行进至7.521分钟时截取的图谱,"标样"是在仪器检测行进至7.536分钟时截取的。

"这两张图的检材肯定是同一个东西",莫先生非常肯定地说,"他们把检测物打进机器,机器开始自动检测,然后他们在机器检测的不同时间段截取了两张图"。莫先生进一步解释:"氟乙酸盐峰值上的变化,是随着机器检验时间的推移而发生的变化,这并不影响它们就是同一物质。"

莫先生的结论是:"基于整体分析的结果,由于现场(如粉末、黄色液体,以及用以煮食的水等等)以及呕吐物中皆未有发现氟乙酸盐,本案件并没有任何证据支持氟乙酸盐曾被使用过。"

取得莫先生的报告后,张律师如梦初醒,找到了反驳公诉方理化检验报告的有力依据。在后来庭审中发表的辩护意见中,张律师以莫先生报告的内容为依据,当庭指出:鉴定机构把标样当作了被害人俞攀的尿液检材,被害人俞悦的心血与呕吐物检材的检验数据出现错误;鉴定机构对检材的处理操作不规范,缺乏唯一性标识,把同一个质谱图标记为不同的检材,把标样当作检材,严重影响检材的准确性,上述物证的检验结果均不符合相关判定标准,检验结论不可信。

2014年6月25日至26日,福建省高级人民法院再次开庭审理此案,辩护方和公诉方分别聘请了新的专家辅助人,这些专家辅助人再一次围绕着理化检验报告和鉴定意见发表了专业意见,接受了控辩双方的询问。在法庭辩论阶段,张律师以及其他律师发表了辩护意见。最终,法庭对辩护方专家辅助人的观点予以认可,采纳了辩护律师的辩护意见。

根据福建省高级人民法院的无罪判决书,原判认定两名被害人系氟乙酸盐中毒死亡,主要依据是在被害人的心血、尿液和呕吐物中检出了氟乙酸盐成分,与其中毒症状相符。法院认为,控辩双方出示的证据能够证实两名被害人系中毒死亡,但原判认定系氟乙酸盐中毒,证据不确实、不充分。原因在于,标注为被害人尿液和标注为标样的两份质谱图相同,有悖常理;分别标注为被害人心血、呕吐物的两份质谱图也相同,同样有悖常理;根据被害人心血、尿液检材的检验数据,能否判定检出氟乙酸盐成分,双方聘请的专业人员存在意见分歧,因此从上述检材中检出氟乙酸盐成分的检验结论可靠性存疑,认定二被害人中毒原因的理化检验报告不足以采信。

由于成功地推翻了公诉方理化检验报告所认定的二被害人死于氟乙酸盐鼠药中毒的事实,本案的关键证据链条也就全部中断。辩护律师通过运用专家的经验和智慧,历经艰辛和波折,最终取得了无罪辩护的成功。①

笔者之所以较为详尽地介绍念斌案的辩护过程,是因为读者一般比较关注法院的裁判过程和裁判结论,而对律师寻求专家帮助的过程予以忽略。但

---

① 参见福建省高级人民法院(2012)闽刑终字第10号刑事附带民事判决书。

恰恰是律师与内地体制内退休专家的数次沟通、专家辅助人的出庭作证以及律师向香港专家求教过程中取得的巨大突破，成为本案取得突破的关键因素。在貌似个性化十足的辩护过程背后，其实隐含着一条普遍的辩护经验，那就是面对公诉方破绽百出的鉴定意见，律师应当借助专业人员的智慧和经验，尽快取得专家的支持，找到公诉方鉴定意见的致命缺陷，并通过出具专家意见或者以专家出庭作证的方式，一举推翻这种鉴定意见，至少也要说服法官，使其对该鉴定意见的可信性、科学性、权威性产生合理的疑问，从而为最终推翻公诉方的指控罪名奠定基础。

案例 2

浙江金帆达生化股份有限公司（以下简称"金帆达公司"）是一家生产草甘膦农药的生产企业。2013年5月因其下属的方埠化工厂废液外运事件被浙江龙游县公安局以涉嫌污染环境罪立案侦查。2014年3月，浙江省龙游县人民检察院对金帆达公司连同数十名自然人提起公诉，指控上述被告人构成污染环境罪。检察机关指控的基本事实是：为提高生产效益、降低生产成本，金帆达公司员工明知衢州市新禾农业生产资料有限公司（以下简称"新禾公司"）、湖州德兴化工物资有限公司（以下简称"德兴公司"）、富阳博新化工有限公司（以下简称"博新公司"）、杭州联环化工有限公司（以下简称"联环公司"）等不具备危险废物处置资质，仍约定由上述公司为金帆达公司非法处置草甘膦母液。其中，新禾公司自2012年以来为金帆达公司运出草甘膦母液5000余吨，非法倾倒至龙游县某处柑橘林地等处，经鉴定造成财产损害4700余万元；德兴公司2011年至2013年为金帆达公司利用厂区内下水道排放草甘膦母液21900余吨；博新公司在2012年排放草甘膦母液880余吨；联环公司2011年至2012年排放草甘膦母液8000余吨。龙游县人民检察院认定，金帆达公司及其所属员工违规倾倒、处置危险废物，严重污染环境，后果特别严重，据此请求法院依法定罪判刑。

在此案提起公诉之前，德兴公司、博新公司及其员工均被当地检察机关提起公诉，并被当地法院判处污染环境罪。联环公司也因涉嫌污染环境罪被立案侦查，并进入检察机关审查起诉环节。

龙游县人民检察院指控金帆达公司及其员工涉嫌污染环境罪的主要证据有：书证、物证、证人证言、被告人供述以及鉴定意见。其中，几乎所有证人证言和被告人供述都证明，金帆达公司明知新禾公司等不具备处置危险废物的法定资质,仍然指使其倾倒草甘膦母液,这种母液构成国家有关部门认定的危险废物。检察机关据以提起公诉的鉴定意见主要是浙江省环境保护科学设计研究院制作的《环境污染损害评估报告》以及《检测报告》。这两份报告根据对废液倾倒点的上下层水质采样的检测,认定金帆达公司委托外运倾倒的废液属于《国家危险废物名录》中所列的"母液";两份报告根据当地危险废物处置中心的危险废物基本处置费用,乘以虚拟治理成本系数以及倾倒吨数来进行核算,认定金帆达公司在五处倾倒草甘膦母液造成的财产损害和污染修复费用等共计4700万元以上。

辩护人团队经过研究,决定委托具有危险废物鉴定资质的辽宁锦州辽希司法鉴定中心以及中国科学院广州化学研究所测试分析中心作出新的鉴定。锦州辽希司法鉴定中心在公证人员的见证下,通过对生产线碱母液储罐处采样检测,认定所采碱母液样品的 pH 值及草甘膦含量"不在认定危险废弃物的标准之内"。中国科学院广州化学所也在公证人员的见证下,通过对生产车间的碱母液储罐内的废液作出检测,认定金帆达公司"在草甘膦生产过程中产生的碱性母液样品不属于危险废物"。两个鉴定机构所作的四份司法鉴定书和鉴别报告被送交检察机关和法院,并被辩护人团队作为本案刑事辩护的主要依据。

辩护人团队为加强辩护效果,委托权威的刑法、证据法和环境法专家作出了专家论证,出具了论证意见。专家论证意见认为,检察机关据以起诉的两份鉴定意见没有自然人签字,只有鉴定机构的公章;浙江省环境保护科学设计研究院不具备司法鉴定的资质,因此,该机构出具的鉴定意见不能作为定案的根据;检察机关提供的证据无法证明金帆达公司外运废液系《国家危险废物名录》中所列的"母液";检察机关的鉴定意见与辩护方提交的四份鉴定报告存在重大的矛盾,得出了相反的结论,建议法院委托具有司法鉴定资质的权威鉴定机构重新作出鉴定。

辩护人团队根据司法鉴定机构的鉴定意见以及法学专家的专家意见,提出以下辩护思路:首先,为反驳公诉方将被告人倾倒、排放的废液视为"危险废物"的观点,辩护人从专业方面区分了"酸母液""碱母液"和"透过液"的概念,认为排放的液体不可能是生产草甘膦之后形成的强酸性的饱和溶液,而只可能是经过进一步处理、酸性程度大大减弱的碱性废水或者经过膜处理后几乎没有酸性的透过液,或者是两者的混合液体。而无论是碱母液还是透过液,都不是饱和溶液的母液,不属于危险废物。

其次，辩护人认为，浙江省环境保护科学设计研究院所出具的两份鉴定意见，存在着两方面的缺陷：一是鉴定意见不具有合法性，包括鉴定主体不具有司法鉴定资质，鉴定意见缺少鉴定人签字，委托主体不合法，重新鉴定程序不合法，鉴定过程和方法不符合专业规范要求等一系列问题，因此不能成为定案的根据。二是鉴定意见中对损害评估结果的鉴定意见，不能作为认定本案污染环境所造成损失的依据，因为行为人所倾倒、排放的废液已经过自然降解，并没有对环境造成现实的危害，本案既不存在水体修复问题，也不存在土壤生态恢复问题，因此将"修复环境费用"作为直接损失没有任何事实依据。

再次，被告单位金帆达公司的决策人员并不明知涉案废液为"危险废物"，而是委托他人将其作为普通废水进行外运处理，是在承运人声称将废水拉到污水处理厂的情况下才委托其处理的，对于承运人将废水予以任意倾倒和排放并不知情。

最后，被告单位金帆达公司对废液外运一事并未形成单位决策，委托他人外运、处置废水属于单位个别员工擅自实施的行为，并不属于单位行为，金帆达公司并不构成单位犯罪。

经过开庭审理，律师当庭发表了辩护意见，提交了法学专家的论证意见和所委托的两家鉴定机构的四份专家意见。龙游县人民法院最终宣告金帆达公司及其数十名员工构成污染环境罪，并对单位判处7500万元的罚金，对其余被告人判处了有期徒刑不等的刑罚。

与案例1不同的是，案例2并没有以被告人被宣告无罪而告终。但是，案例2所涉及的是更为复杂的专业性问题。鉴定部门所出具的鉴定报告既确定了被告单位所倾倒的废液属于"危险废液"，也认定了倾倒废液所带来的经济损失数额。在一定程度上，这份鉴定意见既是认定被告单位实施污染环境行为的根据，也是确定罚金数额的依据。辩护律师一方面对该鉴定意见的证据能力提出了质疑和挑战，另一方面也委托了较为权威的专家进行专业论证，出具了专家论证报告，以支持本方的辩护观点。法院尽管仍然坚持判决被告人构成污染环境罪，但在所判处的罚金数额上也适当考虑了辩护方的意见。

那么，根据律师界的辩护经验，律师究竟如何通过专家辅助人来对鉴定意见进行有效质证呢？

通常说来，**专家辅助人并不是鉴定人，律师聘请专家辅助人的主要目的不是提供一份新的鉴定意见，而是对鉴定意见发表专业性评判意见**。即便是公诉方聘请的专家辅助人，也不是重新作出鉴定，而是针对辩方的质疑，从有利于公诉方的角度，发表对该鉴定意见的评判意见，以维护鉴定意见的权威性。既然如此，律师就应对专家辅助人的角色定位、聘请途径、出具意见的方式、出庭作证方式等有着较为精确的把握，确保专家辅助人发挥最大的作用。

首先，**来看专家辅助人的角色定位**。我国刑事诉讼法允许控辩双方委托有专门知识的人对鉴定意见发表专家意见，目的在于给予新的专业人员参与诉讼、对鉴定意见发表意见的机会，避免法院偏听偏信，受到不正确、不权威的鉴定意见的误导。既然如此，专家辅助人无论接受哪一方的委托，一旦出具专家意见或者出庭作证，就具有"证人"的身份，所提供的专家意见也就具有"证人证言"的性质。

一般来说，证人是就自己耳闻目睹的事实提供言词陈述的诉讼参与人。但是，像专家辅助人这样的"特殊证人"，一般既不是案件的目击证人，也不是了解案件事实的参与人。他们作为"专家证人"，是在案件发生之后，在刑事诉讼过程之中，通过接受控辩双方的委托或者聘请，才参与到刑事诉讼之中，对鉴定意见所涉及的专业问题发表评判意见。在一定程度上，专家辅助人所提供的"证言"，其实是一种"意见证据"，也就是对案件专门问题发表的专业意见。不仅如此，辩护律师协助委托人聘请的专家辅助人，一般要对公诉方的鉴定意见提出疑问和进行挑战，其所发表的"意见证据"，还带有"弹劾证言"的属性。也就是说，这种证言并不是为了证明某一事实的成立，而是为了证明公诉方鉴定意见的不成立或者无权威而存在的。而恰恰是这种带有"弹劾"性质的意见证据，才使得法庭对同一专门问题有了兼听则明的机会。而辩护律师通过提交专家辅助人的专家意见，或者说服法庭传召其出庭作证，也有了对鉴定意见进行质证的有力武器。

其次，**辩护律师如何聘请专家辅助人**。我国法律并没有对专家辅助人的资质作出严格的限定。其实，即便是鉴定人或者鉴定机构，我国法律也没有对其鉴定资质作出整齐划一的严格限定。在司法行政机关或者其他国家机关限定鉴定人或者鉴定机构的鉴定资质的情况下，唯有那些具有法定鉴定资质的人才能充当司法鉴定人，也只有那些具有法定鉴定资质的机构才能成为司法鉴定机构。否则，其他人员或者机构所出具的鉴定意见就有可能被法院予以排除。但是，在那些尚无专门人员和专门机构被授予鉴定资质的前沿领域,侦查机关、公诉机关、法院也可以委托暂时没有被授予鉴定资质的人员或者机构出具鉴定意见。只不过,在法庭审理过程中,法庭在对其鉴定意见的证明力进行审查之前,可以对其鉴定资质进行优先审查。

在资质限定方面,法律对专家辅助人的要求更为宽松。除了相关领域的司法鉴定人以外,那些不具有鉴定人资质的专业人员,也可以被纳入辩护律师的视野。尽管如此,**辩护律师也应谨记以下几点:要想说服法官接受本方专家辅助人的专业意见,专家辅助人在业内的权威性是头等重要的因素。为此,在顾及委托人的支付能力的前提下,辩护律师需要聘请较为权威的专家作为专家辅助人。至少,在业内的知名度、认知度和权威性方面,辩方的专家辅助人要明显高于侦查机关聘请的鉴定人**。与此同时,那些工作在公安机关、检察机关、国有研究机构甚至高等院校的专业人员,通常更愿意接受委托担任鉴定人,而对被律师聘请为专家辅助人一般都持消极甚至抵制态度。遇有此种情形,律师应采取灵活机动的策略,对于确实不愿意出庭作证的专业人士,可以邀请其出具专家意见;对于不愿意出具专家意见的专业人士,可以邀请其提供专业性的咨询意见,就鉴定意见中所涉及的专业问题向其请教。当然,真正愿意出具专家意见或者出庭作证的,往往是那些在体制内已经退休的资深专家,以及部分不介意接受律师委托的高等院校和科研机构的专业人员。

从长远来说,一个长期从事某些专业领域的律师事务所或者刑事辩护律师,也可以考虑与一些科研机构或专业人士建立较为稳定的工作关系,聘请其长期担任特定类型的刑事案件的专家辅助人。例如,在会计审计、金融、证券、税收、知识产权、环境污染、电子商务等领域,辩护律师可以通过本律师事务所将有关专家聘请为顾问,邀请其定期就涉及相关专业问题的案件进行专家论证,召开咨询会议,从而建立较为密切的合作关系。这样,在一些重大、复杂、疑难的案件确实需要聘请专家辅助人的时候,辩护律师就可以优先从这些专家中遴选,或者通过这些人士及时发现相关领域的其他权威专家。

再次,**专家辅助人提供专家意见的方式有两种:一是出具书面的专家意见,二是出庭作证,当庭发表针对鉴定意见的专家意见**。通常情况下,邀请专家出具书面专家意见,是辩护律师使专家辅助人发挥作用的第一步。在庭审前的准备阶段,特别是庭前会议阶段,辩护律师可以及时向法庭提交这类专家意见,以作为对鉴定意见进行质证的专业根据。遇有法庭对鉴定意见产生疑问并对专家意见产生兴趣的案件,律师也应及时提出要求专家辅助人出庭作证的申请,以便说服法官当庭听取专家辅助人的意见。

无论是出具专家意见,还是申请专家辅助人出庭作证,辩护律师都应当精准把握专家辅助人所提供的专家意见。原则上,辩方专家辅助人主要针对鉴定意见的证明力和证据能力发表评判意见,目的在于质疑乃至推翻鉴定意见的证据资格,使其不转化为定案的根据。有鉴于此,律师应从以下几个方面引导专家辅助人发表专家意见:一是鉴定人、鉴定机构的法定资质及其是否与案件存有利害关系;二是作为鉴定检材的物证、书证、视听资料、电子数据是否有真实可靠的来源,是否受到污染,是否具备鉴定的条件;三是鉴定的过程和专业依据是否存在科学的基础,是否符合相关的专业操作规范;四是鉴定意见是否超出了本专业鉴定的范围;五是鉴定意见是否符合法定的形式要件;等等。律师一旦发现鉴定意见在上述任何一个问题上存在缺陷,都可以当庭提出排除该项鉴定意见的申请。

最后,对于出庭作证的专家辅助人,辩护律师应当按照交叉询问的规则进行有效的发问,以达到削弱乃至推翻鉴定意见的效果。对于本方申请出庭的专家辅助人,辩护律师应当按照"主询问"的原理,通过连续不断的发问,令其陈述对鉴定意见的质疑和异议。在公诉方提出"反询问"之后,辩护律师还应进行"拾遗补漏"的发问,以便维护其专家意见的权威性和可信度。而对于出庭作证的控方专家辅助人,辩护律师则要在做好充分准备的前提下,对其实施"反询问",也就是带有质疑和挑战性质的质证。辩护律师可以利用本方专家辅助人提供的知识和信息,对控方专家辅助人的陈述进行反驳,揭露其矛盾,质疑其权威性,说明其缺乏可信度,最终目的在于论证鉴定意见存在纰漏和瑕疵,不足以被采信为定案的根据。

考虑到我国刑事诉讼法不允许专家辅助人与鉴定人进行当庭对质,对专家辅助人和鉴定人的发问和质证只能分别进行。因此,辩护律帅应当制定有针对性的发问和盘问计划,对于出庭作证的鉴定人,充分发挥"反询问"的作用,而对于本方的专家辅助人,则发挥"主询问"的功能。通过上述一正一反的交叉询问,辩护律师应最大限度地发挥庭审质询的效果,使得鉴定意见的科学性、权威性受到强有力的挑战,并说服法官在专家提出相反意见的情况下,摒弃这种漏洞百出的鉴定意见,避免受到这种鉴定意见的误导,以至于作出无根据甚至错误的司法裁判。

根据很多律师的经验,对于出庭作证的本方专家辅助人,律师在开庭前要做好必要的"辅导"工作。这种"辅导"可以包括以下内容:一是向其讲解我国刑事诉讼制度的基本要素,尤其是法庭审理程序的基本流程;二是向其说明专家辅助人的诉讼角色定位,尤其是与鉴定人的区别,专家辅助人对鉴定意见提出专家意见的方式和意义,消除其经常出现的"出具一份新的鉴定意见"的不当认识;三是必要时组织一场模拟庭审演示,安排不同律师分别充当法官、检察官、辩护律师,对专家辅助人进行交叉询问的演练,让专家辅助人经受一下模拟性交叉询问,从而对法庭上可能出现的问题具有应对之策。经验表明,专家辅助人出庭作证,对于律师的辩护既是一个重大的机遇,也可能是一项严峻的挑战。唯有做好庭审前的必要准备工作,将专家辅助人转化为重要的辩护助手,才能充分发挥专家辅助人制度的作用。

法庭质证的艺术（Ⅰ）
——实物证据的鉴真方法

> 鉴真，就是检验实物证据的真实性和同一性。鉴真主要有"独特性的确认"和"保管链条完整性的证明"等基本方法。掌握好鉴真方法，是对物证、书证、视听资料、电子数据进行有效质证的必由之路。

在法庭审理过程中,律师辩护的主要方式就是参加举证、质证和辩论。其中,举证是指律师协助被告人提出本方证据并展示这些证据事实的活动,质证则是对控方证据进行辩驳的活动,而辩论则是就证据采纳、事实认定以及法律适用问题发表终结性陈述的活动。与举证相比,质证是一种更具有挑战性和抗辩性的辩护活动。通过质证,律师要在公诉方举证之后,及时对该证据提出异议,对其证明力或证据能力进行质疑,目的在于说服法官对那些不可信、不相关或者不合法的控方证据当庭作出不予采纳的决定。而与辩论相比,质证则发生在法庭调查阶段,并不需要律师长篇大论地加以阐述和论证,也不需要对全案证据和事实作出综合性的评论,而只需要对正在接受调查的控方证据提出反驳性意见即可。

考虑到案件进入法庭辩论阶段时,有关案件事实的调查已经结束,律师所发表的辩护意见带有总结性,对于法官的说服作用已经十分有限。因此,有效的质证才是律师推翻或者削弱控方指控事实的关键环节。在一定程度上,律师辩护的艺术主要就是质证的艺术。

随着我国刑事司法改革的逐步推进,刑事证据规则得到完善,律师的质证水平也得到相应的提高。法庭质证,不仅受到律师界的高度重视,也凝结了一系列律师辩护的经验和智慧。根据质证对象的不同,法庭质证大体可分为对实物证据的质证和对言词证据的质证。由于所确立的证据规则各不相同,对这两种证据的质证要遵循各不相同的规律。这里先就对实物证据的质证进行简要的分析。

通常所说的实物证据,又被法律实务界称为"客观证据",主要是指物证、书证、视听资料和电子数据。在刑事辩护过程中,如何针对公诉机关提交的实物证据,选择一个适当的角度,提出有理有据有力的质证意见,进而削弱乃至推翻公诉方的证据体系,这是检验一个律师辩护水平的重要标准。

按照通常的证据法理论,对实物证据的质证,通常可以从真实性、相关性和合法性的角度,来质疑控方证据的证明力或者证据能力。但是,面对一个个具体的实物证据,律师假如动辄从这三个方面进行质证,往往会流于平庸，难以动摇公诉方实物证据的"稳定地位"，更无法使法官对该项实物证据产生合理的疑问。与此同时，按照传统的辩护方式，对于实物证据，律师更加重视与相关鉴定意见一起加以质证。鉴于物证、书证、视听资料、电子数据都属于一种稳定性较强的客观证据，未经专家的科学鉴别和判断，任何普通人都难以对其真实性、相关性乃至合法性作出准确无误的判断。因此，律师往往较为注重专家对该类证据的鉴定意见。但是，根据我国的司法鉴定体制，司法鉴定几乎完全被控制在侦查机关手中，鉴定意见几乎都属于控方证据，辩护律师假如要借助于鉴定意见来对实物证据加以审查判断，往往无法得出较为客观中立的结论。再加上辩护律师一般都不是相关领域的专家，对于鉴定所涉及的科学技术知识，也难以作出专业性的判断。因此，除非找到权威得力的专家辅助人，否则律师要通过审查鉴定意见来对实物证据加以质证，通常都难以取得较为理想的效果。

近年来，随着刑事证据立法的快速变化，一系列新的证据规则相继在法律上得到确立。尤其是随着实物证据鉴真制度的确立，越来越多的辩护律师开始从实物证据的来源、收集、提取、保管、出示等证据保管链条的角度，对某一实物证据的真实性和同一性进行质疑，以论证其不具有证明力，无法被转化为定案的根据。这种辩护视角独特，常常直接援引刑事诉讼法和最高人民法院的司法解释，甚至援引最高人民法院发布的相关指导性案例，因此对法官具有极大的影响力。在有些案件的审判过程中，这种从"证据保管链条不完整""鉴真程序存在缺陷"等角度提出的质证意见，还得到了法院的直接采纳，并为有利裁判结局的最终形成奠定了基础。而在有些重大疑难案件中，律师从鉴真角度提出的质证意见，尽管最终没有为法院所采纳，但是，这种质证却动摇了公诉机关的证据体系，对法官的内心确信产生了微妙的影响，法院最终在量刑上作出了较为宽大的处理。

2016年，北京市海淀区人民法院对检察机关指控的深圳市快播科技有限公司（以下简称"快播公司"）涉嫌传播淫秽物品牟利的案件，进行了两次公开开庭审理。在庭审过程中，被告人及其辩护律师除了提出本案认定被告人犯罪存在事实不清、证据不足的问题以外，着重对公诉机关出示的实物证据——4台服务器以及2万多个视频的鉴真问题提出了质证意见，目的在于证明公诉机关所提交的这些电子数据的真实性、同一性无法得到证明，存在着被伪造、变造、偷换、污染的可能性，因此法院不应将其作为认定被告人有罪的证据。以下就是海淀区人民法院判决书所反映的相关事实信息。

案例

北京市海淀区人民检察院指控被告单位快播公司和被告人王欣、吴铭、张克东、牛文举犯传播淫秽物品牟利罪,向海淀区人民法院提起公诉。海淀区人民法院于2016年1月7日至8日第一次公开开庭审理了本案。在庭审过程中,控辩双方对部分证据争议较大,法院决定检验核实相关证据。海淀区人民法院于2016年9月9日恢复法庭调查,第二次公开开庭审理了本案。

根据检察机关的指控,被告人王欣系快播公司法定代表人及首席执行官,被告人吴铭系快播公司快播事业部总经理,被告人张克东系快播公司快播事业部副总经理兼技术平台部总监,被告人牛文举系快播公司快播事业部副总经理兼市场部总监。被告单位快播公司自2007年12月成立以来,基于流媒体播放技术,通过向国际互联网发布免费的QVOD媒体服务器安装程序和快播播放器软件的方式,为网络用户提供网络视频服务。被告单位快播公司及其直接负责的主管人员被告人王欣、吴铭、张克东、牛文举以牟利为目的,在明知上述QVOD媒体服务器安装程序及快播播放器被网络用户用于发布、搜索、下载、播放淫秽视频的情况下,仍予以放任,导致大量淫秽视频在国际互联网上传播。2013年11月18日,北京市海淀区文化委员会(以下简称"海淀文委")从位于本市海淀区北京网联光通技术有限公司(以下简称"光通公司")查获快播公司托管的服务器4台。后北京市公安局从上述3台服务器里提取了29841个视频文件进行鉴定,认定其中属于淫秽视频的文件为21251个。检察机关认为,被告单位快播公司及被告人王欣、吴铭、张克东、牛文举以牟利为目的,传播淫秽物品,情节特别严重,其行为均已构成传播淫秽物品牟利罪。

公诉机关为证明本方指控的事实,在第一次庭审中宣读、出示了侦查机关依法收集和调取的各项证据。其中,公诉机关用以证明侦查机关提取4台服务器以及鉴定淫秽视频等事实的证据主要有:证人侯爱娇、钟琨、张政、李建华等的证言;光通公司(甲方)与快播公司(乙方)战略合作协议及光通公司出具的情况说明;北京市公安局海淀分局(以下简称"海淀公安分局")向海淀文委调取相关证据的调取证据清单;北京市文化市场行政执法检查记录;北京市文化市场行政执法先行登记保存物品决定书及北京市文化市场行政执法物品清单;海淀文委著作权鉴定申请书及工作说明;北京市文化市场行政执法鉴定告知书;调取证据清单、接受证据材料清单及北京市版权局、海淀公安分局、田村派出所出具的工作说明；委托书及工作说明；现场勘验检查笔录；北京市公安局淫秽物品审查及淫秽视频清单（hash 码）、工作说明；快播服务器审验操作记录；北京信诺司法鉴定所在治安管理总队淫秽物品审验室对扣押在案的 4 台服务器进行鉴定的鉴定意见书。此外，经法庭通知，北京市公安局治安总队淫秽物品审验员丁燕华以鉴定人的身份出庭作证，当庭陈述了其参与对 4 台服务器中的视频进行三次鉴定的事实。

经庭审质证，各被告人及其辩护人就上述控方证据的关联性、真实性、合法性主要发表了如下意见：

（1）扣押时未对服务器的物证特征进行固定。海淀文委在实施现场扣押行为时，未进行拍照，且登记内容模糊，难以认定服务器的唯一性。公诉机关出具的北京市文化市场行政执法物品清单及北京市文化市场行政执法检查记录，只是记了 4 台服务器的 IP 地址（IP 地址不能作为识别服务器身份的证据），没有写明特征、型号，没有记载内置硬盘的型号、数量、容量，也没有扣押物品照片。缺乏物理特征的物证，真实性存疑，直接关系到该物证能否作为鉴定检材。

（2）服务器在行政扣押期间的保管状态不明。扣押当日，海淀文委将 4 台服务器送北京市版权局实施著作权鉴定。市版权局因工作涉及计算机及网络视频专业技术问题，于当日委托文创动力公司提供专业技术服务。直到 2014 年 4 月 10 日，服务器才移交到海淀公安分局扣押。4 台服务器是因著作权侵权问题被行政机关查封的，但刑事立案之前的五个月时间内，这 4 台服务器到底保管在文化委、版权局还是文创动力公司，地点不明。扣押的 4 台服务器在五个多月时间里没有由行政执法机构保管，其作为证据使用的合法性存疑。

（3）服务器内容存在被污染的可能。公诉机关没有提供任何证据证明文创动力公司具有相应技术资质。行政扣押期间，没有相应证据证明文创动力公司在开启服务器时是否有相关行政执法人员在场监督，服务器硬盘内容是否被污染，有无写入、替换视频文件的情况。文创动力公司曾经受快播公司竞争对手乐视公司委托从事知识产权侵权行为调查，足以让人怀疑涉案 4 台服务器及内容是否真实。

（4）服务器移交程序违法。案卷中有一份海淀公安分局从版权局调取服务器时的调取证据通知书，把打印的 2015 改成了 2014，证明该份材料系后补文件。公安机关从行政机关调取 4 台服务器时，仍旧没有登记服务器的特征、型号,尤其是没有记载服务器内置硬盘的型号、数量、容量,也没有扣押物品照片。

(5)淫秽物品鉴定存在程序违法。公安机关于2014年4月11日出具第一份鉴定书,鉴定人是邢政博、许平,记载的服务器内置硬盘数量为3台内置7块硬盘,1台内置6块硬盘,每块硬盘容量均为2T。2015年1月20日,公安机关出具第二份鉴定书,文号与第一份相同,但鉴定人为丁燕华、赵世才,签名是同一人所签。鉴于上述鉴定书存在程序违法问题,公诉机关申请补充侦查后,于2015年11月6日出具第三份淫秽物品审查鉴定书,该份鉴定的文号与前两次不一致,但鉴定人却同一,违反重新鉴定应另请鉴定人的规定。第三份鉴定是重新鉴定,鉴定程序违法。

(6)检材真实性存疑。第三次淫秽物品鉴定期间,公安机关委托信诺鉴定所出具一份鉴定意见书,证明上述3台服务器从2013年11月18日至2015年12月2日的扣押期间没有任何qdata格式(快播专用格式)的视频文件拷入服务器。但信诺鉴定所的送检材料显示,4台涉案服务器内置硬盘数量和容量与2014年4月11日公安机关第一次淫秽物品鉴定时的记载相比均发生了变化:3台服务器内置硬盘数量6块,一台内置5块,且有一台服务器内的硬盘容量为1T。服务器内硬盘数量、容量前后矛盾,第三次淫秽物品鉴定检材真实性存疑,怀疑是否为原始扣押的服务器。

(7)何明科等人在人身受到强制的情况下作出的讯问笔录,不能作为证人证言使用。

(8)行政机关在行政执法和查办案件中收集的证据材料不能作为刑事诉讼证据使用。

(9)无法确定公诉人举证的快播公司与光通公司的合作协议上的公章是否真实,协议是否经过了公司同意。

鉴于辩方在第一次庭审中提出"案件来源不明,涉案4台服务器查封、保管程序存在重大瑕疵,以及原始数据有可能受到破坏"等意见,鉴定检材真实性存疑,且该证据对于案件事实查明和定罪量刑至关重要,海淀区人民法院决定休庭,对相关证据进行检验核实,委托国家信息中心电子数据司法鉴定中心(以下简称"信息鉴定中心")对4台服务器及存储内容进行检验。具体委托事项为:(1)通过检索4台服务器的系统日志,查找远程访问IP地址信息,查验IP地址相应注册信息;(2)通过检验4台服务器内现存的qdata文件属性信息,分析确定这些qdata文件是否有在2013年11月18日后被从外部拷入或修改的痕迹；（3）结合在案证据及4台服务器的存储内容，从技术角度分析快播软件对于淫秽视频的抓取、转换、存储、搜索、下载等行为的作用及效果。

在检验过程中，信息鉴定中心在送检的4台服务器内提取用户远程登录日志，发现8个IP地址在2013年间曾使用远程账号多次登录至送检的4台服务器，详细IP地址分别为"218.17.158.115、218.240.16.220、218.240.16.221、218.240.16.222、218.240.16.223、218.240.7.153、218.240.7.152、222.128.116.27"。信息鉴定中心根据委托需求，认为需要对上述IP地址的归属及相关注册信息进行调查分析，要求海淀区人民法院予以协助，并将调查结果以补充材料的形式提交至鉴定机构。海淀区人民法院随即要求公诉机关查核上述IP地址被起获扣押之前的归属使用情况，调取了证人卜建辉的证言，深圳高新区信息网有限公司提供的深圳高新区信息网有限公司的公司名称变更事项登记材料、深圳市高新技术产业园区与深圳市电信局的信息化建设合作协议书、深圳高新区信息网有限公司与中国电信股份有限公司深圳南山区分公司的数据业务租用协议、企业法人营业执照、快播公司与深圳高新区信息网有限公司的专线上网专线协议、上网网络业务协议、营销登记申请、中国电信股份有限公司深圳分公司出具的合作协议书、情况说明，证人陈辉（光通公司运营总监）的证言，光通公司出具的IP地址分配说明、使用说明，深圳市高新技术产业园区服务中心出具的说明、证明各一份等证据材料。同时，海淀区人民法院就案件来源、涉案4台服务器的移交、保管、扣押以及被告人王欣的到案经过等情况进行了调查核实。经过再次召开庭前会议，开示以上证据并听取控辩双方的意见，海淀区人民法院决定再次开庭。

在第二次庭审过程中，合议庭当庭宣读、出示了经法院检验核实的十余种证据材料。其中，国家信息中心电子数据司法鉴定中心于2016年1月25日接受了北京市海淀区人民法院的委托，针对委托要求，对4台送检服务器所有远程登录IP提供了具体的检验结果。与此同时，该中心"经过对4台送检服务器内现存的qdata文件属性分析，未发现在2013年11月18日后有从外部拷入或修改的痕迹"。同时还认定，"4台送检服务器不是完整的快播系统平台，根据现有存储数据内容不足以从技术角度分析快播软件对于视频的抓取、转换、存储、搜索、下载等行为的作用及效果"。

北京市公安局治安管理总队出具的"工作说明"，证明了以下事实：由于审验员许平对服务器相关硬件技术不了解,在核对服务器内硬盘时,大部分硬盘有很明显的 2.0T 标识,其余硬盘没有明显标识。许平认为都是同一批次服务器,硬盘容量都一样,故没有进行再确认。在确定服务器可插入硬盘数量后,听技术人员说每个服务器有一个系统硬盘,误认为服务器内还有一个专用的系统硬盘。因此,在初步鉴定书中描述每台服务器内硬盘的数量比实际硬盘数量多一个,所以硬盘数量与实际不符。

公诉人、被告单位、各被告人及辩护人对上述法庭检验核实证据的真实性、合法性均无异议。但是,各辩护人仍然认为现有证据不足以证明 IP 地址 218.17.158.115 是快播公司所使用,根据电子数据司法鉴定中心的鉴定意见及相关证据仍旧不能确认检材的原始性,不能排除涉案的 4 台服务器中的数据被污染的可能性,无法认定是快播公司抓取、上传了涉案 4 台服务器中的淫秽视频。

针对控辩双方在两次庭审中的举证情况和质证意见,结合法庭对证据的检验核实,海淀区人民法院在判决书中给出了如下综合评判意见:

"证据必须经过查证属实,才能作为定案的根据。本案关键证据能否采纳是必须首先明确的焦点问题。在案证据显示,海淀文委针对侵犯著作权违法活动行政执法检查时,于 2013 年 11 月 18 日从光通公司扣押了涉案 4 台服务器,随即移交给北京市版权局进行著作权鉴定。2014 年 4 月 10 日,海淀公安分局依法调取了该 4 台服务器,随即移交给北京市公安局治安管理总队进行淫秽物品审验鉴定。在该 4 台服务器的扣押、移交、鉴定过程中,执法机关只登记了服务器接入互联网的 IP 地址,没有记载服务器的其他特征,而公安机关的淫秽物品审验鉴定人员错误地记载了硬盘的数量和容量,由于接入互联网的 IP 地址不能充分证明服务器与快播公司的关联关系,前后鉴定意见所记载的服务器的硬盘数量和容量存在矛盾,可以让人对现有存储淫秽视频的服务器是否为原始扣押的服务器、是否由快播公司实际控制使用产生合理怀疑。

"针对辩方关于该服务器及存储内容作为鉴定检材真实性提出的质疑,本院委托信息鉴定中心对在案扣押的 4 台服务器及存储内容进行检验,分析了 4 台服务器(包括原鉴定当中因无法打开而未提取视频的 1 台服务器)的系统日志,检索到服务器的管理者频繁远程登录使用的 IP 地址 218.17.158.115。经本院进一步要求,公安机关和检察机关调取了快播公司与深圳高新区信息网有限公司的上网专线协议,确认该 IP 地址为快播公司专用 IP 地址。同时,鉴定人员经对 4 台服务器内现存快播独有视频格式文件 qdata 文件属性等各类信息的检验分析,没有发现 2013 年 11 月 18 日后从外部拷入或修改 qdata 文件的痕迹。综合海淀文委、北京市版权局、北京市公安局等办案机关、办案人员出具的证据材料,结合对 4 台服务器的检验结果,本院认定,在办案机关扣押、移转、保存服务器的程序环节,文创动力公司为淫秽物品鉴定人提供转码服务等技术支持,没有破坏服务器及其所存储的视频文件的真实性,检材合法有效。基于该检材,公安机关所作淫秽物品鉴定,虽曾有程序瑕疵,但业已由 2015 年 11 月 6 日出具的淫秽物品鉴定所补正。"①

这一案件尽管最终以法院作出定罪量刑的判决而告结,但是,辩护律师针对控方出示的电子数据——4 台服务器以及 2 万多个视频的质证,却给人留下了极为深刻的印象。就其质证手段而言,律师主要采用的是质疑该电子数据的真实性和同一性的方法,对其证明力和证据能力发起挑战。而诸如"案件来源不明,涉案 4 台服务器查封、保管程序存在重大瑕疵,以及原始数据有可能受到破坏"之类的辩护意见,还直接导致控方鉴定意见的可靠性受到质疑。毕竟,在鉴定所依据的检材来源不明或者无法证明其同一性的情况下,鉴定意见本身就不应具有证据能力。很显然,辩护律师既没有运用传统的"证据三性"理论进行笼而统之的质证,也没有动辄提出对实物证据进行重新鉴定的请求,而是直接挑战实物证据的证据保管链条,质疑实物证据的来源、查封、保管、使用过程的合法性,说服法官对实物证据的真实性和同一性产生合理的怀疑。这显然是将鉴真理论运用到实战之中的典型范例。

那么,究竟如何运用鉴真理论来展开有效质证呢?

首先,要弄清楚实物证据的双重载体。

通常说来,证据是由证据载体与证据事实组合而成的材料。所谓证据载体,也就是证据所赖以存在的物质表现形式。实物证据的载体也就是通常所说的物体、痕迹、书面文件、音像资料以及存储电子信息的介质。在这些实物证据形式中,物证是较为单一的实物证据,也就是具有"单一载体"的证据形式。物证的载体通常就是能够证明案件事实的物体或者痕迹,例如一把刀、一支笔、一把枪、一枚指纹、一滴血迹等,充其量也就是足以说明某一具体案

---

① 参见北京市海淀区人民法院(2015)海刑初字第 512 号刑事判决书。

件事实的载体形式。

与物证不同的是,无论是书证、视听资料还是电子数据,都是较为复杂的实物证据,也就是具有"双重载体"的证据形式。所谓"双重载体",是指物证之外的实物证据都同时具有两种载体形式:一是外部载体,也就是书证、视听资料、电子数据所赖以存在的外部存储形式,如书证可以表现为文件、合同文本、信件、诊断证明等形式,视听资料可以表现为录音带、录像带、光盘、U盘等形式,电子数据则可以表现为电子服务器、硬盘、光盘、U盘、记忆棒、存储卡、存储芯片等形式。二是内部载体,也就是上述实物证据所记载的内容、声像、数据、信息等,如书证所记载的主要是文字内容、符号信息等,视听资料所记载的是声音、图像、画面、视频等,电子数据所记载的则是各种数据信息,包括网络平台发布的信息、网络应用服务的通信信息以及用户注册信息、身份认证信息、电子交易记录、通信记录、登录日志等。

其次,掌握针对双重实物证据的双重鉴真规则。

所谓鉴真,其实就是对实物证据的真实性和同一性加以鉴别的证明方法。也就是说,从实物证据的来源、收集、保管、使用,一直到法庭上的出示,要形成完整的证据保管链条,使人相信在这一系列的证据使用过程中,该实物证据没有发生外观、尺寸、形态、数量等方面的变化,从而使人相信该证据自始至终都是没有发生变化的同一个证据。

物证的鉴真方法较为单一,通常要依靠证明证据保管链条的完整性来完成。举证方一般要证明在四个环节上没有发生伪造、变造或者其他改变物证形态的情况:一是来源可靠;二是收集和提取经过较为完备;三是得到了妥善的保管;四是在使用过程中没有破坏证据的完整性和唯一性。在刑事法庭上,公诉方通常要依靠各类笔录证据来完成上述四个环节的证明,如勘验笔录、检查笔录、搜查笔录、扣押清单、查封笔录、冻结记录、证据提取笔录等,都可以被作为证明物证同一性的证据材料。不仅如此,法庭还可以审查核实侦查机关组织的辨认笔录,或者当庭再进行一次辨认,以便证明某一物证的同一性。

但是,对于那些具有双重载体的实物证据,就不能仅仅通过上述对证据保管链条完整性的证明来鉴真,而应展开双重鉴真过程。所谓双重鉴真,是指针对书证、视听资料、电子数据的双重载体,来证明其真实性和同一性的双重鉴别方法。其中,第一部分的鉴真所针对的是"外部载体",也就是针对书面文件、音像资料、电子存储设备的鉴真。在"快播案"的辩护过程中,律师对4台电子服务器和2万多个视频的质证,就采用了这种外部鉴真方法,也就是对其真实性和同一性提出了合理的质疑。当然,这种针对外部载体的鉴真,所采用的方法与物证较为相似,也是要对其证据保管链条的完整性加以说明。证据假如存在来源不明、查封收集不完备、保管不完善等问题,就应被视为鉴真不能。

与物证不同的是,这些存在双重载体的实物证据还要经受第二环节的鉴真,也就是对其内部载体的真实性和同一性加以鉴别。例如,对于书证所记录的文字、图画、符号,对于视听资料所记载的声音、图像、画面、视频,对于电子数据所记录的数字信息等,都要鉴别其真伪,审查核实其是否经过了伪造、变造、篡改、删减。对于这种内部鉴真,通常所用的证据保管链条的完整性证明就无法发挥作用了。这时候就需要引入相关领域的专家,通过专业的鉴定设备和鉴定方法,来给出专业化的鉴别意见。换句话说,内部鉴真主要依靠的是司法鉴定方法,也就是通过专业化的鉴定来对实物证据的真实性和同一性作出判断。

再次,**对于电子数据,要掌握专业化的质证技术**。

电子数据是指,在案件发生过程中形成的,以数字化形式存储、处理、运输的,能够证明案件事实的数据。常用的电子数据包括但不限于四类信息或电子文件:一是网页、博客、微博客、朋友圈、贴吧、网盘等网络平台发布的信息;二是手机短信、电子邮件、即时通信等网络应用服务的通信信息;三是用户注册信息、身份认证信息、电子交易记录、通信记录、登录日志等信息;四是文档、图片、音视频、数字证书、计算机程序等电子文件。

我国法律和司法解释对于电子数据的收集和移送,确立了一系列可操作的证据规则:一是**在收集提取过程中注重保护"电子数据的完整性"**,为此需要扣押、封存电子数据的"原始存储介质",计算电子数据的"完整性校验值";制作并封存"电子数据备份";冻结电子数据;对收集、提取电子数据的相关活动进行全程录像。二是**优先扣押电子数据的原始存储介质**,并制作笔录,记录原始存储介质的封存状态,封存前后应当拍摄被封存原始存储介质的照片,清晰反映封口或者张贴封条处的状况。在法定例外情况下,无法扣押原始存储介质的,可以提取电子数据,但应在笔录中注明不能扣押原始存储介质的原因、存放地点或者电子数据的来源等情况,并计算电子数据的完整性校验值。假如扣押原始存储介质和提取电子数据都无法进行,可以采取打印、拍照或者录像等方式固定相关证据,并在笔录中说明原因。三是**对于数量较大,不便提取或者其他法定情形下的电子数据,可以对电子数据进行**

冻结，采取诸如计算电子数据的完整性校验值、锁定网络应用账号，或者其他防止增加、删除、修改电子数据的措施。四是**对扣押的原始存储介质或者提取的电子数据，可以依法进行检查或者侦查实验**。在检查过程中，可以对电子数据存储介质拆封过程进行录像，将存储介质通过"写保护设备"接入检查设备进行检查；有条件的，应制作电子数据备份，对备份进行检查；无法使用"写保护设备"也无法制作备份的，应当注明原因，并对相关活动进行录像。无论是对电子数据进行检查还是展开侦查实验，都应当制作笔录，注明检查方法、过程和结果，注明侦查实验的条件、经过和结果，由参加检查和侦查实验的人员签名或者盖章。五是**对电子数据涉及的专门性问题难以确定的，由司法鉴定机构出具鉴定意见，或者由侦查机构指定的机构出具报告**。六是收集、提取**原始存储介质或者电子数据，应当以封存状态随案移送**，并制作电子数据的备份一并移送。

在刑事辩护过程中，律师对于公诉机关移送的电子数据，可以从以下几个方面进行质证：一是审查电子数据的真实性；二是审查电子数据的完整性；三是审查电子数据的合法性；四是审查被告人网络身份与现实身份的同一性；五是申请鉴定人或者专家辅助人出庭作证。

在真实性审查方面，辩护律师可以考虑以下几个问题：一是检察机关是否移送原始存储介质，在原始存储介质无法封存、不便移动时，有没有说明原因，有没有注明收集、提取过程，以及原始存储介质的存放地点和电子数据的来源等情况；二是电子数据是否具有数字签名、数字证书等特殊标识；三是电子数据的收集、提取过程是否可以重现；四是电子数据如有增加、删除、修改等情形，是否附有说明；五是电子数据的完整性是否可以得到保证。

在电子数据的完整性审查方面，律师可以根据保护电子数据完整性的相应方法来进行质证：一是审查原始存储介质的扣押、封存状态；二是审查电子数据的收集、提取过程，并查看录像；三是比对电子数据完整性校验值；四是与备份的电子数据进行比较；五是审查冻结后的访问操作日志；等等。

对于电子数据收集、提取过程的合法性，律师可以从以下几个角度进行质证：一是收集、提取电子数据是否由二名以上侦查人员进行，取证方法是否符合相关技术标准；二是收集、提取电子数据，是否附有笔录、清单，并经侦查人员、电子数据持有人、见证人签名或者盖章；三是是否依法由符合条件的人员担任见证人，是否对相关活动进行录像；四是电子数据检查是否将电子数据存储介质通过"写保护设备"接入检查设备；是否制作电子数据备份并对备份进行检查；无法制作备份且无法使用"写保护设备"的，是否附有录像。

对于嫌疑人、被告人的网络身份与现实身份的同一性存有异议的，辩护律师可以通过核查相关 IP 地址、网络活动记录、上网终端归属、相关证人证言以及嫌疑人、被告人供述等进行综合审查。

辩护律师对于电子数据的鉴定意见存有异议的，可以通过两种方式进行质证：一是申请法院通知鉴定人出庭作证；二是邀请相关专家对鉴定意见出具专家意见，并申请法院通知其以"专家辅助人"的身份出庭作证，就鉴定意见发表质证意见。

最后，**要熟练掌握鉴真不能所带来的法律后果，也就是排除实物证据的后果**。

我国法律和司法解释针对实物证据的鉴真问题，确立了一系列排除规则。辩护律师遇有符合排除规则适用条件的实物证据，应当及时提出排除的申请，申请法院不再将其作为定案的根据。

对于物证、书证，律师应掌握两个方面的排除规则：一是物证、书证来源不明，侦查人员通过勘验、检查、搜查所提取、扣押的物证、书证，没有附上相关笔录或者清单的，律师应申请法院作强制性排除；二是对于物证、书证的来源、收集程序存有疑问，公诉方或者侦查人员无法给出合理解释的，律师可以申请法院不得将该物证、书证作为定案的根据。

对于视听资料，律师应掌握两个方面的排除规则：一是经审查发现视听资料无法确定真伪的，律师可以申请予以排除；二是对于制作、取得视听资料的时间、地点、方式存有疑问，公诉方或侦查人员无法作必要证明或者作出合理解释的，律师可以申请将其予以排除。

对于电子数据，律师可以从两个角度适用排除规则：

一是**针对侦查人员的非法收集、提取行为，确立可补正的排除规则**，也就是对电子数据的收集、提取程序存在瑕疵，公诉方或者侦查人员不能补正或者不能作出合理解释的，可以申请法院予以排除。这主要包括三种法定情形：一是电子数据没有以封存状态移送的；二是笔录或者清单上没有侦查人员、电子数据持有人、见证人签名或者盖章；三是对电子数据的名称、类别、格式等标注不清的。

二是**针对电子数据所记载的数据信息存在不真实情况的，适用强制性排除规则**。这主要是指两种情形：一是电子数据系篡改、伪造或者无法确定真伪的；二是电子数据有增加、删除、修改等情形，影响电子数据真实性的。

法庭质证的艺术（Ⅱ）
——言词证据的质证

> 对于言词证据的质证，应遵循"证据能力优先"的原则。首先对言词证据的合法性进行质疑，审查其证据能力，然后再根据经验法则和逻辑法则，对其证明力提出相应挑战。尤其是在被告人推翻供述、证人改变证言的情况下，辩护律师要运用证据相互印证规则，说服法官将那些得不到其他证据印证的言词证据予以排除。

在刑事诉讼中,言词证据主要是指被告人供述和辩解、证人证言、被害人陈述。鉴定意见尽管属于鉴定人就案件专门问题所提供的意见证据,但究其实质,也属于广义上的言词证据。与实物证据不同,言词证据是由被告人、证人、被害人以口头方式提供的有关案件事实的陈述。从表现形式来看,言词证据既包括侦查人员制作的讯问笔录或询问笔录,也包括被告人、证人、被害人当庭所作的口头陈述,还包括这些人亲自书写的供词、证言或者陈述。而从形成的时间来看,言词证据既有被告人、证人、被害人在庭前向侦查人员所作的讯问笔录或询问笔录,也有这些人当庭所作的口头陈述。

与实物证据一样,言词证据只要被检察机关援引为指控的证据,就要经受当庭的举证和质证程序。不过,较之对实物证据的质证而言,辩护律师对言词证据的质证略显复杂。他们既要对公诉方所提交的被告人供述笔录、证言笔录、被害人陈述笔录加以质证,也有可能对被告人当庭所作有罪供述、证人当庭证言、被害人当庭陈述进行质证,只不过后一种质证方式主要通过当庭询问来进行。换句话说,辩护律师对被告人、证人、被害人进行询问或者发问本身,就是对言词证据进行当庭质证的重要方式。

与实物证据不同,言词证据主要是由被告人、证人提供的口头陈述。受多方面因素的影响,被告人、证人经常会作出前后自相矛盾的陈述或者证言。尤其是在被告人当庭接受讯问时,更是经常发生推翻有罪供述的情况;而一旦法庭通知证人出庭作证,证人当庭改变证言的情况也时有发生。遇此情况,辩护律师就需要抓住稍纵即逝的有利时机,对被告人有罪供述笔录、证人证言笔录的证据能力进行质疑,对其证明力加以挑战,以说服法庭拒绝将其采纳为定案的根据。经过积极努力争取,辩护律师在一些案件的审理中,通过运用这种质证技术,有时会取得针对言词证据质证的成功。在这一方面,云南的褚时健案以及福建的念斌案,就是辩护律师法庭质证取得成功的典型范例。

案例 1

1998 年 8 月 6 日,检察机关以褚时健犯贪污罪、巨额财产来源不明罪向云南省高级人民法院提起公诉。云南省高级人民法院公开开庭审理了此案。

根据检察机关的指控,1995年11月中旬,褚时健指使罗以军将华玉公司账外存放的浮价款银行账户及相关的资料销掉,把剩余的1500多万美元以"支付设备配件款项"的名义全额转出。褚决定自己要1150多万美元,并拿给罗以军一个钟照欣提供的用英文打印的银行收款账号,叫罗把钱转存到该账户。罗以军在褚时健给的收款账号上注明1156万美元,连同褚时健签字的授权委托书一起带上,到深圳找到华玉公司总经理盛大勇,叫他立即办理。1996年1月23日,钟照欣提供给褚时健的账户上收到了1156万美元。

对指控的这一事实,公诉机关当庭宣读和出示了银行转款凭证,银行收款凭证,证人罗以军、刘瑞麟、钟照欣的证言,以证明被告人褚时健指使罗以军将华玉公司银行账户上的1156万美元转到新加坡商人钟照欣在境外银行开设的账户的过程。被告人褚时健及其辩护人对转款的事实无异议,但辩解称,指令罗以军销掉存放浮价款的银行账户,并把账户上的余款1500多万美元全部转到钟照欣的账户上,是因为即将交接工作,为了掩盖私分355万美元的事实;款项转出是为玉溪卷烟厂支付购买烟丝膨胀设备款,并不是自己要。

公诉机关针对被告人褚时健的辩解和辩护人的意见,进一步宣读和出示了下列证据:

1. 罗以军证言,证明"褚时健说自己要1150万美元";同时证明"褚时健给我一个用英文打印的银行账号用以转款"。

2. 钟照欣证言,证明"褚对我说要转一笔款到我账上,向我要个账号……我专门买了个公司,开设了银行账户,把账户提供给褚,款转到了这个账户上"。

3. 合同书、付款凭证,证明被告人褚时健辩解的购买烟丝膨胀设备的款项,是由其他途径支付的。

公诉机关认为,上述证据充分证实被告人褚时健主观上具有非法占有的故意,辩解不能成立。因此,被告人褚时健的行为已构成贪污罪。

辩护人提出,指控褚时健主观上具有非法占有故意的证据不足。被告人褚时健对罗以军、钟照欣的证言表示异议。辩护人提出,罗以军、钟照欣的证言均存在重大矛盾,不能作为认定事实的根据。

辩护人对罗以军证言笔录的主要质证意见是,本案能够证明褚时健具有非法占有故意的证据,除了罗以军的供述外,没有其他任何证据相印证,钟照欣也不能证实。而罗以军并不是单纯的证人,因为转款本身就是为了掩盖其也参加了的集体决定私分企业财产的行为才发生的,而且整个转款都是罗以军实施的。所以罗以军虽然在1156万美元的问题上没有被起诉,却不影响他作为被告人的实际身份。罗以军有挪用1598.8万美元的嫌疑。经过法庭查证,罗以军具有支付进口膨胀烟丝设备款的权力,其操作方式有两种:一是通过省烟草进出口公司付设备款;二是通过账外小金库的资金付款。褚时健吩咐他转钱到钟家账上以支付设备款,但事实上他没有这样做,那么就出现了罗以军挪用转出去的1598.8万美元的嫌疑。对此后果,罗以军自然有转嫁责任的可能性。大量证据证明,办理设备付款的业务,从职责上讲就是总会计罗以军的事,至于罗以军采取何种方式付款,不能成为褚时健是否构成犯罪的客观依据。因为"玉溪烟厂的整个资金就是由总会计师罗以军控制的",并且,"支付膨胀烟丝设备款的事是由罗以军负责的"。

而对于钟照欣的证言笔录,辩护人的质证意见是,以支付设备配件款项为名的转款,没有证据证明是所谓的"贪污手段",反而有证据证明玉溪卷烟厂确实购买了设备,确实存在需要付款的事实;1156万美元转到钟照欣的账户后,没有证据证明褚时健具有控制权,相反有证据证明罗以军对该款的控制;钟照欣对其应褚时健的要求提供外汇银行账户的所谓证言有严重矛盾,不能作为认定褚时健要求转款的证据,更不能作为褚时健贪污占有该款的证据。

在被告人褚时健及其辩护人的强烈要求下,法庭依法传罗以军出庭作证。罗以军在当庭作证时,作出了与原来向检察机关侦查部门所作供述不一致的证言,改称"褚时健说过转出的美元用作赞助款和其他开支"。

云南省高级人民法院经审理后认为,被告人褚时健指使罗以军将华玉公司账户上的1156万美元转到钟照欣在境外的银行账户上,这一事实清楚,双方并无争议。争议的焦点是被指控人褚时健具有非法占有的主观故意,证据是否充分;争议的实质是被告人褚时健的行为是否具备贪污罪的主观要件,构成贪污罪。法院认为:

1. 罗以军的证言不能作为认定事实的根据。罗以军直接实施转款行为,在这一指控中有利害关系,其为证人作证时,证言的内容前后不一。特别是出庭作证的内容与开庭前所作证言有重大变化,在重要情节上自相矛盾,对辩护人提出的质疑不能作出合理解释,没有其他证据相印证,故对罗以军的证言不予采信。

2. 钟照欣的证言亦不能作为认定事实的根据。证言中关于专门为被告人褚时健转款购买公司、开设银行账户一节，经查证，在时间上、用途上均存在矛盾；关于提供给被告人褚时健账号一节，有多种说法，前后不一致，没有其他证据相印证，故对钟照欣的证言不予采信。

3. 公诉机关出示的合同书、付款凭证等证据仅能证明购买烟丝膨胀设备的款没有从转出的1156万美元中支付，不能直接证明被告人褚时健非法占有的故意。由于罗以军、钟照欣的证言不予采信，因此指控证据不能相互印证，形成锁链。

云南省高级人民法院认为："刑事诉讼中，控方负有提供证据证实犯罪的责任，证据不充分，指控不能成立。该指控中，证据反映出被告人褚时健转款行为的主观故意，同时存在非法占有、购买设备或其他目的的可能性，不具有充分的排他性，因此，指控被告人褚时健贪污1156万美元证据不充分，法院不予确认。"[1]

在褚时健案的辩护过程中，律师作为辩护人，对于本案关键的两位证人的证言笔录进行了质证，指出这两个证人要么与案件存在利害关系，要么其证言得不到其他证据的印证。在法庭通知其中一名证人出庭作证时，辩护人又对其进行了盘问，使得该证人当庭改变证言，提供了有利于被告人的陈述。最终，法庭采纳了辩护律师的质证意见，以证人与案件存在利害关系、证言前后存在重大矛盾、证言得不到其他证据印证为由，拒绝将两位证人的证言笔录采纳为定案的根据。说服法院将前后不一致的证人证言予以排除，这显然是辩护律师在证人证言质证上的重大成功。

案例2

2013年7月4日至7日，福建省高级人民法院对被告人念斌上诉一案进行了二审开庭审理。在开庭过程中，上诉人念斌在侦查阶段所作的有罪供述成为法庭调查的重要证据。被告人以及辩护律师对这几份有罪供述笔录进行了质证。

原一审判决认定，上诉人念斌作过多次有罪供述，供述作案过程没有矛

---

[1] 参见《来自褚时健案件的"内部报告"》，载《中国律师》1999年第3期。

盾之处，所供作案动机和手段亦客观、真实，在检察机关审查批捕提讯和律师两次会见时亦承认作案，其有罪供述可以采信。

在二审法庭调查阶段，检方出示上诉人念斌2006年8月7日、8日、9日、17日、18日以及9月25日的供述，主要内容是：案发前其在平潭县东大街……地摊上，向一个50多岁、理平头的老人，买了2包塑料薄膜袋包装的麦皮和大米混合的鼠药，包装袋约二指宽……7月24日晚，其把其中1包鼠药倒在香烟外包装壳上，放在店内货架上最高一层毒老鼠。7月26日22时许，丁某虾抢走一个买香烟顾客，而且平时也经常抢其顾客，其很气愤。27日凌晨1时许，其到店后天井打水做卫生，路过天井内丁某虾厨房时，突然想在丁的厨房里投放鼠药，让丁吃了肚子痛、拉稀教训她一下，就返回店中取出剩下的1包鼠药倒半包在矿泉水瓶中，用少量水溶解后将鼠药水从壶嘴倒入丁家厨房铝壶的水里，然后将剩余鼠药和矿泉水瓶扔在……垃圾筐里。7月29日凌晨2时许，其把货架上毒老鼠的鼠药也扔到垃圾筐里。

检方还出示了念斌首次有罪供述过程的审讯录像，证实念斌第一次交代投毒作案时的部分审讯经过；公安部物证鉴定中心的物证检验意见，证实该审讯录像光盘记载的内容未经过剪辑、整合技术处理；指认现场录像，证实念斌辨认了购买鼠药地点和作案现场，演示了投毒过程，指认了货架上放鼠药的位置。

辩护律师出示了公安部物证鉴定中心关于审讯录像光盘检验情况的说明函，提出该中心说明的其检验的审讯录像光盘内容未经过剪辑、整合技术处理，与内容中断的在案审讯录像不相符，在案的审讯录像与物证检验意见均不能作为定案依据。

辩护律师认为，被告人念斌受到了极为残酷的刑讯逼供，所有在侦查阶段所作的有罪供述都是被迫作出的。"念斌会见律师的录像及检察院批捕科的笔录全部发生在念斌作出有罪供述之后。在律师会见中，预审人员就站在律师的身后，在与念斌的距离仅1米多远的地方虎视眈眈地盯着他，实质上重演了一次预审讯问。"

辩护律师还认为，没有证据证实念斌购买了氟乙酸盐鼠药，在食杂店内调配好鼠药水，然后潜入被害人家厨房将鼠药水投入铝壶水中；原判认定鼠药投放在铝壶水中，与本案的中毒情况也不相符；念斌曾供述的作案工具均不存在。念斌的供述与其他证据不能相互印证。

福建省人民检察院出庭检察员的主要出庭意见是：上诉人念斌在侦查阶

段多次稳定供述犯罪事实,在检察机关审查批捕提讯时仍然作了有罪供述;供述的作案动机得到了证人证言印证;供述将鼠药投放在被害人家的铝壶水中,得到了从铝壶水和厨具中检出与被害人中毒相同成分鼠药的理化检验报告、法医学鉴定意见的印证;供述的鼠药来源,得到证人证言及从配制鼠药工具中检出与被害人中毒相同成分鼠药的理化检验报告印证。

被害人俞甲的诉讼代理人的代理意见是:上诉人念斌不能合理说明翻供原因,辩解的理由与证据相矛盾,所作有罪供述与其他证据能相印证,证据取证程序瑕疵问题已经鉴定人、侦查人员合理解释说明补正。

福建省高级人民法院经二审开庭审理后认为:"上诉人念斌到案之初未承认犯罪,在侦查阶段和检察机关审查批捕提讯时曾经作过多次有罪供述,自审查起诉起则始终否认作案。念斌第一次有罪供述的笔录内容与在案的审讯录像内容不完全一致,且审讯录像内容不完整。念斌庭前多次供述的鼠药来源一节,其中关于卖鼠药人的特征、年龄、鼠药包装袋规格以及批发香烟的时间等情节,与证人证言不相符;供述的将鼠药水投放在铝壶水中一节,如上所述认定铝壶水有毒依据不确实,形不成印证;供述把鼠药放在货架上毒老鼠一节,从货架表面与旁边地面上提取的灰尘中均未能检出鼠药成分,亦形不成印证;供述的作案工具、剩余鼠药,均未能查获。本院认为,念斌的庭前供述和辩解存在反复,庭前供述与其他证据不能相互印证,不足以采信。"[①]

福建省高级人民法院对念斌一案的二审无罪判决,是难得一见的成功的无罪辩护范例。在这一案件的辩护过程中,律师对于念斌在侦查阶段所作有罪供述的质证,值得作为辩护律师有效质证的标准样本。在被告人先后两次向与其会见的辩护律师作出有罪陈述的情况下,辩护律师能够说服法院将所有有罪供述笔录予以排除,这显然是殊为不易的。对于这几份有罪供述笔录,辩护律师先以侦查人员实施刑讯逼供为由,要求法庭将其予以排除;然后运用证据相互印证规则,强调供述前后存在矛盾,所供述的犯罪过程得不到其他证据的印证,或者与其他证据存在重大矛盾。按照法院的裁判,这几份有罪供述存在反复,与其他证据也不能相互印证,因此不能采信为定案的根据。由此,辩护律师就成功地说服法院将这几份有罪供述予以排除,在对被

---

① 参见福建省高级人民法院(2012)闽刑终字第10号刑事附带民事判决书。

告人有罪供述进行质证方面取得了重大的成功。

那么,对于言词证据的质证,究竟有哪些经验可以总结呢?在以下的讨论中,我们将主要针对证人证言、被告人供述和辩解,来对此作出分析和评论。

首先,根据"庭前笔录优先质证"的原则,应当将公诉方的言词证据笔录作为优先质证的对象。

辩护律师介入刑事诉讼之后,通常会对在押嫌疑人、被告人进行会见,并查阅公诉方的案卷材料,必要时还会进行调查取证。通过上述活动,律师可能会获取新的被告人陈述、证人证言。据此,有些律师就根据自行收集的言词证据来重构一个"案件事实"。但是,对于法院而言,检察机关提起公诉时移送的案卷材料,才被视为证据,其中所记载的被告人供述笔录、证人证言笔录才被看作指控犯罪的根据。而辩护方所收集的被告人陈述笔录、证人证言笔录,则充其量只是一种证据材料或者线索。未经法庭准许,辩护方所收集的言词证据笔录是不能成为法庭调查对象的,也不属于严格意义上的证据。

正因为如此,辩护律师应树立"庭前笔录优先质证"的观念,将对言词证据的质证分为两个环节:一是对庭前言词证据笔录的质证;二是对被告人、证人的当庭发问或者盘问。在前一环节,辩护律师需要根据证据规则,找到被告人供述笔录、证人证言笔录的漏洞,对其证据能力进行质疑,对其证明力进行挑战,尽量说服法官,使其对这些证据持有怀疑的态度,或者将其予以排除。而在后一环节,辩护律师则需要运用交叉询问技术,对被告人、证人进行当庭发问。其中,对于与本方辩护观点保持一致的被告人以及本方的证人,辩护律师所要做的是进行"主询问",也就是引导被告人、证人将有利于本方的案件事实陈述出来。这属于举证的范畴,不属于质证的对象,质证工作主要由公诉方来完成。而对于那些作出有罪供述或者不利于本方陈述的被告人以及控方证人,辩护律师所要做的就是"反询问",也就是进行带有质疑、否定或者证伪意图的反驳性发问。这种"反询问"才属于法庭质证的一种形式。

其次,对言词证据的质证,应当优先着眼于对其证据能力的审查,必要时启动非法证据排除程序。

本着"证据能力优先审查"的原则,法庭一般要对言词证据的合法性进行优先审查,只有在这一审查结束后才能考虑证明力问题。有鉴于此,辩护律师对言词证据的质证也应将证据能力作为优先质证的问题。一旦发现言词证据在证据能力方面存在问题或者漏洞,辩护律师就应申请法院启动非法证据排除程序。

对于证人证言笔录,辩护律师可以从以下几个方面展开质证活动:一是侦查人员是否存在采用暴力、威胁以及非法限制人身自由等非法方法收集证据的行为;二是侦查人员询问证人是否违反个别询问的原则;三是书面证言是否经过证人核对确认;四是对于不通晓当地通用语言文字的证人,是否提供了翻译,对于聋哑人,是否提供了通晓聋哑手势的人员;五是证人是否处于"明显醉酒、中毒或者麻醉等状态",不能正常感知或者准确表达;六是证人是否属于不能辨别是非、不能准确表达的未成年人或者精神病人。遇有侦查人员存在上述违法取证行为的,辩护律师应当申请法院对此类证言笔录予以强制性排除。

与此同时,对于证言笔录存在以下情形的,辩护律师则可以申请法院作出可补正的排除,也就是责令公诉方作出补正或者给出合理解释,不能补正或者无法给出合理解释的,不得将此类证言笔录作为定案的根据:一是询问笔录没有填写询问人、记录人、法定代理人姓名以及询问起始时间和地点的;二是询问地点不符合法律规定的;三是询问笔录没有记录告知证人有关作证的权利义务和法律责任的;四是询问笔录反映出在同一时段、同一询问人员询问不同证人的。

对于被告人供述笔录,辩护律师应当严格审查侦查人员取证的过程及其合法性,遇有以下情形之一的,应当提出强制性排除的申请:一是侦查人员采用殴打、违法使用戒具等暴力方法或者变相肉刑的恶劣手段,使被告人遭受难以忍受的痛苦而违背意愿作出有罪供述的;二是采用以暴力或者严重损害本人及其近亲属合法权益等进行威胁的方法,使被告人遭受难以忍受的痛苦而违背意愿作出有罪供述的;三是采用非法拘禁等非法限制人身自由的方法收集供述的;四是采用刑讯逼供手段获取有罪供述后,再次获取有关重复性供述的;五是对于应当对讯问过程录音录像的案件没有提供讯问录音录像,或者讯问录音录像存在选择性录制、剪接、删改等情形,现有证据不能排除以非法方法收集证据情形的;六是对于侦查机关没有在规定的办案场所进行讯问,现有证据不能排除以非法方法收集证据情形的;七是对于检察人员在重大案件侦查终结前未对讯问的合法性进行核查,或者未对核查过程同步录音录像,或者录音录像存在选择性录制、剪接、删改等情形,现有证据不能排除以非法方法收集证据情形的;八是讯问笔录没有经过被告人核对确认的;九是讯问聋哑人,没有提供通晓聋哑人手势的人员的;十是讯问不通晓当地语言文字的被告人,应当提供翻译而没有提供的。

在对被告人供述笔录进行质证的过程中,遇有下列情形之一的,辩护律师应申请法院责令公诉方进行程序补正,或者给出合理的解释,否则应予以排除:一是讯问人没有在讯问笔录上签名的;二是讯问笔录填写的讯问时间、讯问人、记录人、法定代理人有误或者存在矛盾的;三是首次讯问笔录没有记录告知被讯问人相关权利和法律责任的。

再次,对于言词证据的质证,应注意进行证明力方面的审查。

无论是被告人供述还是证人证言,要具有证明力,就必须同时具备真实性和相关性。对于那些真伪不明或者不具有相关性的言词证据,一律应否定其证明力。辩护律师对于公诉方提出的言词证据,除了要关注一般意义上的真实性和相关性问题以外,还要从以下几个方面进行有针对性的质证:一是证人是否与案件或者当事人存在利害关系。具体而言,是否与当事人存在近亲属关系或者其他密切的社会关系,或者与当事人存在直接的利益冲突,或者其利益会受到案件结局的直接影响。二是证人是否具备基本的作证能力,如是否为未成年人、精神病人、聋哑盲人等,是否具备辨别是非、准确表达的能力。三是证人所提供的是否为意见证据,也就是是否提供了那种猜测性、评论性、推断性的证言。四是言词证据是否为传来证据,也就是对其他人陈述或者证言的转述、复述或者简单的介绍。

最后但也十分重要的是,**对于证人当庭改变证言,或者被告人当庭推翻有罪供述的,应当运用证据相互印证规则,对那些得不到其他证据印证的言词证据,申请法院予以排除**。

证人当庭改变证言、被告人当庭翻供,这是在司法实践中经常遇到的情况。在此情形下,法院究竟应采纳证人庭前证言笔录、被告人供述笔录,还是采纳证人当庭证言、被告人当庭陈述呢?在这方面,过去一度有过两种极端的观点:一是认为法院应当优先采纳庭前证言笔录和被告人有罪供述笔录,理由是这些言词证据笔录更加可信,而当庭证言或者陈述更容易受到辩护律师的诱导,导致任意改变证言或者翻供;二是法院应当优先采纳当庭证言和当庭陈述,因为这些证言或者陈述是在法庭上作出的,其自愿性和合法性得到了充分保障。通常,公诉方倾向于持有第一种观点,而辩护律师则更倾向于表达后一种观点。

其实,随着我国刑事证据法的发展,对于证人当庭改变证言、被告人当庭翻供的情况,法律已经确立了一种证据采信规则,那就是**根据言词证据是否**

可以得到其他证据印证的标准，来判断究竟采信哪一环节的证据。在前面所分析的褚时健案中，辩护律师就成功地说服法院将两份得不到其他证据印证的证人证言笔录予以排除。在前面讨论的念斌案中，辩护律师则通过对被告人供述笔录合法性、证明力的强烈质疑，迫使法院最终以被告人有罪供述笔录得不到其他证据的印证为由，作出了排除所有有罪供述笔录的裁决。这在言词证据的质证方面，显然都属于成功的范例。

原则上，对于证人当庭所作的证言，只要经过控辩双方质证，经过查证属实，法院即应将其采纳为定案的根据。这是一项基本原则。但是，假如证人当庭所作证言与其庭前证言笔录存在矛盾，可以根据以下规则进行采纳取舍：一是**证人当庭能够对这些矛盾作出合理解释，并且当庭证言得到其他证据印证的，法院应当采信这种当庭证言**；二是**证人当庭不能作出合理解释，而庭前证言笔录又有相关证据加以印证的，法院则应采信其庭前证言笔录**。

根据上述规则，辩护律师在质证过程中应当关注证人当庭可否对证言前后的矛盾给出合理解释，并审查当庭证言是否得到了其他证据的印证。只要做到这两点，律师就可以说服法官接纳当庭证言，而否定庭外证言笔录。

与证人证言的质证相类似，辩护律师对被告人供述的质证也要遵循相似的规则。原则上，对于被告人供述和辩解应当进行全面审查：既要关注被告人的有罪供述，也要重视被告人的无罪辩解；既要审查被告人庭前供述笔录，又要核实被告人当庭的陈述。在被告人当庭翻供的情况下，法院通常要按照以下规则进行审查判断：一是**被告人当庭翻供，但不能合理说明翻供原因，或者其当庭辩解与全案证据存在矛盾，而其庭前有罪供述笔录又与其他证据相互矛盾的，法院可以优先采信其庭前供述**；二是**被告人庭前推翻供述，或者供述与辩解存在反复的，只要当庭作出有罪供述，且这一供述与其他证据相互印证，法院就可以采信其庭审中的有罪供述**；三是**被告人庭前供述与辩解存在反复，庭审中再次推翻供述的，只要没有其他证据与庭前供述加以印证，法院一律不得采信庭前供述**。

根据这些略显复杂的供述采信规则，辩护律师在质证过程中应当注意审查庭前有罪供述是否得到了其他证据的印证，这是一条基本准则。对于得不到其他证据印证的庭前有罪供述，律师应申请法庭予以排除。与此同时，对于被告人的当庭无罪辩解，辩护律师也应关注被告人翻供的正当理由，并审查其如何与其他证据相互印证。唯有在翻供具有正当理由，且当庭辩解得到其他证据印证的情况下，才能说服法官采纳这一当庭辩解。

说服二审法官的艺术

> 刑事辩护是一门说服法官的艺术。辩护律师要说服法官,"将观点塞进法官脑子里",就要具备一定的经验、技巧和智慧。在一审程序中,律师的辩护目标主要是推翻或者削弱检察机关的指控,但在二审程序中,律师的辩护目标应当是推翻或者改变一审法院的判决结论。

刑事辩护是一门说服法官的艺术。辩护律师要说服法官，"将本方观点塞进法官脑子里"，需要具备一定的经验、技巧和智慧。尤其是在中国现行的司法体制下，公检法三机关具有"分工负责、相互配合、相互制约"的法律关系，法院倾向于刑事追诉，而不是充当"中立的裁判者"。要指望法院接受辩护律师的观点，特别是那些无罪辩护观点或者程序性辩护观点，通常都面临一系列的困难。与此同时，在中国现行法院体制的实际运作中，上下级法院之间所谓的"审级独立"尚未确立起来，无论是两审终审制还是上诉制度，都有可能出现制度失灵的情况。假如一审法院作出了有罪判决，辩护律师要想推翻这种一审裁判，说服二审法院改作无罪判决或者将量刑予以减轻，更是面临重重障碍。在这种尚不尽善尽美的司法环境中，辩护律师究竟应如何开展自己的辩护活动，有效地说服法官接纳自己的辩护意见呢？

在下面的案例中，一位山东律师面对一审法院所作的死刑判决，在几个月的时间里，展开了一场惊心动魄的辩护，最终成功说服二审法院撤销了原来的死刑判决，改作"死缓判决"，挽救了被告人的生命。那么，律师究竟是如何展现说服法官的艺术的呢？

案例

2009年12月7日，山东省日照市人民检察院向法院提起公诉，指控被告人陈某某犯受贿、贪污、挪用公款、非法倒卖土地使用权罪。日照市中级人民法院对案件进行了开庭审理，判决被告人构成受贿罪、贪污罪和挪用公款罪，决定执行死刑、剥夺政治权利终身，并处没收个人全部财产。日照市中级人民法院的一审判决书认定："被告人陈某某身为国家工作人员，利用职务上的便利，索取他人财物，非法收受他人财物为他人谋取利益，受贿数额特别巨大，严重侵害了国家工作人员职务行为的廉洁性，其行为构成受贿罪；采取虚报、冒领、骗取或侵吞手段非法占有公共财物，数额特别巨大，其行为构成贪污罪；个人决定，以单位名义，挪用公款给其他单位使用，谋取个人利益，数额巨大，其行为构成挪用公款罪。被告人陈某某一人犯数罪，应数罪并罚。被告人陈某某作案持续时间长、受贿次数多、数额特别巨大,情节特别恶劣,且对多次受贿事实予以否认,虽然犯罪所得赃款全部追回,但不足以对其从宽处罚,应依法严惩。"

一审判决书送达后,陈某某提起上诉。被告方除继续委托一位在此前担任辩护人的律师以外,还另行委托了第二位辩护人。由于此案案情重大,山东省人民检察院对全部案卷进行了调卷审核,案件在进入二审程序后出现了长达三个多月的休庭期。在此期间,辩护律师与被告人陈某某进行了十余次会见商谈,最终就二审阶段的辩护思路达成了共识,被告人陈某某答应对律师的辩护给予最大程度的配合和支持。

辩护律师委托从事刑法和刑事诉讼法的专家,对此案的二审辩护思路进行了论证。专家们不仅出具了专家论证意见,而且对律师的二审辩护方式提供了宝贵意见。根据专家论证意见,一审判决认定被告人陈某某所犯第83起受贿罪的定性不准确,应将该项行为改为贪污罪,所涉185万元应从受贿总额中减除。同时,本案存在大量需要从轻量刑的酌定情节,一审法院认定的判处死刑立即执行的理由根本不能成立,因此建议对被告人陈某某不适用死刑立即执行的刑罚。

在专家们的建议下,律师对本案形成了三个方面的辩护思路:一是对部分受贿事实的无罪辩护意见;二是量刑辩护意见;三是程序性辩护意见。其中,律师所提交的无罪辩护意见涉及对一审判决书认定的部分受贿事实不能成立的判断,基本理由是"事实不清、证据不足"。这些辩护意见不仅篇幅较长(长达近100页),而且基本属于对一审阶段辩护意见的重申或强调。而程序性辩护意见则涉及侦查案卷缺乏近十日的讯问材料、案件可能存在违法取证行为的问题,律师申请对相关证据适用非法证据排除规则。假如将上述三种辩护意见全部整理成册,那么,本案的辩护意见有可能长达140页以上。

为保证法官有针对性地查阅和接受律师的辩护意见,律师接受了专家的建议,将本案的辩护意见分成三个部分:一是无罪辩护意见;二是量刑辩护意见;三是程序性辩护意见。在二审法院开庭审理后,律师将上述三份辩护意见分别单独提交给承办法官。考虑到是在二审阶段进行辩护,所针对的又是一审法院的死刑判决,因此,律师将辩护的重点放在量刑辩护方面。换言之,律师将推翻一审法院所作的死刑判决作为辩护的重要目标。

一审法院判决被告人死刑的重要理由是"对多次受贿事实予以否认"。为推翻这一裁判理由,律师经过反复动员,晓以利害,最终说服被告人只陈述接受他人财物的事实,而对这些事实的法律定性不作评论。在山东省高级人民法院二审开庭期间,被告人陈某某对一审法院认定的接受他人财物的全部事实都予以承认,对这些事实的定性则没有作出任何辩解,而是笼统地说"请律师对这些事实的法律定性进行辩护"。

针对一审判决书认定的"数额特别巨大"的裁判理由,辩护律师经过搜寻,找到了同时期若干份类似的裁判文书。一审法院认定被告人陈某某受贿数额超过2100万元,而中国石油化工集团公司原总经理陈同海被认定受贿1.9573亿元,却被判处死刑缓期两年执行;云南省交通运输厅原副厅长胡星被认定受贿4000万元,被判处死刑缓期两年执行;重庆市保税区开发管理有限公司原副总经理刘信勇受贿3160万元,却被判处死刑缓期两年执行;山西省灵石县公安局原副局长史双生被认定受贿3000万元,也被判处死刑缓期两年执行。在这些案例中,那些受贿金额超过2100万元且犯罪情节更为恶劣的被告人,都没有被判处死刑立即执行。辩护律师将这些有说服力的相似案件裁判文书整理出来,作为量刑辩护意见的附件,提交给了二审法院。

针对一审判决认定的被告人"作案持续时间长"的裁判理由,律师对一审判决书认定的受贿事实进行了认真的统计,制作了《发生于2001年前的受贿数额统计表》和《发生于2003年以前的受贿数额统计表》,说明本案所涉及的绝大多数受贿犯罪事实都集中在2003年至2008年期间。而在2001年以前,被告人只有一起受贿行为,数额约8万元;2001年至2003年期间,也只接受了不到35万元的贿赂。律师试图借此说明,所谓"作案时间长",较之于其他同类案件而言,是根本不能成立的。

针对一审判决认定的被告人"受贿次数多"的裁判理由,律师对该判决所认定的受贿次数进行了统计,发现被告人在中秋节、春节期间受贿的次数高达258次,占全部受贿次数402次的64.18%。这显然说明,"一审判决认定的受贿次数中,绝大部分发生于两节前后,具有一定的人情因素,且行贿人往往没有具体的请托事项,甚至有些还是有来有往的"。

针对一审判决认定的"情节特别恶劣"的裁判理由,律师经过认真阅卷和研究,发现了以下基本事实:一是绝大多数受贿犯罪都是被告人自己主动交代的;二是近65%的受贿事实发生于两节前后,具有人情因素;三是被告人对一审判决认定的受贿数额,约有半数没有实际占有,要么是其近亲属或利益相关人收取了财物,要么是将有关银行卡、购物卡标明送钱人和请托事项等信息,准备退回;四是行贿人请托事项中没有违法事项,被告人没有因为受贿而给国家造成任何经济损失;五是被告人受贿所得款项和财物,最终被全部追回。这显然说明,相对于同类案件的被告人而言,对被告人陈某某受贿"情节特别恶劣"的认定,并不能成立。

除了对一审判决所认定的裁判理由逐一加以反驳以外,辩护律师还指出本案存在着一些法定的和酌定的从轻量刑情节,以论证不应当对其判处极刑。例如,被告人在侦查机关调查其受贿犯罪的过程中,如实供述了侦查机关尚不掌握的贪污和挪用公款的事实,具有自首情节;被告人有如实交代犯罪的坦白情节;被告人有将赃款赃物全部退回的情节;被告人社会表现良好,对东营区和东营市的建设做出过突出贡献;被告人尽管对部分案件事实的定性辩称"不构成受贿罪",但对检察机关指控的全部事实都是承认的,这显然说明其认罪态度好,有悔罪表现;被告人从农村孩子成长为副市长,作为家中唯一的儿子,上有八十五岁高龄的双目失明的老母,其家庭情况需要特别考虑。

辩护律师为论证不宜对被告人适用极刑的观点,除向法院提交长达20余页的量刑辩护意见以外,还提交了多达十份的附件。具体包括:附件一《发生于2001年前的受贿数额统计表》;附件二《发生于2003年以前的受贿数额统计表》;附件三《一审判决认定的受贿总笔数与两节(中秋节、春节)前后受贿笔数比较表》;附件四《陈某某供述时间与其他证据取得时间比较之统计表》(受贿部分);附件五《上诉人没有实际占有的行贿款数额统计表》;附件六《陈某某供述时间与其他证据取得时间比较之统计表》(贪污部分);附件七《陈某某供述时间与其他证据取得时间比较之统计表》(挪用公款部分);附件八陈某某自书的《我在东营区和东营市任职期间协调油田支持地方的重大事项》;附件九《起诉书受贿部分已认定退还但未扣除的数额统计表》;附件十《陈某某借他人家人住院、孩子升学、出国等理由退还的财物统计表》。

2010年12月3日,山东省高级人民法院经过开庭审理,对陈某某案件作出二审判决,"鉴于陈某某如实供述其犯罪事实,有悔罪表现,且赃款赃物已全部追回",撤销原一审判决所作的死刑立即执行判决,改判为死刑缓期两年执行。

在一审程序中,律师的辩护目标主要是推翻或者削弱检察机关指控的罪名,辩护律师的标靶是检察机关的公诉主张,要说服法官不接受检察机关起诉书或量刑建议书中的观点。但在二审程序中,检察机关的起诉已经被或全部或部分地吸收进一审法院的判决书,一审法院出了定罪量刑判决。律师的辩护目标应当是推翻或者削弱一审法院判处的罪名或者量刑结论,辩护律师的标靶变成了一审法院的裁判文书,要说服二审法院不接受一审法院的裁判结论。

上述案件的辩护律师显然深刻认识到了二审程序中刑事辩护的特殊性,紧紧围绕着一审判决的裁判理由,提出了有针对性的辩护意见。考虑到本案没有无罪辩护的空间,律师将说服二审法院减轻刑事处罚作为主要的辩护目标。律师要做的其实就是通常所说的"救命型辩护"。而要达到这一目标,就要对一审判决判处死刑的理由进行认真研究,并逐一对这些理由加以证伪。例如,针对一审法院提及的被告人认罪态度问题,律师在指出被告人对指控事实并未否认的同时,通过多次会见成功地说服了被告人,使其在二审开庭过程中承认了指控事实,并放弃了对这些事实"法律属性"的辩解,从而成功地在二审程序中创造了"认罪态度较好"这一量刑情节。又如,针对一审法院提及的"数额特别巨大""作案持续时间长""受贿次数多""情节特别恶劣"等量刑理由,律师通过援引案卷中的证据材料,援引全国类似案例的裁判文书,并通过一系列精细的条分缕析,对其作出了有说服力的辩驳。最终,二审法院以被告人"有悔罪表现""赃款赃物已全部追回"为由,改判被告人死缓。至此,律师辩护达到了最佳的效果。

在上述案件的辩护过程中,律师将不同类型的辩护意见分别装订成册,单独提交给二审法院,这是一条值得大书特书的辩护经验。律师经过会见、阅卷和研究,确立了无罪辩护、量刑辩护与程序性辩护相结合的辩护思路。按照传统的辩护方式,既然具有这些辩护思路,就应在一份综合辩护材料中全方位地体现本方的辩护观点。但是,一审法院认定被告人构成了多个罪名,并认定被告人实施了80多项受贿行为。律师所提出的无罪辩护意见就多达近100页。而按照基本的辩护经验,这种针对部分受贿事实的无罪辩护意见,要想为法院所接受,将是极其困难的。至于另一位律师提出的程序性辩护意见,主要针对侦查人员所采取的违法取证行为,要求法院作出排除非法证据的裁判,在本案中并不具有典型性,取得成功的概率并不高。综合全案来看,本案的二审辩护应当侧重于作量刑辩护,也就是将挽救被告人的生命、说服二审法院撤销死刑判决作为重中之重。考虑到这些因素,律师将无罪辩护意见、程序性辩护意见和量刑辩护意见分别装订成册,并分别将这三份辩护意见提交给二审法院。根据律师后来了解的情况,在二审法院审判委员会开会讨论这一案件的过程中,几乎所有委员都高度重视律师的量刑辩护意见,对那仅有20余页的量刑辩护意见反复研究。假如将这些量刑辩护意见放到整个辩护意见之中,就等于将其"淹没在辩护意见的汪洋大海之中",无法引起法院的高度重视,甚至有可能因为无罪辩护和程序性辩护意见得不到采纳,而被弃之不顾。

律师对相似案件裁判文书的援引,对于说服二审法院接受其辩护意见,起到了画龙点睛的作用。在本案的辩护过程中,律师面临的最大困惑是,在最高人民法院收回死刑核准权的情况下,一审法院竟然因为2000余万元的受贿数额,就对被告人适用死刑立即执行的刑事处罚。为说服二审法院推翻一审法院这种近乎荒谬的量刑结论,律师找到了若干份类似案件的裁判文书。为使这些裁判文书发挥最大的说服效果,律师特别强调这些裁判文书需要具备两方面的特征:一是具有更高的受贿数额;二是法院对被告人没有判处死刑立即执行。最初,律师助理将这些案例的裁判文书全文装订成册,准备提交给法官。后来在专家的建议下,律师将这些案例的判决书进行了缩写和总结,一方面将这些材料写入专家论证意见和辩护意见;另一方面将这些缩写后的材料作为附件,附在量刑辩护意见之后。果然未出律师所料,二审法院合议庭成员和审判委员会委员不仅高度重视这些类似案例的裁判材料,而且将这些材料作为对本案被告人改判死缓的直接依据。

在二审法院休庭期间,律师通过与被告人多次会见,成功地说服被告人接受本方的辩护观点,并促使其与自己进行有效的配合协作。这也是一条值得称道的经验。通常说来,"最好的辩护是将被告人成功地转化为辩护的助手"。在刑事辩护实践中,很多律师都对被告人当庭不配合甚至与其"唱反调"的问题颇感头痛。这一方面是因为被告人最关心自己的命运,在看守所与同监犯进行沟通时受到了一些误导,产生了一些自行其是的想法;另一方面,这也和律师与被告人的沟通不足有着密切的关系。本案的被告人曾经是一名身居高位的副厅级干部,又曾经是一位学有所成的大学教授。面对这样一位自视甚高的被告人,律师在一审程序中并没有说服他接受自己的辩护观点。结果,在一审开庭过程中,被告人在承认主要受贿事实的情况下,竟然对其中一些行为进行"法律上的辩护",断然否定其"构成受贿罪"。在一审法院作出死刑判决后,面对极为严峻的形势,尤其是面对当地有关部门准备将该案作为"廉政教育典型案例"的情况下,被告人出现了极度的恐慌。而接受再次委托后,律师在二审法院开庭前的数月时间里,与被告人进行了多次会见,利用被告人所表达的极为强烈的求生欲望,与其进行了充分的沟通和协商,力图将自己的辩护思路"塞到被告人脑子里"。在辩护律师的再三劝导下,被告人逐渐接受了律师的建议:"被告人负责讲清事实问题,律师负责论证法律问题"。在二审开庭过程中,被告人在承认受贿事实的情况下,不再对这些事实的法律定性作出辩解,而是交由律师去进行论证和分析,从而换取了"有悔罪表现"的量刑情节,为二审法院改判死缓奠定了坚实的基础。

根据辩护律师的体会,被告人尽管是自己利益的最大关注者,却未必是维护本方利益的最佳辩护者。被告人要么会因为固执己见而选择错误的辩护策略,要么会因为过于自负而拒绝接受律师的辩护思路。面对这种过于"任性"的被告人,律师既不应完全顺从其非理性的辩护要求,也不应坚持所谓的"独立辩护",与被告人发生辩护观点上的冲突和对立。

经验表明,要维护被告人的利益,律师应当像医生那样,与被告人(病人)进行充分的沟通和协商,将本方的辩护思路(治疗方案)告知对方,获取对方的接受和配合。在被告人予以配合的辩护活动中,律师的辩护(治疗)才能达到最佳的辩护效果(治疗效果),从而达到最大限度地说服法官的目的。

从形式化辩护走向实质化辩护
——如何推翻行政机关出具的行政认定函

> 所谓"实质化辩护思路",是指律师在质疑行政认定函的证据能力之外,还应对其真实性和相关性进行有针对性的挑战,以推翻或者削弱该认定函的证明力。

一、案例的引入

近年来,随着我国证券期货市场的发展,以及国家对证券期货市场调控和监管力度的加大,证券期货领域的刑事案件出现了井喷式的增长。但在对证券犯罪案件的刑事追诉过程中,侦查机关普遍委托证券行政监督管理部门出具有关案件是否构成诸如内幕交易、操纵证券市场等罪名的"认定函"。而那些出自证券监督管理部门的认定函,甚至被视为具有最高专业性和权威性的证据。以下是几个具有典型意义的相关案例。

案例1

2010年,厦门市中级人民法院对上海祖龙景观开发有限公司和陈榕生涉嫌内幕交易案作出了终审判决。判决书认定上述被告单位和被告人身为上市公司的控股股东和实际控制人,利用其掌控上市公司资产重组和注入的有利时机,大肆买卖公司股票,牟取巨额非法利益,不仅严重侵害了其他投资者和中小股东的利益,而且破坏了国家的证券管理秩序,依法应当以内幕交易罪定罪处罚。判决书认定被告单位和被告人构成内幕交易罪的主要证据,有被告人供述、证人证言、书证等证据。其中最关键的证据是中国证券监督管理委员会(以下简称"中国证监会")经过稽查后出具的《关于上海祖龙景观开发有限公司涉嫌内幕交易案有关问题的认定函》。该认定函确认:创兴科技实际控制人将其控制的资产注入上市公司的事项会对公司股票价格产生重大影响,属于我国证券法规定的内幕信息;内幕信息的价格敏感期为2007年4月17日至同年5月9日;上海祖龙公司是创兴科技的实际控股股东,陈榕生是上海祖龙公司和创兴科技的董事长和实际控制人,组织和知悉创兴科技以定向增发方式注入资产事项,是内幕交易的知情人。

案例2

2010年,北京市第二中级人民法院对黄光裕涉嫌非法经营、内幕交易、泄露内幕信息、单位行贿案件作出了判决。判决书认定黄光裕内幕交易和泄露内幕信息等三起犯罪事实的主要依据是中国证监会出具的认定函。根据公安部经济犯罪案件侦查局提交的《关于移交鹏投公司及有关人员涉嫌经济犯罪线索的函》以及《关于商请对黄光裕等人涉嫌中关村股票内幕交易案有关事项审核认定的函》，中国证监会出具了《关于北京鹏润投资涉嫌"中关村"股票内幕交易犯罪线索的移送函》以及《关于黄光裕等人涉嫌中关村股票内幕交易案有关事项的复函》。对于第一起内幕交易事实，公安部认定了有关资产置换事项在公告前属于证券法所规定的内幕信息，该信息的价格敏感期为2007年4月27日至同年6月28日。对于第二起内幕交易事实，公安部则认定"非公开发行股份购买（控股股东）资产"事项属于证券法规定的"内幕信息"，该信息的价格敏感期为2007年8月13日至2008年5月7日。对于公安部对相关信息所作的"内幕信息"的认定，以及相关的价格敏感期，中国证监会全都予以认可。

案例3

2016年，山东省青岛市中级人民检察院对张建浩等人提起公诉，指控其与他人合谋，"利用信息优势连续买卖，操纵证券交易价格和交易量"，构成操纵证券市场罪。起诉书认定这一事实的主要证据有书证、证人证言、司法鉴定意见、辨认笔录、被告人供述等。其中，中国证监会出具的《关于对"赛象科技"股票操纵案有关问题进行行政认定的函》，被列为首要指控证据。该认定函根据公安部《关于商请对赛象科技股票操纵案进行行政认定的函》以及公安部提交的相关证据材料，认定张建浩等人"具有利用信息优势操纵市场的故意""具有信息优势""利用信息优势实施了连续买卖赛象科技股票的行为""利用信息优势连续买卖的行为影响了赛象科技的股票交易价格和交易量"。认定函指出，以上意见"仅供公安、司法机关办理本案时参考"。

在上述三个案件中，经侦查机关申请，公安部均向中国证监会提交了商请认定涉案单位构成内幕交易或操纵证券市场行为的函件，而中国证监会也无一例外地出具了相关的"行政认定函"。检察机关普遍将"认定函"提交法院，甚至将其作为指控被告人的行为构成内幕交易或操纵证券市场的主要证据，法院最终都将其作为定罪的主要根据。在此类案件的诉讼过程中，辩护方普遍对该类"行政认定函"的证据能力和证明力提出异议,申请法院不将其采纳为定案的根据。但是,对于辩护方的辩护意见,法院通常都拒绝接纳。辩护律师在这一方面所作的辩护努力通常以失败告终。

二、律师的辩护思路

在诸多涉及证券期货等问题的刑事案件中,检察机关都将证券监督部门出具的认定函列为最重要的证据。而该认定函不仅对案件事实作出了认定,而且对有关法律适用问题给出了明确的结论。在事实认定方面,认定函通常明确指出行为人属于"内幕信息知情人",并明确了"价格敏感期"。而在法律适用方面,认定函动辄指出行为人"具有利用信息优势操纵市场的故意"以及"实际操纵了股票交易价格和交易量"。无论是检察机关还是法院,都认为证券监督管理部门具有认定证券期货案件专门问题的专业资源和专业优势,该部门所出具的认定函对案件的"专业问题"作出了权威的认定。除非有强有力的相反证据,法院应当将这类认定函直接采纳为定案的根据。很显然,不推翻该类认定函的证据能力和证明力,律师将很难取得辩护的成功。

对于中国证监会出具的此类行政认定函,律师的辩护思路通常是否定其证据资格。所谓否定认定函的证据资格,其实也就是挑战其证据能力。律师提供的理由之一是,这种认定函不属于我国刑事诉讼法规定的任何一种证据种类,既不属于书证,也不属于鉴定意见,存在着"证据形式不合法"的问题,因此不能作为定案的根据。例如,在不少内幕交易案件中,律师通常认为,无论是公安部还是中国证监会,都不是法定鉴定机构,它们出具的书面材料不能作为认定诸如内幕信息、内幕信息知情人以及价格敏感期等的依据。

有的律师为否定这类行政认定函的证据资格,还提供了第二种理由:中国证监会作为国家主管证券监督管理事务的行政机关,只能作出行政处罚决定,所收集的证据也只能用作行政处罚的依据。该机关并不是刑事侦查机关,无权收集犯罪证据,所出具的行政认定函也不能作为刑事诉讼证据使用。

还有的律师提出疑问,证券监督管理部门出具的认定函,既然对"案件事实"作出了专业性认定,那么,这种"案件事实"究竟是行政法意义上的事实,还是刑事诉讼法意义上的事实呢? 其实,根据证据法的基本原理,对于上述两类"案件事实",法律所要求的证明标准是截然不同的。根据我国现行的法律和规范性文件,行政机关在行政处罚案件中对于内幕交易行为的认定,应当适用明显优势证明标准。也就是说,行政法意义上的证明标准最多也就是民事诉讼意义上的证明标准,也就是证明行为人实施内幕交易行为的可能性,要大于没有实施内幕交易行为的可能性。与此不同,刑事诉讼意义上的证明标准则是"事实清楚,证据确实、充分",裁判者要达到"排除合理怀疑"的最高标准。换言之,裁判者对于行为人实施内幕交易行为的认定,必须达到内心完全确信并排除一切合理怀疑的程度。律师们认为,中国证监会所出具的行政认定函对诸如内幕交易、操纵证券市场等行为作出的认定,最多属于从行政法的角度作出的行政认定,可以作为证监会作出行政处罚的依据。但是,认定函所认定的"案件事实",充其量只是达到了行政法意义上的证明标准,而根本没有达到刑事诉讼法意义上的证明标准。在此情况下,法院怎么能将该认定函所认定的"案件事实"直接作为认定行为人构成犯罪的依据呢?

三、法院的裁判逻辑

对于证券监督管理部门出具的行政认定函,我国法院普遍持认可的态度,并将其直接援引为定罪的证据。对于律师否定该认定函具有"证据资格"的辩护观点,法院也普遍不予采纳。那么,法院为什么要否定律师的辩护观点呢?通过观察一系列相关裁判文书,以及研究最高人民法院的法官对此问题所发表的见解,我们不难发现法院的裁判逻辑。

(一)证监会有权出具专业意见

按照一些法官的看法,中国证监会作为证券市场最高主管机构,具有认定内幕信息的法定职权,有权对证券方面的问题给出专业认定意见。在我国刑事司法实践中,证券监管机构可以根据司法机关办案需要,依法就案件涉及的证券期货专业问题出具认定意见。不仅如此,中国证监会和公安部还经常将认定意见与鉴定结论相提并论,这显然说明该认定意见不仅来源合法,而且属于鉴定意见之外的独立证据种类。

与此同时,中国证监会的认定函所确认的有关内容与案件事实具有相关性,该认定函所认定的内幕信息、价格敏感期等,是认定案件是否构成内幕交易罪的关键,与行为人的内幕交易行为具有直接的联系。因此,中国证监会出具的认定意见具有证据能力,可以作为刑事诉讼证据使用。

(二)认定函属于公文书证

按照一些法官的观点,中国证监会出具的认定函尽管属于对案件事实所作的专业性判断意见,在内容上具有鉴定意见的性质,但因为出具意见的主体并不具有鉴定机构和鉴定人的法定资质,因此在证据类型上不易被归类为鉴定意见。这类认定函大体上可被视为一种"准书证"。

而一些地方法院的法官则明确指出,作出鉴定意见的机构必须具有一定的独立性和中立性,鉴定机构和鉴定人都必须具备法定的鉴定资质。但是,上述认定函实际上属于证券监管部门在行政处罚程序中作出的专业认定意见,假如证券监管部门既充当行政处罚机构,又出具鉴定意见,显然不符合鉴定中立原则。因此,认定函不应被归入鉴定意见。那么,这种认定函究竟应被归入哪一种证据类型呢?

答案是该认定函属于一种特殊的书证,也就是"公文书证"。从证据分类来看,书证可分为公文书证与非公文书证两大类。国家机关在法定职权范围内所制作的书面文件,如各种命令、决定、通告、指示、信函、证明文件等,都是公文书证。这类公文书证通常要由行使法定职权的机构按照法定程序制作,除了要求文件要素齐备以外,还要有单位加盖的公章或者负责人的签字。中国证监会的认定函是由该证券监管机构在法定职权范围内,依照法定程序制作的专业认定意见,符合公文书证的基本要求。

(三)行政机关出具的证据材料可以作为认定有罪的根据

过去,行政机关在行政处罚中收集的证据材料,能否作为检察机关指控犯罪的证据,在法律上并无明确的规定。但在2012年以后,我国刑事诉讼法对此给出了明确的答案:行政机关在行政执法和查办案件过程中收集的物证、书证、视听资料、电子数据等证据材料,可作为刑事诉讼证据使用。据此,中国证监会在协助查办证券期货类案件过程中出具的行政认定函,作为一种特殊的书证,既可以成为该机构作出行政处罚的证据,也可以作为检察机关指控犯罪的证据。换言之,检察机关可以直接将中国证监会出具的"行政证据",作为指控行为人构成证券期货犯罪的证据使用。

四、法院裁判逻辑的主要问题

按照法院的普遍逻辑,中国证监会"有权出具专业意见",所出具的认定函具有公文书证的效力。但我们需要质疑的是,作为证券领域的最高监管机构,中国证监会究竟是可以就证券监管领域的普遍问题出具抽象性专业意见,还是可以针对具体案件出具具体的专业意见呢?

假如中国证监会针对证券监管的普遍问题出具专业意见,提供诸如"命令""决定""通告""指示""证明文件"等书面材料,这确实是无可厚非的。毕竟,作为证券监管机构,中国证监会可以对证券监管领域的法律和规范性文件作出解释,这有助于法院在办理证券类刑事案件时正确地适用法律,从而作出公正的裁决。但是,在一个个具体刑事案件中,中国证监会却针对其中的事实认定问题出具了行政认定函,并对其法律适用问题给出了专业认定意见。作为行政管理机构,中国证监会的认定函所认定的是行为人涉嫌犯罪的事实,所给出的适用法律意见也是行为人构成诸如内幕交易罪、操纵证券市场罪的刑事法律适用意见。假如法院对这种认定意见直接加以采纳,并将其作为定罪根据的话,这岂不就等于将此类案件的实质裁判权拱手让给证券监管机构了吗?法院这种动辄直接采纳中国证监会认定的案件事实和法律适用意见的做法,岂不等于是放弃了独立自主地裁判刑事案件的权力?!

那么,**法院将中国证监会的认定函采纳为刑事诉讼证据,究竟能否站得住脚**?答案是否定的。这是因为,中国证监会固然有权对证券监管问题发表专业意见,但其只能针对抽象性法律适用问题发表专业意见,而对于具体的刑事案件,则无论是事实认定还是法律适用,其都无权发表专业意见。迄今为止,我国只授权司法鉴定机构和鉴定人对具体案件所涉及的专门性问题发表专业意见。而中国证监会作为最高证券监管机构,显然不是法定鉴定机构,证监会的工作人员也不具有司法鉴定人的法定资质,该机构显然无权出具任何形式的鉴定意见。

中国证监会所出具的认定函究竟是不是公文书证呢?答案也是否定的。这是因为,任何书证,无论是所谓的"公文书证"还是"非公文书证",都应当形成于刑事案件发生之前或者过程之中,而不能形成于刑事案件发生之后,更不应形成于刑事诉讼过程之中。中国证监会之所以出具所谓的认定函,通常是因为公安部向其提交了商请提供专业认定意见的函件,而后者则是应刑事案件的侦查机关的请求,才商请中国证监会出具专业认定意见的。这显然说明,中国证监会出具专业认定意见的行为,发生在刑事侦查过程之中,这种认定意见显然属于在刑事诉讼过程之中形成的书面材料。这种证据材料与侦查机关调取的其他"情况说明类材料"一样,并不具有书证的性质,更谈不上什么"公文书证"了。究其实质,这类认定函应被归入广义的"书面证言"的范围,也就是中国证监会的工作人员根据公安部提供的案卷及其他书面材料,对相关刑事案件提供了"意见证据"。只不过,由于这类认定函是由中国证监会加盖公章的书面材料,没有自然人的签名或者盖章,法院没有将其视为书面证言罢了。

对于中国证监会出具的这类认定函,检察机关可否将其视为行政机关在办理行政处罚案件过程中收集的书证,并将其采纳为指控犯罪的证据?答案也是否定的。这是因为,刑事诉讼法之所以允许检察机关将行政机关在行政处罚过程中收集的实物证据采纳为指控犯罪的证据,主要是考虑到大量刑事案件都是由行政案件转化而来的,行政机关在行政处罚过程中所收集的物证、书证、视听资料、电子数据等,都属于"客观证据"。这些证据无论是由行政机关收集的,还是由侦查机关直接调取的,都可以保持相对的稳定性,其真实性和合法性通常不会受到太大的影响。因此,行政机关所收集的此类实物证据,是可以被直接移交给检察机关作为指控犯罪的证据加以使用的。但是,中国证监会作为最高证券监管机关,在出具认定函时,并不是该类案件的行政处罚机关,而是应公安部的请求,对公安机关已经立案侦查的证券类刑事案件出具专业认定意见。既然如此,这类认定函就不属于行政机关在行政处罚过程中收集的实物证据,当然也就谈不上被移交检察机关作为指控犯罪的证据使用了。

五、从形式化辩护走向实质化辩护

既然法院的裁判逻辑具有如此明显的缺陷,那么,为什么律师的辩护意见普遍得不到法院的采纳呢?

其实,无论是律师还是法官,即使对于中国证监会认定函的证据资格提出了完全相反的观点,也只是从认定函是否具有证据能力的角度进行了初步的探究,而没有进一步讨论该认定函的证明力问题。无论是检察机关还是法院,都只是对认定函进行一种"形式化的判断",也就是认为该认定函不仅具有证据能力，而且属于公文书证，因此可以成为法院定案的根据。而律师的辩护意见也没有超出这一基本套路，那就是认定函不属于刑事诉讼法所规定的法定证据种类或证据形式，既不属于鉴定意见也不属于书证。因此，不能被采纳为定案的根据。**对于这种仅仅注重认定函证据能力或证据资格的辩护思路，我们可以称之为"形式化辩护思路"。**

在检察机关的"形式化判断思维"与律师的"形式化辩护思路"之间，法院显然倾向于采纳前者，并对后者作出了轻率的否定。其实，既然律师对这类认定函的真实性、相关性无法提出强有力的质疑和挑战，那么，这类证据究竟应被归入鉴定意见还是算作公文书证，其实是不值得关注的问题。在这一方面，检察机关和法院其实都接受了一种想当然的逻辑，也就是将中国证监会出具的认定函视为一种综合的、专业的、权威的认定意见，并推定其具有证明力。除非有强有力的相反证据足以推翻这类认定意见，否则，检察机关就会直接将其作为指控犯罪的证据，法院也会将其采纳为定罪的根据。鉴于中国证监会所具有的权威性、专业性和终局性，任何检察机关和法院可能都难以对其认定意见进行实质化的审查，或者轻易地否定该认定意见的证明力。更何况，无论是内幕交易罪，还是操纵证券市场罪，都是从"行政犯"转化过来的犯罪行为，它们首先构成行政不法行为，然后在符合刑法所确立的构成要件的前提下才转化为犯罪行为。既然如此，作为最高证券监管机构的中国证监会，在认定内幕信息、内幕信息知情人、价格敏感期等诸如此类的专业问题上，不仅具有专业上的权威性，而且更容易取得检察机关、法院的信任。尤其是对那些存在强大外部压力的案件，法院本来就无法做到独立审判，遇到中国证监会出具认定意见的场合，更是乐于将认定案件事实和适用法律的责任推给该证券监管机构，直接将其认定意见采纳为裁判的依据。

如此说来，律师再仅仅满足于从事这种"形式化辩护"活动，就根本达不到"说服裁判者"的效果了。既然如此，**律师究竟应如何进行辩护呢？**在这方面，笔者提出一种"实质化辩护"的思路，可以供律师作为另一种辩护思路加以选择。

所谓"实质化辩护"思路，是指律师在质疑行政认定函的证据能力之外，还应对其真实性和相关性进行有针对性的挑战，以证明该认定函不具有证明力。假如我们从内容上进行剖析的话，中国证监会的认定函无非包括案件的事实认定和法律适用两个要素，而对这两个要素，该机构都作出了专业上的判断。要推翻这一认定函的证明力，或者至少让法官对该认定函的可信性产生合理的怀疑,律师就应从案件的犯罪构成要件上挑战认定函所认定的事实和结论。而要做到这一点,律师可以选择的无非是两条辩护道路:一是将认定函视为一种裁判结论,提出证据和事实,来逐一反驳该认定函的每一项认定结论;二是利用专家的智慧,引入专家辅助人,让其发表强有力的专业意见,从而形成"以专家反驳认定意见"的格局。

中国证监会的行政认定函,以专业认定意见的名义,对证券类刑事案件的事实作出了权威的认定。而法院在没有相反证据的情况下,也倾向于采纳这些事实。有鉴于此,**律师有效辩护的第一步,应当是提出强有力的证据,证明这些事实不能成立**。例如,律师可以提出证据,证明证监会所认定的内幕信息不属于刑法意义上的"内幕信息",行为人不属于"内幕信息知情人",所认定的时间不属于"价格敏感期"。又如,律师也可以通过阅卷、会见和调查,提出新的证据,证明行为人不具有"信息优势",也不具有利用信息优势操纵市场的故意,不存在利用信息优势影响股票交易的行为,等等。

在提出证据证明证监会认定的案件事实不成立的过程中,律师尤其要注意刑事诉讼证明标准与行政处罚证明标准的差异。通常来说,证监会是应公安部的请求出具了行政认定函,而没有参与对该类案件的行政处理。尽管如此,证监会所认定的案件事实基本上属于行政违法事实,而不属于犯罪事实,也不可能达到"事实清楚,证据确实、充分"的最高证明标准。有鉴于此,律师就需要对证监会认定的事实的可信度进行质疑,利用刑事诉讼证明标准的基本要素,来说明对行为人的犯罪事实的证明并没有达到"排除合理怀疑的程度"。例如,律师可以通过分析公诉方的证据体系,说明控方证据相互间存在"不可排除的矛盾",证监会认定函的结论得不到"其他证据的印证",全案证据尚未形成完整的证据锁链,综合全案证据尚未达到"排除其他可能性"的程度,等等。只要说明对于证监会认定的事实,还存在着"合理的疑问",律师就可以进一步论证证监会认定的事实不能成立。

但是,证监会的认定函不仅对案件事实作出了认定,还对案件的法律适用给出了权威的结论。其实,诸如"内幕信息""内幕信息知情人""价格敏感期""掌握信息优势"等的认定,很难说属于单纯的事实认定或者法律适用问题,事实认定和法律适用往往是混杂在一起的。而**这类法律适用方面的结论,往往直接影响法院对行为人是否构成犯罪问题的认定**。在这一方面,律师固然需要加强相关专业知识的学习,能够对证监会认定函提出专业的疑问;但另一方面,律师也有必要借助专业人士的力量,通过"借力打力"的方式,对证监会的认定函提出强有力的专业挑战。为此,需要引入专家辅助人的力量,对证监会的认定函提出专业评判意见,或者申请法院传召专家辅助人出庭作证,直接对认定函的证明力进行质疑和评价。

我国刑事诉讼法确立了专家辅助人制度,允许辩护方聘请"有专业知识的人"对鉴定意见发表专家意见。而在证券期货类刑事案件的办理过程中,公安机关通常并没有委托司法鉴定人提供鉴定意见,而是直接商请证券监管部门出具带有专业认定意见性质的行政认定函。这种以证监会认定函取代司法鉴定的操作方式,给律师委托专家辅助人带来了困难。但是,专家辅助人制度的基本功能是对专业认定意见提出专业上的评判,避免某一方专业认定意见"一家独大",从而为司法机关提供两个方面的"专业认定意见",得到兼听则明的裁判效果,避免因为仅仅听取一方的专业意见而带来的误判。因此,**面对证监会给出的不利于辩护方的认定函,律师可以委托证券领域的权威专家,对其提出专业上的疑问和挑战**。

首先,律师可以向证券专家进行咨询,以发现认定函的专业错误或专业失当之处。

其次,律师可以委托证券专家出具专家意见,从而获取该专家对于证监会认定函的专业评论,对其可信性和权威性发表专业性意见。

最后,为对证监会的认定函进行强有力的质证,避免法庭调查流于形式,律师可以请求法院传召该专家以"专家辅助人"的身份出庭作证,使其在法庭上对认定函的证明力发表专业性分析和评论。在中国证监会不可能派员出庭作证的情况下,假如律师能够成功地说服法院传召专家辅助人出庭作证,将有利于辩护方发表强有力的专业意见,同时也能对公诉方的证据体系构成有力的挑战,还会对中国证监会造成强大的压力,迫使其谨慎出具专业认定意见,避免出现被当庭驳倒的不利后果。

积极辩护的逻辑

> 消极辩护是一种"以子之矛,攻子之盾"的辩护思路。相比之下,积极辩护则是一种"以己之矛,攻子之盾"的辩护方式。在这种辩护中,律师需要提出新的证据,讲述一个新的"故事",证明一种新的主张。

在刑事辩护过程中,律师为从根本上推翻检察机关指控的罪名,经常提出一种新的事实,并据此作出无罪辩护。例如,为证明被告人所收取的款项不是受贿款,律师提出被告人与行贿人之间存在民事上的债权债务关系,或者双方存在着某种"人情来往"关系;为证明被告人没有贪污公款,律师提出被告人从公司企业获取的钱款是自己的"合法收入";为证明被告人不构成非法持有毒品罪,律师提出被告人具有合法持有毒品的资格……对于这种通过证明某一原本不存在的新的事实,来推翻公诉方指控罪名的辩护方式,我们可以称之为"先立后破"的辩护方式。

当然,这种"先立后破"的辩护方式,往往存在于案件确实没有其他辩护空间的情况之下。也就是说,根据现有的证据,公诉方指控的罪名已经可以成立,因为该罪名的犯罪构成要件事实都得到了确实充分的证明,达到了排除合理怀疑的程度。在此情况下,律师仅仅依靠"以子之矛,攻子之盾"的传统方式进行辩护,很难说服法官接受自己的观点。换句话说,假如律师不提出一种新的事实来证明被告人行为的合法性,那么,仅凭公诉方现有的证据,就足以证明所指控的罪名是成立的。

然而,对于这种"以己之矛,攻子之盾"的辩护方式,也有律师存在一些误会,以为只要提出这种辩护观点和主张,法院就应对此进行全面的审查,并责令检察机关证明自己所提出的事实"是不存在的",否则,法院就应作出有利于被告人的解释,也就是推定该项新的事实"是存在的"。对于这种观点,无论是法官还是检察官都是不能接受的。按照司法界普遍达成的共识,检察机关只要能够提出确实充分的证据,足以证明所指控的罪名具有相应的犯罪构成要件事实加以支持,那么,法院就应接受这一指控事实的成立。而假如被告人及其辩护人提出了一项新的事实作为抗辩理由,那么,根据"谁主张,谁举证"的原则,被告方就应承担证明责任,证明该项新事实的成立。否则,法院就应判定该项新事实是不成立的。当然,根据"天平倒向弱者"的程序正义原则,被告方所承担的证明责任并不需要达到最高的证明标准,而只需要达到"高度盖然性"标准就可以了。根据这一原理,假如律师提出被告人存在正当防卫、紧急避险或者刑法所确立的"但书"和"豁免"情形的,就应承担相应的证明责任。不仅如此,在公诉方提出的证据能够证明犯罪构成要件事实成立的情况下,如果被告方提出了一项相反的事实来证明其行为的合法性,那么,律师也需要承担证明责任,也即提出新证据证明该项事实成立的责任。

对于这种通过新的事实来推翻公诉方指控罪名的辩护方式,律师界有时也称其为"积极辩护"。与此相对应,对于那种"以子之矛,攻子之盾"的辩护方式,律师界则将其称为"消极辩护"。能否理解这两种辩护方式的内在逻辑,并将其运用自如,是检验律师辩护基本功的一项重要标准。在以下案例中,一位律师就运用"积极辩护"的基本逻辑,达到了积极的辩护效果。

案例

2016年1月15日,辽宁沈阳市沈北新区人民检察院提起公诉,指控被告人付某某犯有贪污罪、受贿罪等四项罪名。其中,检察机关指控的第四起受贿事实是:2003年,被告人付某某在担任沈阳市某区村镇办主任期间,利用职务上的便利,在沈阳市某区某养鸡场用地规划许可证、建设工程规划许可证审批过程中,减免基础设施配套费,为开发商许某某违规办理杨士乡宁官村的双龙阁酒店房证和档案。在杨士乡宁官村划归铁西区之后,将档案补充移送至铁西区村镇办。事后,付某某从许某某处索要位于沈阳市于洪区丁香村广业西路A1号楼2号门市房和3号门市房两套。而后付某某通过杨某某将两套门市房出售。经沈阳市价格认证中心认定,这两套门市房价值人民币207.48万元。

律师经过会见、阅卷和分析案情,发现本案存在着"一对一"的证据现象。其中,证人许某某的证言对被告人极为不利。根据他的证言笔录,付某某为其违规办理了七层大楼的建设规划许可证和住宅房证,"我当时很感谢付某某,就打算给付某某钱,付某某没要,说等你丁香湖畔新城的房子盖好之后,你给我两套门市房就行",他就将起诉书所说的两套门市房送给了付某某,并协助其办理了房产证。许某某的证言笔录还证明,尽管他让人给付某某开具了两份"折抵工程款"的收据,但这是应付某某的要求开具的,是虚假收据,"付某某没有提供过任何建筑材料,没有签订过建筑材料欠款协议"。

与证人许某某的证言完全相反,被告人付某某作出了前后一致的供述:他确实拿到了许某某的两套门面房,并办理了房产证,后来出售该两套房子,取得207万元的房款。但这是用许某某欠款抵扣得来的房子。许某某公司的会计还为其开具了两张表明房子用"折抵工程款"的收据。"2005年,我找许某某算账,算账的时候许的大姐、二姐都在场,许当时欠我200多万元,主动提出给我两套门市房顶账,我同意了。"

在上述"一对一"的两份证据之外,本案还存在着一份证人证言、两份房屋认购协议和两张原始收据。根据证人贾某的证言笔录,"杨某某两张收据上'折抵工程款'是许某某让这样写的。两套门市房公司账上没有体现,没有折抵工程款,没有收到门市房的房款"。两份房屋认购协议证明付某某付款的时间和认购事项。两份"抵扣工程款"收据显示,杨某某两次都以工程款的名义抵扣了购房款,金额分别为973800元和1154200元。

通过分析本案的证据情况,可以发现现有证据足以证明被告人付某某利用职务之便,为许某某谋取了利益;付某某从许某某公司购买了两套门面房;付某某将两套门面房转手卖出,获利207万元;付某某没有向许某某支付购房款。假如律师不提出任何新的证据和新的辩护意见,那么,付某某构成受贿罪将是没有悬念的。既然如此,律师究竟如何进行辩护呢?

律师的辩护思路是,提出新的证据来证明一项新的事实,那就是许某某与付某某存在债权债务关系,许欠付200多万元,付用这200多万元借款折抵了两套门面房的购房款。与此同时,两份房屋认购协议可以证明付通过杨某某认购了两套门面房;证人贾某的证言可以证明杨某某没有支付购房款,同时也可以证明许某某指令其以"折抵工程款"的名义开具了收据,从而证明了"折抵工程款"收据的真实性。

当然,公诉方会质疑辩护律师提出的这一新事实,因为所谓"许欠付200多万元"的情况,只有付一个人的陈述可以证明,许并不承认;许的证言也证明付没有提供过任何建筑材料,也没有签过任何建筑材料欠款协议;贾某的证言证明付某某没有支付过任何购房款。这些证据可以证明付某某在没有支付购房款的情况下从许某某那里获取了两套门面房。但付某某所说的折抵200多万元欠款的说法并没有得到其他证据的印证。

辩护律师认为,辩护方提出了一项新的事实,那就是付某某以200多万元借款折抵了200多万元购房款,与许某某之间只存在房屋交易关系,没有从许那里获取任何利益。律师为证明这一新的抗辩理由,提供了付某某的多份供述笔录、贾某的多份证言笔录、两份房屋认购协议以及两份"折抵工程款"的收据。这些证据可以证明付某某以200多万元借款折抵购房款这一事实,具有很大的可能性。尽管许某某对此事实并不承认,但辩护方已经将这一新的事实和抗辩事由证明到"高度盖然性"的程度,履行了自己的证明义务。相反,公诉方对于被告人付某某从许某某处获取利益这一事实并没有证明到"事实清楚,证据确实、充分"的程度,令人产生合理的怀疑。律师认为,司法机关应对此事实认定作出有利于被告人的解释。

在这一国家工作人员涉嫌贪污、受贿犯罪的案件中,律师发现仅仅按照常规的方式论证检察机关指控的罪名没有确实、充分的证据加以支持,是行不通的。毕竟,被告人自己也承认收取了"行贿人"两套房屋,并在房屋出售后获利200余万元。律师根据被告人的说法形成了自己的辩护思路,那就是行贿人曾经向被告人借款200多万元,这两套房屋被送给被告人之后,两者之间的债权债务关系也就不复存在了。于是,律师提出了一种新的事实——被告人收取两套房屋,是用来抵偿欠款,他根本没有利用职务之便收取他人贿赂。当然,对于这一新的事实,辩护律师也提供了多份新的证据加以证明,并认为这种证明已经达到高度盖然性的程度。在被告方已经尽到证明责任的情况下,证明该项新事实不成立的责任就应转移到公诉方。而假如公诉方提不出任何反证,法院就应作出有利于被告人的解释。

毫无疑问,律师所作的"积极辩护"是较为成功的,对于法官的裁判也是具有说服力的。可惜,这一案件中的这种"积极辩护"思路并没有得到律师界的普遍接受。我们有必要从这一案件的辩护经验出发,提出一套关于"积极辩护"的特殊操作逻辑。

首先需要指出的是,**"积极辩护"需要建立在"消极辩护"无路可走的前提之下**。在与辩护律师进行交流的过程中,笔者经常发现,不少律师经常不顾公诉方的指控逻辑,仅通过与在押被告人的会见以及相应的调查取证活动,就提出本方的另一种事实逻辑。每当遇到这种情况,笔者都会直截了当地指出,"请先弄清楚公诉方的指控逻辑,先将其指控事实予以推翻,然后再来论证你提出的新事实和新逻辑"。否则,"这种自娱自乐的辩护,是根本不可能说服法官的"。

换句话说,辩护律师通过会见、阅卷、调查取证以及与办案人员的沟通交流,一定要发现公诉方的指控逻辑或者指控体系,也就是公诉方根据哪些证据来认定被告人构成了怎样的犯罪事实,在刑法上构成什么样的罪名。为此,辩护律师需要全面了解公诉方的证据体系,彻底弄清楚公诉方的"故事"。要知道,这种"故事"存在于案卷笔录之中,存在于侦查人员、公诉人的思维逻辑之中,并得到了控方证据体系的支持和证明。当然,辩护律师在接手此案之后,尤其是在会见在押嫌疑人、被告人之后,可能会从后者那里听到一种与公诉方的指控完全"不一样的故事"。对于这种新的"故事",辩护律师需要保持足够的警惕和谨慎,不可轻易相信。律师尤其要注意,委托人究竟"向侦查人员作出了哪些供述",这才是最重要的。至于被告人"向律师作出了哪些新的辩解",这本身并不是最关键的。

在彻底弄清楚公诉方的指控逻辑之后,辩护律师需要认真审查公诉方的证据体系可否支持其指控逻辑。假如律师经过全面审核,发现公诉方的指控证据体系是非常严密的,所有证据的证明力和证据能力也不存在法律上的漏洞,那么,这就意味着传统的"消极辩护"是没有太大空间的。只有到了这一步,律师才能考虑通过讲述一个新的"故事",来推翻公诉方的指控逻辑。

其次,**在公诉方的证据体系足以证明各项犯罪构成要件事实时,辩护律师就要另辟蹊径,提出新的事实,以证明被告人行为的合法性了**。之所以作出这一判断,是因为公诉方已经在形式上满足了基本的证明责任,也就是证明犯罪构成要件事实成立的责任。而到了这一地步,假如被告方继续无所作为,或者仅仅保持沉默,那么,公诉方对被告人构成犯罪的证明就足以达到排除合理怀疑的程度了,法官只能对公诉方指控的事实予以确认,并以此作为裁判的依据。

正如被告方提出正当防卫的抗辩一样,假如辩护律师提出了一项新的事实,以证明被告人的行为具有合法性,那么,他就必须提出新的证据,来证明这一事实的成立。而没有新的证据,或者不能对此加以证明,则这种新的事实也是不能被接受的。

再次,**在提出新的事实之后,辩护律师不能仅仅依赖于公诉方案卷笔录中既有的证据材料,而应当进行调查取证,获取新的证据材料,以便对新事实的成立加以证明**。新事实的成立需要建立在新证据的基础之上。通常情况下,律师仅仅依靠既有的案卷材料,是根本无法证明一项新事实的。而要完成这种证明过程,辩护律师需要进行调查取证活动,以便发现那些为侦查人员和检察官所忽略的证据材料。当然,在收集到若干这类新证据之后,律师也可以结合案卷笔录中对被告人有利的材料,来共同建构一种新的证据体系,以便支持新事实的成立。

最后,**辩护律师对新事实的证明并不需要达到最高的证明标准,而只需

达到令法官相信该事实的存在"具有高度盖然性"就足够了，也就是达到民事诉讼的胜诉所需要的证明标准。其实，只要想一想正当防卫、紧急避险、但书、豁免等事项的证明，根本不需要达到最高证明标准，而只需要达到民事诉讼的胜诉标准，疑问也就迎刃而解了。考虑到公诉方与被告方在取证能力方面处于显著不平等状态，被告方对其所承担证明责任的事项，永远不需要达到最高证明标准，那种所谓的"排除合理怀疑"的证明程度永远只适用于公诉方证明被告人有罪的问题。至少是由于这一原因，律师在从事"积极辩护"的过程中只需要达到"高度盖然性"的证明标准就足够了。正如前面的案例所显示的那样，律师运用被告人供述、证人证言以及若干书证，已经足以证明行贿人欠被告人 200 多万元，是具有很大可信性的事实。不排除这一可能性，公诉方就无法证明被告人利用职务之便收取他人贿赂这一结论。

反守为攻的辩护

美国哈佛大学的德肖维茨教授，曾将程序性辩护称为一种"反守为攻的辩护"。他认为，程序性辩护的实质是"对政府起诉"，因为"被告人的宪法权利受到侵犯"，那些被指控侵犯被告人权利的警察和检察官应被置于"被控告的地位"，法院可以将由此获取的非法证据宣布为无效，甚至可以据此将被告人无罪释放。

传统的刑事辩护被称为"实体性辩护",也就是针对检察机关指控的犯罪事实,就被告人的定罪量刑问题所作的辩护活动,目的在于说服裁判者作出无罪、罪轻、从轻、减刑或者免除刑罚的裁判结论。但在刑事诉讼过程中,辩护律师经常会遇到侦查机关、公诉机关、法院的诉讼行为存在违反法定诉讼程序的情形,并以此为根据,申请司法机关作出旨在宣告该诉讼行为无效的裁决。对于这种通过指控国家专门机关的诉讼行为违反法律程序,来寻求司法机关对其宣告无效的辩护方式,我们一般称之为"程序性辩护"。

在我国刑事辩护实践中,大多数律师所作的"程序性辩护"都是围绕着侦查人员违法收集证据的行为而展开的,目的在于说服法院宣告侦查行为违反法律程序,并将某一非法证据排除于法庭之外。这种程序性辩护几乎等同于"排除非法证据的辩护"。这种辩护尽管面临着重重困难,但在司法实践中也有成功的先例。比如,浙江省宁波市鄞州区人民法院就曾对章国锡受贿案作出过排除非法证据的裁决;广东省佛山市一家基层人民法院也曾对程镇捷案作出排除非法证据的裁决,并最终宣告被告人无罪。然而,对于侦查机关违反侦查管辖程序的行为,各地律师经常向法院作出程序性辩护,并申请法院以此为由,作出排除非法证据的裁决,但这种申请往往以失败而告终。在一定程度上,侦查管辖程序几乎成为一种"不可诉"的制度,对于违反法定管辖制度的侦查行为,辩护律师几乎无能为力,难以获得任何有效的救济。那些针对侦查管辖问题提出异议而展开的程序性辩护,也通常被视为"无效辩护"的代名词。

随着我国刑事司法改革的逐步推进,以及律师界在侦查管辖问题上越来越具有"为权利而斗争"的精神,这种围绕着管辖异议问题而展开的程序性辩护,开始引起一些地方法院的重视,并有了被法院采纳的先例。以下就是两个针对侦查机关违法行使侦查管辖权成功地说服法院宣告起诉无效的案例。

案例1

被告人赵某系广西壮族自治区柳州市世欣商贸有限责任公司(以下简称

"世欣公司")负责人,刘某系柳州市工商行政管理局外资科科长。两人因涉嫌走私普通货物和虚开增值税专用发票罪,于2001年11月被柳州市公安局刑事拘留,并于当年12月20日被逮捕。此案由柳州市公安局侦查终结后,于2002年10月17日移送柳州市人民检察院审查起诉。检察机关经过审查起诉和两次退回补充侦查,于2003年3月25日向法院提起公诉。

根据柳州市人民检察院的指控,1997年至1999年期间,世欣公司通过柳州外贸公司、柳州纺织品进出口公司为某公司进口丙二醇和无尘纸,柳州外贸公司等代理商涉嫌以走私方式进行代理。同时,被告人赵某、刘某合伙开办世欣公司,合伙承接两面针业务,在进口货物后,从俞某处购买了进项增值税发票用于抵扣税款。

辩护律师通过会见被告人,查阅相关案卷材料,发现柳州市公安局作为对普通刑事案件行使管辖权的侦查机关,无权对走私普通货物罪行使立案侦查权,因此侦查机关存在违法行使管辖权的严重问题。在法庭审理中,辩护律师指出,根据最高人民法院、最高人民检察院、公安部、司法部和海关总署于1998年12月3日联合发布的《关于走私犯罪侦查机关办理走私犯罪案件适用刑事诉讼程序若干问题的通知》,以及公安部发布的《公安机关办理刑事案件程序规定》,本案应由海关侦查部门管辖,柳州市公安局对此案并没有管辖权。但是,本案的全部立案、侦查案卷材料都来源于柳州市公安局,明显违背国家刑事司法管辖规定,属于违法越权办案的非法产物,一律不能作为指控被告人犯罪的证据使用,因此请求法院依法将全部侦查证据予以排除。与此同时,辩护律师还指出,公诉机关认定被告人构成犯罪所依据的证据无法形成完整的证据锁链,证据之间存在着无法排除的矛盾,也无法相互印证。因此,公诉机关的两项指控均属于事实不清、证据不足。

柳州市中级人民法院经过开庭审理,采纳了律师的辩护意见,说服检察机关提出撤回起诉的申请,并于2003年7月9日裁定准许检察机关撤回起诉。

这起案例被视为因侦查程序全案违法、全案证据被排除而被撤销案件的第一起案件。从律师所披露的材料来看,柳州市公安局对走私案件进行了立案侦查,违反了法律有关立案管辖的基本规定,属于典型的侦查越权行为,整个立案和侦查活动都违反了法定的诉讼程序。这是确凿无疑的。但是,对于这种由不具有管辖权的侦查机关所实施的侦查活动,究竟能否宣告无效,对于侦查机关违法行使管辖权所收集的全案证据材料,能否否定其证据能力,却是存在重大争议的。在本案中,律师不畏艰险,坚持认为侦查机关违法越权办案所获取的证据一律不得作为指控犯罪的根据,并最终说服法院,迫使检察机关提出撤回起诉的申请,案件以法院裁定准许撤回起诉而告终。因为侦查机关违法越权管辖而导致案件被撤回起诉,在我国尚无先例。这是一个律师坚持程序正义、勇于辩护的结果,创造了程序性辩护成功的先例,具有里程碑的意义。

案例 2

被告人王某某原系山东省青州市恒发化工有限公司(以下简称"青州恒发公司")法定代表人,周某某原系青州恒发公司财务经理,路某原系青州恒发公司财务出纳。2012年7月8日,王某某与武汉凯森化学有限公司(以下简称"武汉凯森公司")达成股权转让协议,将青州恒发公司全部股权转让给武汉凯森公司。同年7月27日,青州市工商局核准青州恒发公司股东变更为武汉凯森公司。后王某某被任命为青州恒发公司的法定代表人、执行董事、总经理,负责青州恒发公司的经营管理。2015年1月,武汉凯森公司到山东省青州市公安局报案,控告王某某构成职务侵占罪、诈骗罪以及故意销毁会计账簿罪。青州市公安局认为王某某不构成犯罪,于2015年3月向报案人出具不予立案通知书。随后,武汉凯森公司向武汉市公安局报案。2015年7月,武汉市公安局以王某某涉嫌挪用资金罪进行立案侦查。2016年8月5日,武汉市东湖新技术开发区人民检察院向法院提起公诉,指控王某某等人构成挪用资金罪。2016年8月12日,武汉市东湖新技术开发区人民法院发出《退案函》,认为"本案犯罪地、被告人居住地均在山东省淄博市和青州市……本院对该案没有管辖权",因此将被告人王某某等人被控挪用资金一案退回武汉东湖新技术开发区人民检察院。同年8月17日,检察机关将案件退回武汉市公安局。武汉市公安局随后对王某某等三名嫌疑人予以取保候审。

2016年9月21日,王某某等聘请的律师向武汉市公安局提出书面辩护意见,认为:武汉凯森公司负责人诈骗了王某某的巨额财产和股权,王才是真正的受害人;武汉凯森公司在山东青州立案没有成功,又在武汉通过隐瞒真相报假案得以立案;武汉市公安局对本案没有管辖权,这已经得到当地法院的支持;本案已经发生侦查管辖的重大错误,武汉市公安局违反管辖规定强行立案所取得的所有证据材料都是不合法的,应被排除于诉讼程序之外。律师认为,本案已经没有由武汉公安机关继续办理的程序空间,继续侦查没有任何法律依据,应当要么撤销案件,要么移送给山东省有管辖权的公安机关。但考虑到山东省公安机关早就对该案作出了不立案的决定,本案的唯一合法出路就是撤销案件。据此,律师向武汉市公安局明确提出了撤销案件的申请。

武汉市公安局组织当地数名刑事法专家就本案的管辖权问题进行了论证,专家们认为武汉市公安局对该案拥有管辖权。理由主要是:本案的犯罪结果地和嫌疑人工作单位均在武汉,湖北省公安厅曾与山东省公安厅就本案的管辖问题进行过充分的沟通,双方一致同意由武汉市公安局侦办。2016年11月10日,武汉市公安局经过补充侦查,以挪用资金罪、职务侵占罪以及隐匿会计凭证和会计账簿罪,移送武汉市人民检察院审查起诉。

2017年1月6日,辩护律师组织北京的数位法学专家对此案进行专家论证。专家们一致认为:武汉凯森公司与王某某之间存在股权转让的民事法律关系,本案应被定性为股权转让中的民事纠纷,王某某等人主观上没有挪用单位资金的故意,客观上没有实施挪用资金的行为,不构成挪用资金罪;王某某等人涉嫌犯罪地和被告人居住地均不在湖北省武汉市,武汉市公安局对本案不具有管辖权。该项专家论证意见被提交给有关公安机关和检察机关。同年4月,辩护律师再次向武汉市公安局提交法律意见书,认为从实体上看王某某不构成挪用资金罪,公安机关有以刑事侦查插手经济纠纷之嫌。从程序上看武汉既不是犯罪地,也不是嫌疑人居住地,法院也已经确认当地公安机关没有管辖权,因此要求武汉市公安局作出撤销案件的决定。

2017年,湖北省检察院就本案管辖问题向最高人民检察院进行请示。最高人民检察院以"高检公诉指辖批〔2017〕93号"回复称:"请将本案移送有管辖权的检察机关审查起诉。"2017年5月31日,湖北省人民检察院将此案移送山东省人民检察院公诉一处。

2017年7月10日,辩护律师向山东省人民检察院提交了书面律师意见,认为:山东省人民检察院"不应在接受湖北省人民检察院案件材料后再次启动审查起诉程序";武汉市公安局在移送武汉市人民检察院审查起诉时增加了职务侵占罪、隐匿会计凭证和会计账簿罪两个新的罪名,既于法无据,也是一种恶意报复的行为;武汉市公安局在明知没有管辖权的情况下,因利益驱动而进行恶意管辖,所获取的证据材料应一律归于无效;王某某与武汉凯森公司之间发生的是民事纠纷，不存在任何犯罪行为，不需要追究刑事责任。

与案例1的情况不同，案例2是一起公安机关在本地利害关系单位推动下强行行使立案管辖权的案件。案件一开始涉及山东和湖北两地企业的股权纠纷，湖北企业在民事诉讼败诉的情况下，以山东企业涉嫌犯罪为由，向山东当地公安机关报案，公安机关作出不立案的决定。在此情况下，湖北企业直接向武汉公安机关报案，后者进行了违法立案管辖，完成了整个侦查行为。在检察机关提起公诉时，法院以没有管辖权为由将案件退回检察机关，并最终退回武汉公安机关。武汉公安机关在补充侦查后，增加了两个新的罪名，再次将案件移送检察机关审查起诉。迫于重重压力，也由于律师进行了认真有效的辩护工作，武汉检察机关没有顺从公安机关的意见，而是通过层层请示，获得最高人民检察院要求移交有管辖权的检察机关的批复，案件最终被移交给山东省人民检察院。后者对案件进行审查起诉。

在这场惊心动魄的"管辖大战"中，律师始终坚持认为：本案属于一起由股权争议而引发的民事纠纷，嫌疑人不构成挪用资金罪，也不构成其他罪名；武汉公安机关违法行使立案管辖权，导致整个侦查程序严重违法，由此获取的证据应被归于无效；山东当地公安机关已经作出不立案的决定，说明本案不构成任何犯罪。在武汉检察机关已经两次退回补充侦查的情况下，本案的侦查程序已经走到尽头，唯一的出路是撤销案件。

为取得"管辖大战"的成功，律师进行了几个方面的辩护活动：一是及时向武汉公安机关提出了辩护意见，阐明了本方的观点，强烈建议公安机关作出撤销案件的决定；二是在公安机关组织部分法学专家进行论证并得出"武汉公安机关具有管辖权"结论的情况下，及时邀请更具权威性的法学专家进行论证，得出本案不构成挪用资金罪以及武汉公安机关没有管辖权的论证意见，这份意见被提交给湖北公安机关和检察机关后产生了较大的影响力；三是在法院以本案没有管辖权为由将案件退回检察机关之后，律师再次敦促公安机关停止违法行使立案管辖权的行为，对案件予以撤销；四是案件最终经最高人民检察院介入，并被移交山东省人民检察院公诉部门审查起诉之后，律师及时向山东省人民检察院提交了书面辩护意见，强调本案的审查起诉程序已经没有空间，武汉公安机关违法行使立案管辖权所获取的一切证据材料都应被排除于诉讼程序之外，建议山东省人民检察院作出不起诉的决定；五是重新组织法学专家进行专家论证，专家论证意见明确认为，对于违法越权行使管辖权的案件,检察机关作出终止诉讼的决定,已经有先例可循,广西壮族自治区柳州市中级人民法院就对当地公安机关违法行使管辖权的一起走私案件,作出了准许撤回起诉的决定;六是在提交专家论证意见的同时,律师还向山东省人民检察院提交了建议对本案作出不起诉处理的辩护意见。

无论山东省人民检察院是否接受律师的辩护意见,律师在案例2中至少取得了程序性辩护的部分成功。首先,律师经过积极努力,成功地说服了山东省青州市公安机关作出不立案的决定,并在报案人申请复议后,说服潍坊市公安机关维持了不立案的决定。这为律师围绕管辖异议问题进一步展开程序性辩护创造了前提条件。其次,在武汉公安机关强行越权行使管辖权之后,律师经过不屈不挠的斗争,最终说服当地法院接受本方的辩护意见,认定其自身没有管辖权,将案件退回检察机关,使得案件最终被退回武汉公安机关。这是取得程序性辩护成功的关键一步。最后,在武汉公安机关试图再次移送审查起诉的情况下,律师通过组织专家论证和提交辩护意见等方式,促使最高人民检察院作出将案件移送有管辖权的检察机关的批复,使得案件最终被移出湖北,摆脱了武汉公安机关的控制,被山东省检察机关接手。而一旦山东省人民检察院接手此案,那么无论最终结局如何,至少该案的办理不会再过分受到种种利害关系的干扰,可以避免办案机关受到地方保护主义因素的影响,为案件的公正办理、防止冤假错案创造了条件。

通过剖析案例1和案例2的办理过程,我们不难发现,由于我国刑事司法改革过于滞后,尤其是受"侦查中心主义"诉讼构造的影响,律师在从事程序性辩护时确实存在着重重困难。律师在程序性辩护过程中,由于要挑战侦查、公诉和审判行为的合法性,要申请司法机关对侦查行为、公诉行为和审判活动宣告无效,因此经常与侦查机关、检察机关或法院处于直接对立状态之中。

美国哈佛大学的德肖维茨教授,曾将程序性辩护称为一种"反守为攻的辩护"。他认为,程序性辩护的实质是"对政府起诉",因为"被告人的宪法权利受到侵犯",因此那些被指控侵犯被告人宪法权利的警察和检察官就将被置于"被控告的地位",法院就可以将由此获取的非法证据宣布为无效,甚至可以据此将被告人无罪释放。[①]

---

① 〔美〕艾伦·德肖维茨:《最好的辩护》,唐交东译,法律出版社2014年版,第49页以下。

换句话说,律师进行程序性辩护,实际上等于发动了一场新的诉讼,这场诉讼的"被告人"主要是警察和检察官,诉讼的起因是警察或检察官违反法律程序,侵犯了被告人的宪法权利,诉讼的目的是申请法院在宣告侦查或公诉程序违法的前提下,对侦查行为和公诉行为作出宣告无效的裁决。在美国,法院裁定排除非法证据、宣告撤销起诉或者终止诉讼,以及对下级法院的有罪裁决作出撤销原判、发回重新审判的裁定,就都是这种程序性辩护取得成功的标志。

在我国,律师所作的程序性辩护通常都是申请排除非法证据的辩护。在部分案件中,针对一审法院违反法定诉讼程序的案件,律师也会申请二审法院作出撤销原判、发回重审的裁决。但这种辩护即便取得成功,也至多会导致下级法院的重新审理,不会对案件的实体结局产生实质性的影响。再加上二审法院普遍对下级法院违反法律程序的情形不予重视,极少作出这种宣告无效的裁决,两审终审制往往是流于形式的。因此,这种针对一审法院违反法律程序的程序性辩护,在司法实践中往往不能引起律师的普遍重视。

而对于侦查机关违法行使立案管辖权的情况,我国法律已经作出了一些程序规范,但还没有确立较为完整的程序性制裁机制。无论是根据最高人民法院的司法解释,还是考察一些地方法院的司法实践,对于没有管辖权的案件,法院可以将其退回检察机关。这其实就属于一种宣告检察机关起诉无效的裁决。只不过,基于我国的司法体制,法院没有将其表述为"起诉无效",而是发出退案函,其效果即是导致案件被退回检察机关,甚至被退回侦查机关。法院以本院没有管辖权为由将案件退回检察机关,并进而导致案件被继续退回侦查机关。这确实具有"程序性制裁"的性质,属于对侦查机关违法越权行使立案管辖权确立的消极性法律后果。

但是,我国法律始终规避了一个至关重要的问题:在侦查机关违法越权行使立案管辖权的情况下,所收集的证据材料还能否作为定案的根据?换言之,对于侦查机关违反立案管辖规定获取的证据材料,可以将其作为非法证据排除规则的适用对象吗?

在案例1中,律师就以柳州市公安局对走私案件进行立案侦查违反立案管辖规定为由,申请法院将侦查机关获取的全部证据予以排除。而在案例2中,律师也以武汉市公安局"恶意越权行使立案管辖权"为由,申请将侦查机关违法获取的证据材料宣告为无效。这其实只是两个普通的案例,诸如此类的案例还正在源源不断地发生,多得数不胜数。可以说,对于侦查机关违法越权行使立案管辖权的情况,我国律师界已经将其视为严重的程序性违法行为,并一致认为应当申请司法机关将有关证据材料予以排除。这几乎成为程序性辩护的一种常态。

但是,我国的非法证据排除规则奉行的是"有明文才有排除"的原则。也就是说,只有在法律明文将某种非法证据列为排除规则的适用对象时,司法机关才能将该证据予以排除或者不作为定案的根据。对于侦查机关违反立案管辖规定的侦查行为,无论是违反了职能管辖,还是违反了地区管辖或者级别管辖,司法机关尽管可以将其宣告为程序违法行为,却不得以此为由将由此获取的证据材料予以排除。因此,即便法院以本院没有管辖权为由将案件退回检察机关,侦查机关在违反管辖规定的情况下收集的证据材料,并不能被排除于法庭之外,而照样具有证据能力。

既然侦查机关违法越权行使管辖权的行为,不能被作为非法证据排除规则的适用对象,那么,律师在这一方面是否就处于无可作为的境地了呢?答案显然是否定的。

在前述案例1和案例2中,**律师都对侦查机关违反立案管辖规定的情况进行再三强调,并要求司法机关对侦查机关由此获取的证据材料宣告无效,或者直接予以排除。这显然给侦查机关、检察机关乃至法院都造成了强大的压力**。尽管法律并没有将侦查机关违反立案管辖规定的行为纳入非法证据排除规则的适用范围。但是,这些行为毕竟属于严重的程序性违法行为,对此行为的性质和后果,无论是侦查机关、检察机关还是法院,都是有所认识的。至少,这种违反立案管辖规定的行为,践踏了刑事诉讼程序,属于国家专门机关知法犯法的典型情形。这种程序性违法行为也意味着侦查机关不具有法定的侦查主体资格,而一个没有侦查主体资格的机关而从事的侦查行为,当然属于典型的越权行为。根据"越权即无效"的基本原则,无论是无管辖权而从事的侦查行为还是所收集的证据材料,都应被归于无效。不仅如此,很多侦查机关之所以强行行使立案管辖权,往往都是在经济利益驱动下进行的,也都与案件的结局存在事实上的利害关系。尤其是在个别侦查机关违法插手经济纠纷的案件中,侦查机关一旦启动立案侦查程序,就动辄对被追诉者采取查封、扣押、冻结、拍卖等财产处分行为,致使巨额涉案财物通过所谓"收支两条线"的系统被侦查机关"收入囊中"。一个与案件结局具有利害关系,甚至通过办案牟取利益的侦查机关,无论如何都是无法公正办案的,而往往会袒护一方而打击另一方,甚至为制造某种既定事实、维护某种既得利益而采取刑事追诉行为。这恰恰就是律师需要就管辖错误展开程序性辩护的原因之所在。

经验表明,**在侦查机关违法越权行使立案管辖权的情况下,假如律师对侦查机关、检察机关或法院施加强大而适当的压力,这些专门机关有时也会作出一定的妥协或让步**。尤其是在以下两种情况下,这种来自律师的压力还有可能促使案件发生意想不到的奇迹:一是律师强调侦查机关不仅严重违反立案管辖规定,而且违法插手经济纠纷,对一个普通的民事侵权或者合同纠纷案件违法采取刑事侦查措施,本案不构成任何犯罪;二是律师强调侦查机关违法越权行使立案管辖权,给嫌疑人本人或其所在单位造成极为严重的后果,办案活动本身带来极为负面的社会影响,甚至引起媒体的报道和社会舆论的强烈关注。

在前述两个案例中,律师的程序性辩护就产生了积极效果,促使案件发生了这种奇迹。在第一个案例中,律师不仅强调侦查机关违反管辖规定所收集的证据应被排除,而且强调本案事实不清、证据不足,全案证据没有形成完整的证据锁链,根本不构成检察机关指控的罪名。这些辩护意见结合起来,最终说服法院作出了准许撤回起诉的裁定。而在第二个案例中,律师首先强调本案属于由股权争议引发的民事纠纷,在实体上根本不构成挪用资金罪,然后再强调山东青州公安机关作出了不立案决定,武汉公安机关恶意违法行使立案管辖权,所获取的证据材料一律应被归于无效。律师还反复指出本案的刑事追诉程序已经走到尽头,唯有作出撤销案件的决定,才符合法律规定。这些辩护意见显然产生了积极效果,不仅促使当地法院将案件退回检察机关,而且促使案件最终被移交山东省人民检察院公诉部门进行审查起诉。

或许有人会说,这种将管辖错误和实体无罪结合起来的辩护,已经不再是纯粹的"程序性辩护"了。其实,实践的逻辑恰恰是一种实用的逻辑,而不必完全遵循理论的逻辑。在我国的司法环境中,司法机关对于可能出现的冤假错案、实体错误经常更为重视,而对案件在诉讼程序上的违法或者瑕疵则往往视而不见,这是一种在短时间内难以改变的现状。在此环境中,律师唯有将侦查机关的程序错误与实体错误结合起来,强调侦查机关不仅在立案管辖方面存在违法和越权行为,还任意插手经济纠纷,为获取经济利益而不惜制造假案错案,甚至强调管辖错误本身与案件的错误认定具有因果关系,这样的辩护意见才能对司法机关产生说服力,发挥力挽狂澜甚至扭转乾坤的作用。

如何开展量刑辩护

> 大多数刑事案件是没有无罪辩护空间的,律师也很难成为"大获全胜的英雄"。要有效维护当事人的利益,律师需要脚踏实地地开展量刑辩护工作,通过会见、阅卷、调查来发现有利于客户的既存量刑情节,还可以通过斡旋、协商、调解来创造出后发量刑情节。

根据刑事辩护的"五形态分类法",刑事辩护大体可分为无罪辩护、量刑辩护、罪轻辩护、程序性辩护和证据辩护这五种基本类型。其中,量刑辩护是随着我国刑事司法改革的逐步深化而发展出来的一种独立辩护形态。典型的量刑辩护,是指被告人及其辩护人针对公诉机关的量刑建议,围绕着各种量刑事实和量刑情节,来说服法院作出有利于被告人的量刑裁决的一种实体性辩护活动。如果说无罪辩护主要将检察机关的起诉书视为标靶的话,那么,量刑辩护的对象则是检察机关提交的量刑建议;如果说无罪辩护的目的在于推翻检察机关指控的罪名的话,那么,量刑辩护的归宿则在于在推翻检察机关量刑建议的基础上,说服法官接受本方提出的有利于被告人的量刑方案。

与此同时,量刑辩护也不同于罪轻辩护,后者一般是通过"先破后立"的方式来说服法院变更罪名的辩护形态,包含着先论证指控罪名不成立,然后论证一项新的较轻罪名成立的辩护过程,其目的尽管也是说服法官降低刑事处罚的幅度,使被告人受到较为轻缓的量刑处理,但是辩护操作方式却明显有别于量刑辩护。相比之下,量刑辩护是在不对指控罪名作出评论的前提下,单纯根据量刑事实和量刑情节所作的一种辩护活动。

传统上,律师普遍重视无罪辩护,甚至将无罪辩护的成功视为"刑事辩护大获全胜的主要标志"。但是,在绝大多数被追诉人都认罪认罚的情况下,律师的无罪辩护并没有太大的存在空间。与惊心动魄、带有强烈对抗性的无罪辩护不同,量刑辩护是一种更专业化和平常性的辩护活动。要对公诉方的量刑建议提出有力的质疑,要说服法院作出对被告人最有利的量刑裁决,律师需要掌握更多的专业技巧。

什么是量刑辩护?律师如何开展量刑辩护活动?我们可以从一个实际发生过的案例来进行分析和讨论。

案例

2009年6月11日,江苏省扬州市邗江区人民法院对被告人徐某某、胜某涉嫌贪污一案进行了公开开庭审理。两被告人对检察院指控的贪污犯罪事实不持异议，当庭表示认罪悔罪。法庭按照最高人民法院量刑程序指导意见的规定，在法庭调查阶段对两被告人的量刑事实进行了专门调查。公诉人对两被告人的量刑事实进行了举证，并接受辩护方的质证，对那些与犯罪事实重复的证据不再——举证。公诉人认为，被告人徐某某存在主犯、自首、退赃等量刑情节，被告人胨某具有从犯、退赃、认罪悔罪等量刑情节。两名被告人都没有就量刑事实向法庭提交证据。

徐某某的辩护人宣读了华东石油地质局六普大队汽车队出具的关于其工作表现的情况说明，以证明"徐某某一向表现良好，系初犯，可酌情从轻处罚"。胨某的第一辩护人认为胨在共同贪污犯罪中是从犯，"起辅助作用"，她还具有自首情节；并向法庭进行了举证，以证明胨某在未受到传唤和未被采取强制措施的情况下"即到检察院说明情况并将家里的存单全部交给检察院"，还向检察院投案，"交代了自己的犯罪事实"。

胨某的第二辩护人就被告人所具有的酌定量刑情节逐一进行了举证，宣读了其开庭前调查取得的六份证据：(1)凤凰社区居委会对胨某表现情况的"证明材料"；(2)丹阳市云阳镇大圣村证明材料、病历以及出院小结，证明胨某父母年老，其妹妹身患血液疾病，没有人能够照顾其儿子；(3)丹阳市凤凰社区居委会的证明材料及病历、出院小结，证明徐某某父母身体状况很差，没有能力照顾孙子，徐的弟弟患有严重精神病；(4)出生医学证明，证明被告人儿子4岁，需要父母照顾；(5)罚金收据，证明胨某积极缴纳罚没款，认罪态度较好；(6)丹阳市矫正办公室的情况说明，表示愿意对胨某进行矫正帮教。

公诉人当庭发表了"质证意见"，认为胨某不属于自首，而"辩护人提出的一贯表现及家庭情况不是影响定罪量刑的证据"，对上述酌定量刑情节的证据材料"不作答辩"。

在法庭辩论阶段，法庭在组织双方就定罪事实进行辩论后，还专门围绕量刑问题进行了辩论。公诉人首先发表量刑建议，认为被告人徐某某具有自首、主犯等情节，应当按照其所参与的全部犯罪进行处罚，但可以从轻或者减轻处罚；胨某在共同犯罪中起辅助作用，系从犯，应当从轻或者减轻处罚；徐某某自愿而且在胨某的帮助下退还了大部分赃款、赃物，应考虑从轻处罚；两被告人归案后认罪态度较好，且自愿认罪，可以"酌情予以从轻处罚"。公诉人建议对徐某某从轻处罚，在有期徒刑10—12年之间量刑；对胨某减轻处罚，在有期徒刑3—4年之间量刑。

被告人徐某某当庭表示"大部分事情都是我做的,我表示悔过,希望对我妻子(胜某)从轻处罚"。胜某则表示"我发自内心地忏悔,我错了,希望法院从轻判处"。

被告人徐某某的辩护人发表了量刑意见,认为:徐存在自首情节,应当减轻处罚;徐积极退赃,一贯表现良好,系初犯,可酌情从轻处罚;徐当庭自愿认罪,积极提供线索检举他人犯罪,应当从轻处罚。考虑到徐某某具有多项法定从轻、减轻和酌定从轻的情节,综合考虑本案案情,同时考虑两被告人之间的量刑平衡,辩护人建议对其处以10年有期徒刑以下的量刑。被告人胜某的第一辩护人提出了对胜某适用缓刑的量刑意见,认为:胜应当"成立自首",她不仅属于从犯,而且有别于一般案件中的从犯,应当从轻处罚;案发后胜积极退赃,应对其在法定刑以下处罚;胜有悔罪表现,取保候审期间随传随到,有改过自新的愿望;从被告人一贯表现来看,她无犯罪前科,系初犯、偶犯,户籍所在地的司法所社区矫正办公室亦表示愿意接受其回社区接受改造,说明她具有判处缓刑的客观条件,对其判处实刑不利于社会的和谐。被告人尚有4个老人需要赡养,还有一个4岁的孩子需要抚养,"如果夫妻俩都被判处实刑,将会形成社会不安定因素,给幼小的孩子造成创伤"。胜某的第二辩护人针对酌定量刑情节发表了补充辩护意见,强调了胜认罪态度良好,主动借钱缴纳罚金,一贯表现良好,没有前科劣迹,还有4位老人和一个孩子需要照顾,妹妹身体不好,小叔子患有严重精神疾病,失去自理能力,再次强调对胜适用缓刑的必要性。同时,考虑到被告人所在地的社区矫正办公室愿意提供帮教,对胜适用缓刑也是可行的,是可以避免其再次危害社会的。审判长听取双方的量刑辩论后,认为双方对徐某某自首、胜某系从犯以及两被告人自愿认罪、积极退赃等量刑情节不持异议,双方争议的焦点是徐某某应否适用减轻处罚,胜某是否构成自首以及如何适用刑罚,能否判处缓刑。围绕着审判长总结的争议焦点,控辩双方再次发表了量刑意见。公诉人坚持认为:徐某某犯罪数额特别巨大,主观恶性较强,不宜对其减轻处罚;被告人胜某是在检察机关已经掌握其犯罪线索的情况下到案的,不构成自首,但她是从犯,参与犯罪不具有主动性,主观恶性较小,积极退赃,有悔罪表现,胜某社会危害性较小、人身危险性不大,对其适用缓刑不至于再危害社会,辩护人出示的有关胜某的一贯表现和相关部门同意监管的材料,说明对其适用缓刑后,帮教、考察措施能够得到落实。因此,公诉人同意对胜某适用缓刑,并请合议庭考虑适当的缓刑期限。

邗江区人民法院经过法庭审理后认定,被告人徐某某系主犯,构成自首,积极动员家人退还赃款赃物,其量刑基准为有期徒刑13年6个月。经过对量刑情节的量化分析,根据同向相加、逆向相减的原则,应减少刑罚量3年。被告人胜某系从犯,主动退赃并积极为被告人徐某某退赃,当庭自愿认罪,犯罪前表现良好,其子年仅4岁,丹阳市社区矫正机关建议对其适用缓刑,并愿意接受其进行社区矫正和帮教。胜某依法不构成自首。经过对胜某量刑情节的量化分析,应确定量刑结果为3年有期徒刑。根据最高人民法院司法解释的精神,"减轻处罚在有期徒刑3年以下量刑的,一般不适用缓刑",但本案两被告人系夫妻关系,家中父母均已年迈,需要照顾,又有一年仅4岁的幼儿需要抚育,如两被告人均失去人身自由,将严重影响幼儿的身心健康和成长,不利于和谐社会的构建。被告人胜某犯罪前一贯表现较好,归案后悔罪态度好,其所在社区亦愿意接纳其为社区矫正对象,考察帮教措施能够得到有效落实,对其适用缓刑,不致再危害社会。从更好地维护未成年人的身心健康角度出发,综合以上因素,法院决定给予被告人胜某一定的考验期限。控辩双方建议对被告人胜某适用缓刑的量刑建议,予以采纳。最后,法院判处被告人徐某某有期徒刑10年6个月,判处胜某有期徒刑3年,缓刑3年。①

这是一个典型的量刑辩护案例。之所以认为该案例具有典型性,是因为两名被告人都作出了有罪供述,辩护律师放弃了无罪辩护,而只是通过提出一些法定的和酌定的量刑情节来说服法院从轻或减轻处罚。辩护律师没有对检察机关指控的贪污罪的罪名提出异议,也没有对侦查程序、公诉程序的合法性提出疑问,更没有对诸如起诉证据的证据能力、案件是否"事实清楚、证据确实充分"等方面的问题发表不同意见。显然,相对于传统的无罪辩护、程序辩护和证据辩护而言,这是一个较为单纯的量刑辩护案件。律师在开庭前对量刑情节专门进行详尽调查,法庭对量刑调查和量刑辩论的精心组织,以及控辩双方围绕量刑情节和量刑结果所展开的激烈争辩,都体现了律师量刑辩护的专业性。

(一)量刑辩护的一般思路

一般说来,最大限度地说服法院作出从轻、减轻或免除刑罚的裁决结

---

① 参见葛明亮:《邗江的量刑"实验庭"》,载《清风苑》2009年第10期。

果,是量刑辩护所要达到的诉讼目标。要成功地说服法院选择尽可能宽大的刑罚种类和刑罚幅度,可以将量刑辩护活动分为量刑信息的收集、量刑情节的遴选、量刑意见的提出、对公诉方情节和意见的反驳以及对法院量刑裁判的影响等多个环节。

第一,律师应考虑量刑信息的收集问题。

辩护律师通过查阅、研读公诉方移送的案卷材料,是可以发现有利于被告人的量刑情节,并进而完成量刑辩护活动的。但是,在大多数案件中,这种带有"被动防御"性质的量刑辩护都未必能够取得较为理想的辩护效果。这是因为,公诉方的案卷材料所记载的大都是侦查人员所搜集的有罪证据,其中尽管有诸如自首、累犯、主犯、从犯、惯犯等方面的量刑情节,但这些情节要么主要属于法定的量刑情节,而很少涵盖那些种类繁多、涉及面较广的酌定量刑情节,要么主要属于不利于被告人的量刑情节,而很难将那些有利于被告人的量刑情节包含其中。这就意味着公诉方案卷材料所包含的量刑信息是不完整的,也可能是不准确的。如果仅仅依赖这些信息量极为有限的量刑事实,辩护律师往往会遗漏大量有用的量刑情节,特别是那些酌定从轻量刑情节,使其难以出现在法庭上。结果,那些单纯依赖公诉方案卷材料开展量刑辩护活动的辩护律师,经常由于提不出新的量刑情节,而难以对法院的量刑裁决发挥积极有效的影响,只能听任法庭为公诉方的量刑建议所左右。

第二,律师应考虑量刑情节的遴选问题。

如何从那些繁杂的量刑信息中遴选出有用的量刑情节,以便说服法庭对被告人作出量刑上的宽大处理呢?通常说来,律师要从量刑信息中遴选出量刑情节,需要参考以下几个标准:一是能否证明被告人主观恶性较轻,或者后来有所降低;二是能否显示被告人行为的社会危害性较小,或者有所减轻;三是能否说明被告人再犯罪的可能性较小,或者事后有所减少;四是能否昭示被告人得到了被害方乃至社会的谅解……这些都是说服法院对被告人从轻处罚的重要理由,也是论证某一量刑信息是否有助于量刑辩护的主要依据。需要指出的是,辩护律师还需要区分既存情节和后发情节,并对不同量刑情节采取不同的调查取证方式。

第三,律师应考虑提出适当的量刑意见。

在完成量刑信息的收集和量刑情节的遴选之后,律师需要形成自己的量刑辩护意见。具体来说,律师根据每个量刑情节对量刑的影响,对各个量刑情节的法律评价进行具体的评估。传统上,律师可以对每个量刑情节分别作出是否需要"从轻处罚""减轻处罚"或者"免除处罚"的评价,并对那些可能带来"从重处罚"之后果的量刑情节予以关注。在此基础上,综合全案量刑情节的情况,提出对被告人适用刑罚的辩护意见。而根据最高人民法院向全国法院推行的量刑规范指导意见,律师可以在确定案件量刑基准的前提下,根据每项量刑情节对量刑的增减影响幅度,按照"同向相加、逆向相减"的原则,大体计算出一个量刑结果,然后据此向法庭提出有利于被告人的量刑辩护意见。

第四,律师应考虑对公诉方量刑情节和量刑建议作出有力反驳。

对于公诉方提出的量刑情节,辩护律师如果认为其在真实性、相关性或合法性上存在问题,可以论证其不能成立,说服法院将其排除在量刑裁判根据之外。与此同时,对于公诉方提出的量刑建议,辩护律帅如果认为在刑种的选择或刑罚幅度的确定上存在问题,可以对该建议进行反驳,以说服法庭拒绝接受公诉方所建议的量刑方案,从而进一步论证本方的量刑意见。在前面的案例中,公诉方最初建议对第二被告人适用3年有期徒刑的刑罚。辩护律师通过提出新的量刑情节并对量刑情节的法律影响进行综合论证,最终提出了建议判处缓刑的量刑意见。出人意料的是,公诉方竟然同意了辩护律师提出的量刑情节,并将本方的量刑建议最终修正为适用缓刑,从而形成了控辩双方一致建议适用缓刑的局面,为说服法院作出缓刑裁判奠定了坚实的基础。

第五,律师应考虑对法院量刑结论施加积极影响。

在量刑辩护活动中,律师除了要反复强调本方的量刑情节和量刑意见以外,还需要对这些情节和意见何以成立的问题,进行全面的说理和论证。这种说理和论证是辩护律师影响法官量刑结论的主要途径。不仅如此,假如初审法院拒绝接受律师的这些量刑辩护意见,律师也可以通过上诉审程序,向二审法院继续说明这些量刑情节和量刑意见,并论证初审判决的错误,以便说服二审法院作出撤销原判的裁决。

(二)既存情节与后发情节

在量刑辩护中,律师应注意区分两种不同性质的量刑情节——既存情节和后发情节,并据此形成两种不同的量刑辩护思路。

所谓既存情节,是指在案件发生之前和案件发生过程中形成的案件事实。除了常见的主犯或从犯、平常表现、家庭情况以外,还有诸如前科劣迹、立功嘉奖、被害人过错、作案手段、作案动机、作案时间、作案后果、主观恶性程度、案发后有无补救措施、犯罪预备、犯罪未遂、犯罪中止、是否为未成年人、是否患有精神疾病并属于限制行为能力人，等等。这些情节既有法定情节，也有酌定情节；既有在案发前出现的情节，也有与作案过程同步产生的情节；既有有利于被告人的情节，也有不利于被告人的情节。有些既存情节甚至还与犯罪构成要件事实发生了交叉或者重合。对于这类量刑情节，辩护律师需要尽可能将其中有利于被告人的情节予以完整搜集，全面提交给法庭，使其转化成为法庭据以作出从轻、减轻或者免除刑罚裁判的事实依据。比如，有关被告人构成主犯、从犯的事实，有关被告人平常表现的事实，有关被告人家庭情况的事实，等等。

那么，对于这类既存情节，辩护律师如何进行搜集和提取呢？原则上，辩护律师需要尽可能全面地进行发现和寻找，尽量不遗漏任何一项有利于被告人的量刑情节。通过阅卷和会见，辩护律师应当明确划定既存情节的范围，确定对这类情节调查的重点。一般来说，对于那些与犯罪构成要件事实发生交叉或重合的既存情节，如犯罪预备、犯罪未遂、犯罪中止、作案时间、作案手段、作案后果等，辩护律师应当通过阅卷和会见，尽量将其从纷繁复杂的案件事实中提炼出来，使其被列为用于证明应当从轻、减轻或者免除刑罚的辩方证据。而对于那些在案卷中根本没有得到记录的既存情节，辩护律师则需要进行专业性的调查取证工作。在胜某涉嫌贪污一案的辩护中，辩护律师没有拘泥于公诉方的案卷笔录材料，而是在庭前进行了大量的走访和调查取证工作，成功地获取了一些新的既存情节。比如，对胜某家庭情况的调查，获得了其父母年迈多病、孩子年幼、姐姐无力照料、公公婆婆患病、小叔子患有精神疾病等事实信息。这些没有引起侦查机关和公诉机关关注的事实信息，恰恰可以被用来说明对两名被告人同时判处有期徒刑，将不利于对双方父母的照料，不利于儿童的健康成长，甚至有可能使两个家庭陷入困境乃至出现更加严重的危机。辩护律师获取了多个证人的证言笔录，并获得有关部门出具的情况证明之后，将这一既存情节提交给法庭，从而为成功地说服法庭适用缓刑创造了条件。

所谓后发情节，则是指在案发后，在案件的诉讼过程中新出现的量刑情节，如被告人积极退赃、自首、认罪悔罪等事实，基层社区矫正部门提供的帮教条件和帮教方案，等等。除此以外，后发情节还可以表现为坦白、立功、刑事和解、认罪认罚、合规整改等多个方面。其中，坦白、自首、立功还属于较为常见的法定从轻、减轻处罚情节。刑事和解、认罪认罚尽管在传统的刑法理论中并不属于重要的量刑情节，但随着刑事诉讼法的不断修订，以及我国刑事司法改革的深入推进，这些后发情节已经被纳入法定情节之中，可以成为法院从轻、减轻甚至免除刑罚的重要依据。那么，对于这些后发情节，辩护律师究竟要做哪些调查取证工作呢？

与既存情节的搜集不同，后发情节更需要律师积极努力促成和创造。辩护律师通过阅卷和会见，发现案件具备成立自首、立功、刑事和解等情节的可能的，就需要与被告人进行充分的协商和讨论，在征得被告人同意的前提下，积极促成这些量刑情节。尤其是在案件没有无罪辩护空间的情况下，辩护律师需要说服被告人采取一种现实主义的态度，最大限度地挖掘后发情节。根据"律师画地图，被告人选择道路"的基本辩护原则，辩护律师需要将自首、立功、刑事和解等量刑情节的性质、构成要件、法律后果明确告知被告人，使其了解自己行为的后果和法律风险，从而保证其作出理性的选择。而在刑事和解的促成上，辩护律师可能要投入更多的精力，展现更多的法律智慧，通过积极斡旋和反复协商，尽力促使被告方与被害方达成赔偿协议，并最终说服被害方提交谅解协议书。通过这种艰苦卓绝的努力，辩护律师一旦成功获取了重要的后发情节，就可以为说服法庭选择较为宽大的量刑方案创造条件。

尽管既存情节和后发情节在发现和调取的方式上存在一些差异，但是，辩护律师要将这两类情节搜集起来，并说服法庭将其采纳为证据，都需要遵循证据调查的基本原理。原则上，与其他辩方证据一样，这些由辩护律师提取的量刑证据也要经历从证据材料向证据再向定案根据的转化。

首先，辩护律师将既存情节和后发情节搜集起来以后，需要申请法庭将其纳入法庭调查的对象。辩护律师所搜集的无论是实物证据还是言词证据，都仅仅属于证据材料，还并不必然属于证据。要使这些材料具备证据资格，辩护律师还需要将其提交给法庭，并说服后者将其纳入法庭调查的对象。

其次，辩护律师需要遵循"结果证据"与"过程证据"相结合的原理，在提交相关量刑证据材料的同时，还需要将搜集、提取、促成的过程材料提交给法庭。这些过程材料通常可以书面笔录等形式存在。例如，辩护律师要调取被告人的家庭情况，就既需要获取有关被告人父母年迈多病、孩子年幼、家人无力单独照料等的书面材料（结果证据），又需要对调查取证的过程作出记录，形成询问笔录（过程证据）。又如，辩护律师要说明被告人具备帮教条件,除了提交基层社区矫正部门有关具备帮教条件的证明材料(结果证据)以外,还需要对向社区矫正部门调查取证的经过作出详细的记录(过程证据)。通过将结果证据和过程证据同时提交法庭,辩护律师就可以说服法庭接受其调查的结论,也可以说明所调查的证据的真实来源、提取经过,以消除法官对其证据真实性的合理怀疑。

最后,辩护律师还需要论证本方证据的证明力和证据能力,以便说服法庭将其采纳为定案的根据。

第二部分
刑事辩护的智慧

刑事辩护的前置化
刑事案件的黄金救援期
刑事辩护的庭后延伸
专业化过程理论
阶梯理论
相似案例的援引
战略威慑理论
为权利而斗争
　　——法律边缘地带的辩护
政治问题法律化
适当利用社会和政治力量

刑事辩护的前置化

> 刑事辩护工作"宜早不宜迟"。对于行刑交叉案件,在整个司法机器"将生米煮成熟饭"之前,律师应开展实质性的辩护活动,尽量将案件阻挡在立案侦查的大门之外。

传统的刑事辩护是被告人在辩护律师的帮助下,通过在证据采纳、事实认定或者法律适用方面提出辩护意见,来说服法院作出无罪判决或者从轻、减轻、免除刑事处罚之裁决的诉讼活动。这种辩护基本上是以法庭审理为中心展开的抗辩活动。但是,我国刑事诉讼尚未真正形成以司法裁判为中心的诉讼构造。在法庭审理程序之前,存在着一个冗长、繁杂的审判前程序,侦查机关在此阶段会作出立案的决定,并对嫌疑人采取旨在剥夺人身自由的强制措施,对嫌疑人采取诸如通缉、搜查、扣押、监听、限制出境等一系列强制性侦查行为,甚至还会对涉案人的财产进行查封、冻结、拍卖、变现以及其他处置行为。这种审判前的处置行为具有如此严重的后果,以至于在案件进入法庭审理阶段之后,法院经常会认可侦查机关认定的结论,接受公诉机关的起诉意见,在绝大多数情况下都作出有罪的裁判。正因为如此,无论我们是否愿意承认,我国都实际存在着一种"侦查中心主义"的诉讼构造,法庭审理在一定程度上存在着流于形式、形同虚设的问题。

既然对案件处理具有实质性影响的程序是审判前的立案和侦查程序,那么,律师的辩护就不能仅仅着眼于经常流于形式的法庭审判阶段,而应延伸到立案和侦查阶段。考虑到立案才是侦查程序启动的标志,也是行为人具有"犯罪嫌疑人"身份的开始,更是侦查机关采取强制措施和进行专门性调查的根据,因此,假如能将案件阻挡在立案的程序大门之外,那么,整个刑事诉讼程序就无法启动,律师就可以在委托人与国家之间建立真正的"隔离带"和"防火墙",有效避免委托人的合法权益受到国家专门机关的威胁和侵犯。

当然,大多数案件的立案都是在侦查机关接到有关公民或单位的举报、报案、控告、检举乃至投案之后,才开始启动的。在这类案件立案前后,辩护律师通常还没有正式介入,当然谈不上为委托人提供法律帮助。不过,在那些由行政处罚案件转化而来的刑事案件中,律师有机会介入行政处罚环节,并以行为人诉讼代理人的身份,提供一定的法律帮助。尤其是那些涉及破坏市场秩序的刑事案件,更是存在着行政违法与刑事犯罪的交叉问题,大量此类案件都是由行政案件转化为刑事案件的。对于这类案件,如何有效地阻止一个行政违法案件被转化为刑事案件,如何成功地阻止侦查机关启动立案程序,经常是对律师专业技巧、能力的重要考验。

在司法实践中,在侦查机关对一个原本接受行政调查的案件作出刑事立案决定之前,行政机关通常都对案件进行过行政调查,并出具行政处罚决定书。对于这类行政处罚决定书,检察机关通常都将其列为提起公诉的证据,而刑事法官也会将其采纳为定案的根据。可以说,几乎所有行政机关都享有在特定领域内作出行政处罚的权力。而这些行政处罚案件一旦转化为刑事案件,行政机关所作的行政处罚决定,就面临着能否作为定罪证据的问题。如公安机关所作的交通事故责任认定书、环保部门所作的环境污染行政处罚决定书、海关对轻微走私行为所作的行政处罚决定书、工商管理部门对假冒伪劣商品所作的行政处罚决定、国家药品监督管理部门对制造假药行为所作的行政处罚决定,等等。

对于行政机关所作的行政处罚决定书能否作为刑事诉讼证据的问题,很多律师在辩护中都提出了疑议。通常情况下,这种质疑的成功率并不高。一些富有智慧的律师在辩护实践中另辟蹊径,进行了全新的探索。尤其是在侦查机关刚刚作出立案决定或者尚未立案之前,有的律师就展开了一系列实质性的辩护活动,使得辩护的展开大大提前,并在一些案件中取得了较好的辩护效果。在以下的案例中,一位上海律师就在案件由行政处罚程序向刑事诉讼程序转化的过程中,有效地开展了前置性辩护的活动。

案例

甘肃省陇西县辰宏药业有限公司(以下简称"辰宏公司")是一家从事中药材种植、加工、经营、仓储等业务的综合性企业,实际控制人是王某某。公司主要向陇西、渭源、岷县等地农户收购中药材,然后向福建聚善堂医药集团有限公司和甘肃扶正药业科技股份有限公司等下游企业提供中药材。

从2015年11月25日起,甘肃省定西市国家税务局稽查局(以下简称"定西市国税局")对辰宏公司2010年至2015年间的涉税情况展开了专案调查,认定该公司存在虚开增值税发票的违法情形,并于2016年4月29日作出行政处罚决定,认定辰宏公司的行政违法事实主要有:

1. "利用农户身份证明,虚构中药材收购信息,制造虚假的资金往来,虚开农副产品收购发票,抵扣进项税额"。具体事实是:根据该公司发票中开具的农户身份信息,经过调查取证核实,这些农户没有向该公司出售过药材,没有收到过相关款项，也从未收到过该公司开具的收购发票；而在该公司按照国税部门要求改为向农户转账支付收购款后，该公司有通过虚构农户、虚假转账等方式掩盖虚开农副产品收购发票的情况。

2. 该公司存在"无货虚开增值税专用发票"的行为。具体事实是：在该公司收到下游公司转来公司款项后，相应资金随即通过转账或现金存入方式流入几个个人账户，然后再回流至下游受票方相关人员账户；该公司会计凭证中开具的增值税发票记账联所附"销售货物或者提供应税劳务清单"，与调查所取得的下游受票方增值税专用发票所附"销售货物或者提供应税劳务清单"中的货物名称、数量和金额不符。

3. 该公司与接受虚开发票的企业联手，通过将购药款先转入公司账户然后再转回的方式进行虚假支付，或者在公司会计账面上编造虚假现金支付的表象，从而掩饰无实际药品购销业务虚开增值税专用发票的行为。这说明该公司"不存在真实的中药材购销业务，利用农副产品收购发票，虚开增值税专用发票，达到谋取非法利益的目的"。

定西市国税局认为，辰宏公司存在着开具"与实际经营业务情况不符的发票"的行为，存在着"没有货物购销或者没有提供应税劳务而开具增值税专用发票"的行为，违反了国家税务总局颁行的《发票管理办法》。定西市国税局最终认定辰宏公司的虚开增值税专用发票金额为7000多万元，税额达900多万元，对其处以罚款50万元的行政处罚。

2016年6月，北京盈科（上海）律师事务所代表辰宏公司，向甘肃省天水市中级人民法院提起行政诉讼，要求宣告定西市国税局所作的税务行政处罚决定无效，并予以撤销。同年9月，天水市中级人民法院作出行政裁定书，认为"该案已由公安机关作为刑事案件立案侦查，相关证据材料被移交至公安机关，刑事案件公安机关尚未侦查终结，故被告不能在法定期限内向本院提交作出行政行为的证据"，裁定"本案中止诉讼"。代理律师就上述法院裁定提出了"法律意见书"，认为本案不存在可以中止诉讼的情形，该裁定结论并无事实和法律依据，申请法院对本案行政诉讼开庭审理。

在继续代理行政诉讼的同时，律师开始为辰宏公司以及王某某提供刑事法律服务。但是，鉴于公安机关刚刚启动立案侦查程序，还没有对涉案单位和王某某本人采取强制措施，也没有在立案后进行第一次讯问，律师无法以"辩护人"的身份从事法律服务活动。两位律师只能以行政诉讼代理人的身份，为涉案单位和王某某提供法律帮助。

律师认为，本案关键的争议焦点在于涉案单位所采取的资金流转方式究竟是为应付真实药材购销贸易中的实际需要，还是为虚开发票所进行的虚拟资金流转行为，也就是涉案单位与上游农户以及与下游受票企业之间是否存在真实的交易行为。一方面，就上游收购环节而言，假如涉案单位与上游农户之间存在真实的收购药材交易，那么，即便其开具农副产品收购发票的行为与事实存有出入，国家税收也并没有受到损失，其行为并没有实际的社会危害后果。另一方面，就下游销售环节而言，只要下游购货单位保留完整的入库单据、化验检测记录、生产和销售记录等材料，就有可能证明涉案单位与这些下游企业之间存在真实的购销药材的交易。只要能证明这一点，那么涉案单位即便存在为下游企业无货而开具发票的行为，也不构成虚开增值税专用发票行为。

律师经过参与本案的行政诉讼过程，对于本案涉案单位与上游农户以及与下游企业的"真实交易"情况，作出了以下两个基本的事实判断：一是涉案单位收购上游农户的中药材几乎都是采取现金交易的方式，农户也没有提供身份证，没有留下原始的交易记录，因此为应对税务部门的规定和要求，便采取了集中找其他农户身份证开具农副产品收购发票的方法。二是涉案单位在将中药材送至下游采购企业后，部分企业确实没有保留完整的入库单据、化验检测记录以及生产销售记录。同时，下游企业出于交易便利的考虑，通常以六个月远期承兑汇票方式支付货款，但"由于远期承兑汇票银行贴现率较低，为尽快取得流动资金，涉案单位便将取得的承兑汇票拿到市场上贴现，于是就出现大量承兑汇票未入账的情形"。事后，出于会计平账的考虑，涉案单位就采取了让客户重复打款或者由相关个人账户打款代公司冲抵货款的做法。

为证明涉案单位与上游农户存在真实的中药材购销业务，律师以行政诉讼代理人的身份，进行了大量调查工作，收集到相关农户的书面证言，以证明上述真实交易的存在。与此同时，为证明涉案单位与下游二十余家企业发生过真实的药材购销业务，律师也以诉讼代理人的身份进行了艰苦的调查工作，收集到部分书证，如部分下游企业提供的中药材检验报告单、货物验收单、银行承兑汇票等材料。但是，律师在调查中也遇到一个难题，那就是无论怎么调查，都无法完整地再现涉案单位与上游农户和下游企业之间的真实购销业务。于是，在收集到部分书面证据的情况下，代理律师将这些旨在证明上述真实购销业务的材料提交当地公安机关，试图说服后者撤销案件，终止侦查程序。

这是一个典型的由行政处罚程序转化为刑事诉讼程序的案例。本案中的虚开增值税发票行为,既构成了行政违法,也被认为构成犯罪。国家税务部门作为行政机关,将行为人虚开增值税发票的行为认定为"行政违法行为",并作出了行政处罚决定。但就在律师接受行为人委托提起行政诉讼的过程之中,当地国家税务部门竟然将案件移送公安机关,后者以行为人涉嫌虚开增值税专用发票罪予以立案。在此行政处罚与刑事立案的交叉阶段,也是在公安机关尚未对行为人采取强制措施的情况下,律师以诉讼代理人的身份,既继续代理行为人提起行政诉讼的行为,又向公安机关提交了无罪辩护意见,试图说服后者将刚刚作出立案决定的案件予以撤销。应当说,原本担任行政程序"诉讼代理人"的律师,又承担起了刑事辩护人的责任,在行政处罚程序与刑事诉讼程序交叉地带进行了有效的辩护活动。

对于这类由行政处罚程序转化而来的刑事案件,律师究竟应如何为客户提供及时有效的法律帮助呢?

其实,任何一个人要被认定为法律上的"犯罪人",都要同时具备三个方面的条件:一是其行为在实体上符合特定的犯罪构成要件,构成特定的罪名;二是行为人经历了完整的、合法的诉讼程序,并被法院的生效判决确定为有罪;三是行为人的行为有确实、充分的证据加以证明,达到了排除合理怀疑的证明程度。与此相对应,律师在把握此类案件的辩护尺度时,也应从实体、程序和证据这三个方面展开有效的辩护活动,这样才能成功地将案件阻挡在刑事立案或者侦查终结的大门之外。

首先,来看实体上的辩护经验。

我国刑法分则第三章确立了大量由"行政不法行为"转化而来的"犯罪行为"。举凡生产、销售伪劣商品,走私,妨害对公司、企业的管理秩序,破坏金融管理秩序,金融诈骗,危害税收征管,侵犯知识产权,扰乱市场秩序等方面的刑事案件,几乎都同时触犯了刑法和相关的行政法律。在行为人的行为方式以及其他客观方面,这种行政违法行为与犯罪行为还具有较高的相似度,甚至在实践中很难被区分开来。因此,辩护律师面临着对同一类型的行为如何区分行政违法行为与犯罪行为的难题。

通常情况下,区分行政违法行为与犯罪行为的标准主要有:是否违反"国家规定";是否构成"情节严重";行为所造成的损失数额是否达到法定的标准……这就意味着一项行政违法行为唯有同时具备上述条件,才可能构成犯罪。而没有达到上述条件的行政违法行为,是无法完成向犯罪行为的实体转化的。在辩护过程中,遇有尚未达到上述实体条件的行政违法行为,辩护律师就可以从实体构成要件方面论证其不构成犯罪行为,从而阻止刑事立案和侦查程序的启动。

其次,来看程序上的辩护经验。

一项行政违法行为要转化为犯罪行为,在诉讼程序上要满足一系列特殊条件。案件要达到立案的标准,也就是"有犯罪事实发生"以及"需要追究刑事责任",否则侦查机关就应作出不立案的决定;案件要满足立案管辖、级别管辖以及地区管辖的条件,否则所进行的刑事诉讼活动就属于越权行为,可能失去法律效力;侦查机关所出具的鉴定意见必须符合法定条件,如鉴定人和鉴定机构必须具有刑事诉讼法所要求的鉴定资质,否则鉴定意见应被归于无效;在行为人逃匿或者死亡的情况下,刑事诉讼程序必须终止……

在案件有可能从行政处罚程序转向刑事诉讼程序的过程中,律师可以根据这些刑事诉讼程序上的条件和标准,来论证案件不具备刑事立案的条件,案件的管辖存在重大违法行为,行政机关所提交的鉴定意见不符合刑事诉讼法的要求,侦查行为不符合刑事诉讼法所确立的程序标准,等等。从而及时将案件阻止在刑事立案或者侦查程序的大门之外。

最后,来看证据法上的辩护经验。

需要明确说明的是,行政法意义上的"案件事实"与刑事法意义上的"案件事实"是不可同日而语的。在行政处罚程序中,对于行政违法事实的认定,通常只需要达到"高度盖然性"也就是民事诉讼意义上的证明标准。相反,基于无罪推定原则的要求,要达到对一个嫌疑人、被告人侦查终结、提起公诉或者定罪的程度,对"犯罪事实"的认定就必须达到最高的证明标准,也即"事实清楚,证据确实、充分,排除一切合理怀疑"的证明程度,基本上也就是使办案人员达到内心确信无疑的程度。正因为如此,那些貌似达到行政法意义上的"认定违法标准"的案件,却可能远远没有达到侦查终结、提起公诉的标准,更不用说达到法院定罪的标准了。基于这一理由,无论是行政机关出具的行政处罚决定书,还是对某一行政违法行为的认定函,都只是在认定行为人的行政违法事实的问题上具有法律效力,而对于确定行为人构成犯罪来说,还远远没有达到法定的证明标准。根据这一原理,律师可以将行政违法行为的认定与犯罪事实的确认加以区分,对于行政机关作出行政处罚决定的行为,在其尚未达到法定定罪标准的情况下,要强调其尚未达到侦查终结、提起公诉、定罪的标准,甚至就连批准逮捕的标准都无法具备。这就为将案件阻挡在侦查程序或者刑事立案的大门之外,提供了较为充足的依据。

除了行政不法行为本身不等于犯罪事实以外,行政机关所搜集的证据材料也不能直接转化为刑事证据。根据我国刑事诉讼法,行政机关在行政处罚过程中所搜集的物证、书证、视听资料、电子数据可以自动转化为侦查机关移送审查起诉的刑事证据,而不必再经过重新调查取证。但是,对于行政机关所搜集的当事人陈述、鉴定意见以及包括勘验笔录、检查笔录、搜查笔录、扣押清单、证据提取笔录在内的一系列笔录类证据,刑事诉讼法并不允许其直接转化为据以提起公诉的犯罪证据。基于这些规则,律师除了对行政机关所搜集的实物证据不予考虑以外,对于其他证据材料则一律要按照刑事诉讼法所确立的证据条件和资格,来加以重新全面审查。原则上,这些证据材料一旦离开行政程序,在刑事诉讼程序中就都不具有证据能力,也都应被纳入排除之列。对于这些证据材料,侦查人员都应进行重新调查取证,按照刑事诉讼法所确立的资格条件进行重新调取,重新制作笔录。律师遇到侦查人员将行政机关所制作的当事人陈述、鉴定意见等各种笔录证据作为指控犯罪之证据的,应当一律将其视为非法证据,并阻止其成为批准逮捕、提起公诉甚至定罪的根据。

在完全掌握上述三个辩护经验的基础上,律师可以借助于各种辩护手段和策略,向侦查机关说明案件不符合刑事立案和提起公诉的条件,并提出不立案或者撤销案件的建议。在这一方面,律师既可以及时地委托相关领域的专家出具专家论证意见,也可以与侦查人员进行面对面的交流和沟通,发表本方的辩护意见。当然,为了避免严重的对抗,防止行政机关强行将案件移送侦查机关,律师也应在征得委托人同意的前提下,与行政机关进行必要的协商和沟通,在接受罚款、没收违法所得等行政处罚方面,作出必要的妥协和退让。尤其是在那些罪与非罪的界限较为模糊的案件中,作出适当的让步,说服行政机关将案件自行处理,而不再移送侦查机关进行立案侦查,这应当是辩护律师有效维护委托人利益的万全之策。

刑事案件的黄金救援期

在书本和法律中,逮捕只是一种旨在保障刑事诉讼顺利进行的临时性措施。但在实践中,逮捕经常是"起诉的显示器",也是"定罪的前奏"和"刑罚的预演"。为将案件阻止在逮捕的大门之外,律师需要利用好刑事辩护的"黄金救援期",开展积极有效的诉讼救援行动,协助委托人实现"出罪"的目标。

在刑事辩护实践中,有关刑事案件的"黄金救援期"的说法得到律师界的广泛接受。所谓"黄金救援期",通常是指在侦查机关作出刑事拘留决定与检察机关作出批准逮捕决定期间,假如辩护律师展开积极有效的诉讼救援行动,成功地说服检察机关作出不批准逮捕的决定,或者成功地劝阻侦查机关实施进一步的刑事追诉行动,那么,案件就可以撤销案件而告结,辩护律师也就成功地协助委托人实现了"出罪"的目标。相反,假如辩护律师在这一阶段无所作为,贻误良机,没有进行有效的辩护,那么,检察机关的批准逮捕决定就会作出,侦查机关也就会将案件移送审查起诉。而等到案件进入审查起诉和审判程序,委托人获得无罪裁决的机会就变得十分渺茫了。这一事关委托人前途命运的关键诉讼阶段通常要经历 37 天的时间。因此,人们将其称为"37 天黄金救援期"。

本来,法庭审判才应当是刑事诉讼的中心环节,也是决定被告人命运的关键阶段。但对于那些事实不清、证据不足或者依法应当宣告无罪的案件,法院通常会选择"留有余地"的裁判方式,要么作出疑罪从轻的裁决,要么采取"实报实销"的裁判策略,也就是按照审前羁押的期限来确定自由刑的幅度,要么干脆与检察机关达成妥协,作出准许其撤回起诉的裁定。通常情况下,法院都尽量避免作出无罪判决,而采取一种灵活变通的裁判方式。

考虑到上述情况的存在,辩护律师不应将辩护成功的希望完全寄托于法庭审判阶段,而要将刑事辩护的视野向审判前阶段进行转移。前面所说的尽量将案件阻挡在刑事立案的大门之外,当然是刑事辩护所要追求的最佳结局。但作为一种退而求其次的目标,假如能将案件成功地阻挡在检察机关批捕的大门之外,也就意味着刑事辩护取得了一定的成功。这是因为,一旦检察机关不批准逮捕,侦查机关通常会作出变更强制措施(一般是变更为取保候审)的决定,并极可能作出撤销案件的决定;即便案件被移送审查起诉,检察机关也可能作出不起诉的决定;即便检察机关提起公诉,法院通常也会作出适用缓刑或者定罪免刑的裁决。在一定程度上,检察机关不批准逮捕的决定,意味着行为人要么被宣告无罪,要么被判处极为宽大的刑事处罚。正因为如此,辩护律师纷纷将检察机关作出批准逮捕决定之前的这一段时期,视为刑事辩护的关键阶段。

那么,律师在这一刑事案件的"黄金救援期"之内,究竟可以进行哪些辩护活动呢?下面我们以两个案例为切入点,来总结辩护律师在"黄金救援期"内的辩护经验。

案例 1

中国长城资产管理公司(以下简称"长城公司")是国务院下设的专门用于处置不良资产的国有独资公司,郭某某等人是长城公司呼和浩特办公室(以下简称"长城呼办")的工作人员。本案涉及的是长城呼办对华夏物行有限公司(以下简称"华夏物行")债权的处置问题。国资委信息中心和中国国际电子商务中心为本案的举报人,声称其属于华夏物行的设立股东。

华夏物行债权原是中国建设银行北京分行剥离的不良资产,2011 年 6 月被中信资产管理公司转让给长城呼办,其中涉及债权本息合计 6795 余万元,购入价值 350 万元。华夏物行债权在被长城呼办收购之前已经过四次转让,债务产生十余年,一直追偿未果。

2012 年,长城呼办委托北京首信律师事务所代理债权追偿事项。从 2012 年 7 月到 2013 年 2 月,代理律师先后两次向北京市第一中级人民法院提交了《追加被执行人申请书》,后都因故撤回申请。2013 年 2 月,代理律师第三次提交《追加被执行人申请书》,向北京市第一中级人民法院提出追加金茂国际投资有限公司(以下简称"金茂公司")、华夏物行、中信资产管理公司为本案被执行人。

2013 年 6 月 8 日,长城呼办向长城金桥金融咨询公司(以下简称"长城咨询公司")申请对华夏物行项目进行评估,并提供了相关材料。8 月 21 日,长城咨询公司沈阳代理业务部出具了《估值报告》,评估华夏物行债权可变现价值为 189 余万元,预期回收价值在 170 万元至 208 万元之间。

2013 年 11 月,长城呼办在完成了调查、评估、方案制作、处置公告之后,在天津金融资产交易所发布了包括华夏物行债权在内的六户债权的资产转让联合公告。12 月 6 日,北京融信道投资顾问有限公司(以下简称"融信道公司")通过天津金融资产交易所公开摘牌,以 195 万元取得华夏公司债权。

之后,长城呼办对华夏物行项目处置问题进行了相关调查,并与融信道公司进行了谈判,确定了华夏物行债权的收回事项,2014年5月整个债权收回事项全部完成。

2014年6月,买受人融信道公司向北京市西城区人民法院起诉,要求国资委信息中心、中国国际电子商务中心承担连带清偿责任。

2014年11月,国资委信息中心、中国国际电子商务中心向法院起诉,要求法院判定长城呼办与融信道公司债权转让无效。

2016年2月3日,中国国际电子商务中心向公安部递交了举报信,认为长城呼办相关人员故意隐瞒华夏物行股东金茂公司出资不实的事实,故意隐瞒国资委信息中心和该公司为债务人华夏物行的设立股东的事实,导致华夏物行债权总价值被人为地低估,使得6000余万元的债权最终被以195万元的低价转让给融信道公司,相关人员涉嫌徇私舞弊低价折股、出售国有资产罪。

2016年2月19日,长城呼办在收到上述举报材料后,通过与融信道公司相关人员的数次谈判,于4月17日达成《债权退回协议》,最终将195万元退回融信道公司,解除了这项不良资产债权转让交易。长城呼办将整个解除债权交易的过程和结果都及时通报给了公安机关。

2016年5月13日,内蒙古自治区公安厅对长城呼办负责人郭某某等五人以涉嫌国有公司、企业人员失职罪予以刑事拘留。同年6月,公安机关向内蒙古自治区人民检察院报请批准逮捕。

在公安机关申请报捕之际,本案辩护人介入,向内蒙古自治区人民检察院提交了辩护意见。为加强辩护意见的权威性和说服力,辩护人还请数名刑法和证据法专家对本案的法律适用问题进行了论证,并将专家论证意见提交检察机关。辩护方的辩护意见主要有以下几个方面:一是根据刑法规定,国有公司、企业人员失职罪属于结果犯,需要有损失结果的发生,而华夏物行债权的转让并没有导致长城公司发生现实的经济损失,而只是产生了发生损失的可能性和危险性,而长城呼办将华夏物行债权予以收回的行为,使得发生这种损失的可能性不复存在;二是不良资产转让和处置属于高风险的投资行为,与普通资产处置不同,因此对其损失的确定应当综合考量并作出整体判断;三是刑法要求本罪的成立需以行为人实施了严重不负责任的行为为前提,并由此导致损失结果的发生,但本案中长城呼办相关人员在处置华夏物行债权过程中严格依照法定程序办理,进行了资产评估,并根据资产评估的结果进行了债权转让,所获取的转让费用完全在评估报告所评估的合理范围之内,因此行为人不存在任何不负责任致使国有资产流失的行为。

在将辩护意见和专家论证意见提交检察机关之后,辩护人与检察机关负责审查批捕的检察官和相关负责人进行了会面,当面发表了辩护意见,论证郭某某等人不构成国有公司、企业人员失职罪的观点。

数日后,内蒙古自治区人民检察院对该案的两名涉案人员作出批准逮捕的决定,而对郭某某等三名长城呼办的高管,则作出不批准逮捕的决定。

在这一由公安部交办的重大案件中,律师在侦查机关采取刑事拘留措施后,紧急介入,除了组织法学专家出具一份专家论证意见之外,还与负责审查批捕的检察机关进行了及时沟通。在侦查机关打算将此案办成"标杆案件"的情况下,律师经过高效的积极沟通和充分协商,最终说服检察机关对其中三名嫌疑人作出了不批准逮捕的决定。这就为律师后面的辩护活动创造了较为有利的条件。

案例 2

2011 年 9 月 26 日,潘某某、杨某某、杨某作为云南省某县山金矿业开发有限公司(以下简称"山金公司")的股东,就股权转让问题与黄某某达成协议,将公司 95% 的股权以 3646 万元转让给黄某某,并签署了《股权转让协议》。双方于 2011 年 10 月 11 日办理了公司股东变更的工商登记手续,并对公司进行移交。2011 年底,黄某某以转让价格过高为由找到转让方,要求退还转让金。因双方未能就退还金额达成一致意见,黄某某向云南省某县公安局经侦大队报案,诉称"从潘某某处购买了一个矿山,经检验矿石品位较低,不具有开采价值,怀疑被潘某某骗了,请求查处并追回 3646 万元人民币损失"。随后,该县公安局对潘某某等四人进行立案侦查,因实施抓捕未果,遂以四人涉嫌合同诈骗为由,发布通缉令,在全国范围内进行网上通缉。

公安机关之所以认定潘某某等人的行为构成合同诈骗罪,主要是因为在潘某某等人与黄某某签订股权转让协议之前,黄某某一方对矿石进行采样时,潘某某一方存在向样本中掺杂高品质矿石的行为。潘某某等人的这一行为究竟是构成合同诈骗罪,还是仅仅属于一种民事欺诈行为,成为本案的一个重大争议问题。

案件发生后,逃亡在外的四名嫌疑人的家属委托云南的李律师担任本案的辩护人。辩护人经过初步的阅卷和调查,认为本案不构成合同诈骗罪。但鉴于公安机关已经插手这一民事纠纷,客观上与案件结局发生了一定程度的利益关系,并为此动用了刑事强制手段,采取传统的辩护方式肯定于事无补。假如辩护人坐等检察机关批准逮捕之后再进行实质的辩护活动,那么,检察机关提起公诉的可能性就会大大增加;而假如辩护人继续等待法院开庭审理,那么,根据过去的司法实践情况,以及当地公安机关、检察机关与法院的政治力量对比关系,处于政治弱势的法院,根本不可能作出无罪判决。考虑到以上因素,辩护人不得不直接面对公安机关,尽一切可能与其进行协商和讨论,以求使本案在侦查阶段撤销案件。

为增强本方辩护观点的说服力,辩护人委托几名法学专家对本案的法律适用问题进行了专业研讨,获取了一份专家论证意见。专家论证意见从三个方面论证了潘某某不构成合同诈骗罪的观点:首先,公安机关认为潘某某等利用矿山买卖合同诈骗,但是潘某某等与黄某某之间签订的是股权转让合同,所转让的是山金公司95%的股份,而根本不是矿山本身。其次,严格区分探矿权和采矿权,准确认定本案中股权转让协议中探矿权的内涵,是界定黄某某财物是否受到损失的关键,也是界定潘某某等人行为性质的核心问题。潘某某等人转让山金公司的股权只是使受让方获得探矿权,而非获得采矿权。作为受让方的黄某某无法通过获得探矿权而直接获得收益。因此,矿石的含量、品质等并不会直接影响黄学顺的利益。即使潘某某一方在签订股权转让合同之前存在掺杂矿石样本的行为,也不能由此认定潘某某等骗取了黄学顺的财物,受让方也没有受到经济损失。最后,应当严格区分合同诈骗罪与民事欺诈行为。即使本案中潘某某等人在黄某某一方进行矿石采样时存在掺杂优质矿石的行为,充其量属于一种民事欺诈行为,因为:在这一股权交易过程中,潘某某一方提供了探矿权、各种机械设备、林权证、林场用地证等,有实实在在的交易财物;潘某某等人掺杂优质矿石的行为对于股权交易的达成并没有起到关键的作用,所掺杂的矿石也来自山金公司在该探矿区所获取的优质矿石,而不是本探矿区以外的其他矿石,这根本不属于刑法意义的诈骗行为。

辩护人与负责侦查本案的公安机关进行了数次交涉,将上述专家论证意见连同律师辩护意见一起提交给办案人员和负责人,并向其当面陈述潘某某等人不构成合同诈骗罪的辩护意见。根据公安机关的建议,辩护人说服嫌疑人一方与黄某某一方解除了股权转让合同,将股权转让金予以退还。辩护律师的意图是说服公安机关解除通缉令,并最终将案件予以撤销。而此案件的最终结果，至今尚不得而知。

与案例1不同的是，案例2中的辩护律师面对着更为"凶险"的处境：四名嫌疑人被立案侦查，并遭到全国范围内的通缉，处于在逃状态；被害方与公安机关结成"利益共同体"，强迫嫌疑人方面解除原来签订的矿山转让合同，退还全部转让费；案件一旦被检察机关批准逮捕，或者被检察机关提起公诉，那么，四名嫌疑人几乎肯定会面临被定罪判刑的后果。在此情况下，辩护律师在获取法学专家出具的专家论证意见的基础上，向侦查机关提交了嫌疑人不构成合同诈骗罪的辩护意见。当然，为了说服公安机关撤销案件，辩护律师也在"被害方"与嫌疑人一方之间进行了大量的斡旋和协商工作，最终说服嫌疑人同意解除合同，退还"被害方"的转让费。这为最终说服公安机关撤销案件、解除通缉令扫清了障碍。

当然，有人可能对律师的这一做法提出异议：假如本案属于公安机关违法插手经济纠纷案件的话，那么，律师这种在所谓"被害方"与嫌疑人之间进行斡旋和妥协的行为，岂不是在为虎作伥吗？这难道不是在纵容极个别公安机关为满足私欲而滥用侦查权力吗？

这种质疑有些"义正词严"，也确实具有合理性。但是，在我国现行的刑事司法体制下，假如辩护律师采取与公安机关进行积极抗争的做法，很可能会耗时费力，难以达到说服其快速撤销案件的效果。而假如四名嫌疑人长期负案在逃，处于被通缉的状态，那么，他们正常的生活状态将长时间被打乱，其工作也将会受到极为不利的影响。况且，案件即便进入检察机关审查起诉和法院审判阶段，也难以得到公正的处理。考虑到上述诸多因素，嫌疑人一方的近亲属采取了一种协商和妥协的处理方式。而辩护律师不过是根据委托人的授权和同意，通过委托人的退让，而为其争取了快速撤销案件的结局。当然，假如委托人认为公安机关插手经济纠纷的行为是违法的，与"被害方"解除合同的行为也是被强迫的，那么，还可以继续委托律师通过其他途径来获取新的救济。

那么，在面对检察机关审查批捕或者公安机关发出通缉令的紧急情况下，辩护律师究竟如何在"黄金救援期"内展开辩护活动呢？

根据很多律师的经验，这一阶段的辩护活动应当从程序内和程序外两个角度加以展开。**在诉讼程序之内，律师应当通过研读现有的案件材料，对案件是否构成所指控的罪名进行快速研判。**经过研判，发现案件确实不构成犯罪的，应当尽快撰写出专业性的辩护意见，并尽快向侦查机关和检察机关提交。刑事诉讼法允许辩护律师直接向侦查人员提交书面辩护意见，也可以当面发表辩护意见。当然，这里所说的侦查人员还可以被扩展到侦查机关的负责人以及上级侦查机关。经验表明，律师直接与公安机关分管侦查的负责人进行对话，往往可以取得较为理想的效果。此外，我国刑事诉讼法也允许律师在审查批捕阶段向检察官发表辩护意见，或者提交书面辩护意见，这就给了律师介入审查批捕程序的机会。尤其是在那些正在推行"审查批捕听证程序"的检察机关，假如就审查批捕问题举行专门的听证会，辩护律师就可以获得参加听证会的机会，发表"被告人不符合逮捕条件"或者"没有逮捕必要"的辩护意见。

在诉讼程序之外，律师在征得委托人同意或授权的基础上，应当利用一切机会帮助其重获人身自由，或者说服侦查机关撤销案件。在法律允许的范围内，辩护律师可以与侦查机关、检察机关进行适度的协商和妥协，可以及时对被害方进行合理的退赔，也可以及时将涉案财物向侦查机关、检察机关予以缴纳。必要时，律师可以说服委托人在认罪悔罪的前提下，与被害方达成刑事和解协议。不仅如此，辩护律师还可以像前面两个案例中的辩护人那样，充分利用专家的经验、智慧和影响力，出具权威的专家论证意见，以便对侦查机关、检察机关施加最大的影响，促使其对案件作出尽可能公正的处理。

很多律师的经验都显示，在刑事案件的"黄金救援期"之内，律师应当利用一切资源在法律范围内进行积极的交涉和协商，与侦查机关展开有效的对话，与"被害方"进行一定的沟通和交流，必要时作出适度的妥协，以便说服侦查机关尽快作出撤销通缉令或者撤销案件的决定。那种在这一期间内无所事事、错失良机的辩护律师，显然是不称职、不合格的辩护律师；那种过于将希望寄托于审查起诉阶段或者法庭审理环节的做法，也难以实现有效的辩护。

刑事辩护的庭后延伸

> 律师在刑事辩护中无非从事两项活动：一是把自己的思想塞进别人的脑子里，二是说服别人把钱塞进自己的腰包里。前一个"别人"，大多是司法人员；后一个"别人"，通常都是委托人。

一般而言，刑事辩护一直是以法庭审判为中心而展开的诉讼活动。法庭审判既是决定被告人刑事责任的关键环节，也是辩护律师充分行使辩护权的重要阶段。我国律师界存在着一种带有"大专辩论会"性质的辩护文化，注重法庭调查阶段的当庭质证，更重视法庭辩论环节的侃侃而谈和滔滔而辩。不少律师甚至还把在法庭上发表辩护意见视为真正意义上的"辩护"。而在法庭调查和法庭辩论结束，直至被告人当庭作出"最后陈述"后，律师通常就终结了其辩护活动，不再为委托人提供任何实质性的法律服务工作。

但是，我国刑事审判长期盛行所谓的"定期宣判"，这种宣判方式意味着法庭审判与判决宣告之间存在着或长或短的时间周期，短的可能有一周或者数周，长的则可以达到数月、半年甚至一年以上。由于我国刑事审判难以贯彻直接和言词审理原则，更难以做到通过连续不间断的法庭审理来当庭形成裁判结论，因此，法院在法庭审理结束后，可以随心所欲地确定休庭的持续时间，从而导致"定期宣判"制度的滥用。而在这种诉讼各方等待法院判决的时间里，承办法官可能已经草拟了案件"审结报告"，合议庭可能已经进行了评议，并初步形成了裁判结果。但是，无论是承办法官还是合议庭成员，都不一定拥有对案件的终局裁判权。他们要么要向分管院长进行请示，要么要向审判委员会进行汇报。有些重大敏感案件还有可能向上级法院进行"请示汇报"，甚至还有可能向其他更具权威性的部门或者个人进行汇报，以求获得内部审批。所有这些内部请示汇报程序，都没有被写入刑事诉讼法条文之中，却成为我国刑事司法制度多年来屡禁不止的潜规则。2014年以来，随着"司法责任制"的逐步推行，"让审理者裁判"的改革措施得以全面推行，合议庭和独任法官在越来越多案件的审理中拥有了独立自主的裁判权，其裁判文书一般不再经过院长或庭长签发或者审批。这显然是一项重大的进步。但是，法院仍然保留了审判委员会制度，仍然保留了院长对"重大""复杂""疑难"案件启动审判委员会讨论决定程序的权力。这就使得法院院长仍然拥有干预合议庭或独任法官裁判案件的权威。而在法庭审理结束之后，下级法院遇有重大敏感案件或者上级法院指定管辖的案件，动辄向上级法院进行内部请示汇报,走所谓的"内核"程序,几乎成为普遍适用的潜规则。有些敏感案件甚至在基层法院一审判决宣告之前,都有可能被提交高级法院乃至最高人民法院,以便获得后者对下级法院裁判方案的认可。

司法决策机制的高度行政化把律师辩护带入了两难境地:一方面,正式的法庭审理程序已经结束;另一方面,决定案件结局和被告人命运的"诉讼活动"还在进行。在这种情况下,假如律师仅仅将其辩护活动局限在法庭上,仅仅着眼于向合议庭成员"灌输观点",那么,这无疑等于白白贻误战机,导致真正对案件拥有"裁判权"的个人听不到律师的声音,而仅仅根据承办法官或者合议庭所提交的充满预断和偏见的裁判意见,就秘密决定了案件的裁判结局。按照经济学常识,有什么样的市场需要,就会出现什么样的产品。我国现行的"定期宣判"制度使得审判者与裁判者发生严重的分离,律师要指望通过向合议庭成员发表辩护意见来影响案件的裁判结局,通常是难以产生积极效果的。既然如此,律师的辩护活动就不应仅仅局限在法庭上,而应延伸到法庭之外,乃至扩展到庭审之后。如何在法律框架内有效地展开庭审后的辩护活动,既是律师辩护面临的新课题,也是律师界需要重视的新的辩护业务增长点。

案例

2014年12月,某市人民检察院向法院提起公诉,指控被告人江某构成故意伤害罪。根据检察机关的指控,江某作为从事矿产开发的企业家,在将某矿产企业转让给高某的过程中发生了利益冲突,高某向公安机关举报江某有偷税行为,同时还向法院提起民事诉讼。法院根据高某一方的财产保全申请,对江某的矿产企业连同部分厂房设备加以查封。为解决此纠纷,被告人江某产生了通过"黑道"方法处理的念头。2013年5月底,被告人江某找到在娱乐场所担任保安经理的林某,希望通过非法手段促使高某停止举报和撤回民事诉状。林某又找到从事建筑承包的潘某,后者答应参与此事。2013年5月28日,被告人江某、林某与潘某见面,江某说了一些狠话。经江某许可,林某和潘某找到高某进行了言语威胁和暴力恐吓。事后两人向江某进行了汇报。被告人江某安排公司的一名高管王某负责与潘某联络沟通。此间,王某多次奉江某之命承诺给予潘某承揽工程等好处。林某和潘某表示有能力摆平此事,并表示会用暴力解决。期间,潘某向林某借款100万元,并承诺7月10日归还。2013年8月初,潘某因林某催逼债务,产生控制并殴打高某逼迫其撤诉之念,以期从江某处获取好处,以缓解经济压力。2013年8月10日下午,潘某纠集另外数人对高某进行绑架并反复殴打,逼迫其撤回对江某的民事诉状,致使高某死亡。事后潘某打电话向林某告知此事。

2015年5月20日,法院对此案进行了公开开庭审理,庭审持续了一天时间。公诉方的基本指控思路是,被告人江某以利诱方式对潘某实施了教唆伤害行为。在教唆的内容上,本案有一个"渐次传达逐渐明晰"的过程,一开始江某打算用"黑道手段",到最后才逐渐明确为针对人身的暴力行为。从潘某加入处理纠纷一直到潘某实施故意伤害,三被告人的言行使潘某逐渐意识到只要高某撤诉,自己就会获得很大利益。三被告人在此过程中传达的信息和意图,引起并逐渐强化了潘某的犯意。

本案据以认定江某教唆伤害的证据主要是四名被告人的供述笔录,而这些被告人要么作出了前后不一致的陈述,要么作出了相互矛盾的陈述。其中,江某的供述相对稳定,但就两次会见潘某时是否有诸如"用黑道摆平""教训一下"之类的言词,也有不一致的说法。林某和王某的供述相对稳定。潘某最初没有供出江某教唆伤害的事实,但检察机关单独起诉后,潘某翻供,作出了对江某最不利的供述。有鉴于此,被告人江某及其辩护律师为其作了无罪辩护。辩护方的辩护思路是本案认定江某教唆伤害系属事实不清、证据不足,没有达到排除合理怀疑的证明程度。

经过一整天的开庭审理,法庭完成了法庭调查和法庭辩论程序,被告人江某、王某、林某的辩护律师相继发表了辩护意见,被告人作出了最后陈述。

法庭审理结束后,一审法院迟迟没有作出宣判。担任被告人江某辩护人之一的李律师,在其他律师结束辩护活动之后,仍然坚持为江某从事各种庭后辩护活动。由于被告人江某涉嫌故意伤害一案存在着极为复杂的政治背景,高层曾有批示,加上被害方坚持进行申诉、信访活动,要求"严办雇凶杀人的富豪",此案一直久拖不决。一审法院曾委派分管刑事审判的副院长、刑庭庭长、承办法官向上一级法院进行"口头请示汇报",期望得到后者对其裁判方案的答复,但被上一级法院婉言谢绝。无奈之下,一审法院院长召集本院审判委员会开会,在听取承办法官的口头汇报后,形成了一份向上一级法院进行"书面请示汇报"的意见。根据这份意见,一审法院认为本案存在着三种裁判意见:一是认定被告人江某不构成故意伤害罪;二是认定被告人江某构成故意伤害罪;三是认定被告人江某构成寻衅滋事罪。一审法院将此审判委员会决定意见连同本案全部案卷材料一起报送上一级法院。上一级法院委派一名刑事法官进行阅卷和复查,刑事审判庭全体法官对案件进行了反复讨论,形成了支持下级法院第一种裁判意见的观点。在上一级法院院长召集的审判委员会会议上,院长听取了承办法官和刑庭法官的意见,要求"慎重处理","重新复查"。刑庭奉命指派另一名法官进行重新阅卷和复查。经过长达一年半的复查,上一级法院审判委员会重新开会,最终同意按照第一种意见进行处理。一审法院在得到上一级法院答复后,并没有立即作出无罪判决,而是以"案件审理期限到期"为由,作出了中止审理的决定。被告人江某等被作出了取保候审的处理。

那么,作为被告人江某的辩护人,李律师在一审法院庭审结束后进行了哪些辩护活动呢?

首先,李律师坚持与被告人江某进行不间断的会见。江某被羁押在另一个城市,李律师在长达一年半的时间里,风雨无阻,保持每两周会见一次的频率,与江某进行充分的沟通、交流和协商。

其次,李律师根据法庭审理以及庭后与承办法官正常交流中所获悉的情况,了解到本案的争议焦点,重新组织法学专家对本案疑难问题进行专家论证,形成了一份有针对性的专家论证意见,将此专家论证意见提交给一审法院,后来又提交给上一级法院刑庭全体法官以及审判委员会的全体成员。这份专家意见指出,现有证据无法证明被告人江某具有教唆伤害的行为和故意,潘某系因债主催逼债务,才产生控制并殴打被害人高某之念,期望从江某那里获取好处以缓解经济压力,潘某的绑架和殴打行为实属于独立意图支配下的行为,与江某的授意不存在任何因果关系。

再次,辩护律师与一审法院承办法官进行了深入的讨论和接触,试图说服法官接受被告人不构成故意伤害罪的辩护意见。在一审法官准备向上一级法院的请示汇报材料时,律师说服一审法官将被告人不构成犯罪的意见写入汇报材料,由此形成了被告人不构成故意伤害罪、被告人构成故意伤害罪、被告人构成寻衅滋事罪三种裁判方案,交给上一级法院加以定夺。

最后,辩护律师在征得被告人江某同意的情况下,与一审法院承办法官就赔偿被害方的问题进行了长时间的讨论和协商。本案拖宕久远的重要原因是被害方反复进行申诉信访,甚至诉诸媒体,形成社会热点事件。为安抚被害方,一审法院建议被告方支付一定数额的赔偿,以确保其息诉罢访。但被告方一方面对法院提出的高额赔偿建议难以接受,另一方面在坚持无罪辩护的同时,也认为,"如果无罪,何来民事赔偿?"甚至担心"支付赔偿金本身,可能就是认罪的表现"。但在辩护律师持之不懈的努力斡旋下,一审法院最终接受被告方赔偿 400 万元的方案,并答应以"抚恤金"的名义支付给害方。最终,在得到法院给出不作有罪判决的承诺之后,被告方将此款项交给了一审法院。

上述案件向我们展示了我国刑事审判制度的另一面:法庭审理并不是决定被告人命运的主要环节,庭审结束后进行的一系列内部请示报告程序,才是决定案件结局的关键阶段。在这一内部程序中,合议庭要向审判委员会进行汇报;法院要与检察机关进行协调;法院要考虑被害方申诉信访、新闻媒体反复炒作等因素,寻找"了结此案"的种种方案;一审法院要向上级法院进行请示汇报,期望得到上级法院对本院裁判方案的认可;上级法院为给出指导性意见,不仅指派专门法官进行阅卷审查,而且召开审判委员会会议进行反复讨论……这充分说明,假如律师仅仅将辩护局限在法庭审理过程之中,那么,案件就存在着严重的"辩护不足"的问题。被告人在其命运被决定的关键阶段,竟然失去了对裁判者施加影响的机会。

本案的辩护律师在法庭审理结束后,并没有停止自己的辩护活动,而是继续跟踪本案的内部决策流程,在对案件进展情况了如指掌的前提下,及时地进行了庭审后的延伸辩护服务。辩护律师不仅对在押被告人进行较为密集的会见,及时沟通案件进展情况,而且与一审法官保持紧密的工作接触,充分讨论了对被害方提供经济补偿的方式和数额;不仅根据一审庭审中出现的几个重大疑难问题,有针对性地组织了专家论证,出具了专家论证意见,而且还将此专家论证意见连同律师辩护意见提交给上级法院全体审判委员会委员。功夫不负有心人,在辩护律师的积极努力下,上级法院面对一审法院提供的多个裁判选项,没有接受其中的有罪判决选项,一审法院在接受了被告方提供高额"抚恤金"方案的情况下,最终作出了中止审理的决定。应当说,没有辩护律师坚持不懈的努力,本案要取得这样的诉讼结局几乎是不可能的。

本案律师取得辩护成功的经验表明,在法庭审理结束之后的内部决策程序中,律师仍然是可以大有作为的。当然,律师的辩护活动要延伸到这一环节,需要取得委托人的信任和授权,并需要妥善解决律师辩护费用的支付问题。这些都是需要律师与委托人充分沟通并最终达成协议的。与此同时,律师还需要及时掌握案件的进展情况,既要了解案件到了哪一具体环节,也要知晓法院迟迟不作出判决的原因和症结是什么,还要明白法院内部、上下级法院之间存在的争议在哪里。在掌握上述信息的前提下,律师可以与委托人进行及时沟通,确定下一步的应对方案。本案辩护律师所从事的这种有针对性的延伸辩护工作,既回答了法院内部所存在的疑问,又解决了法院的后顾之忧,还对有权作出最终决定的人进行了说服。这些都是本案辩护取得成功的重要因素。

在司法实践中,很多律师都善于"就事论事"地进行辩护活动。对于检察机关指控的罪名,律师一般都会从犯罪构成要件或者证明标准的角度来论证该项罪名不能成立。这种无罪辩护观点说起来十分容易,但要取得说服法官的效果,却是非常困难的。根据最高人民法院的统计数据,2015年,全国四级法院生效判决的无罪案件(被告人数)只有区区1000多人,而同时期法院生效判决的刑事案件(被告人)总数已经超过120万人。我国的无罪判决率已经低于0.1%。我们这里暂且不去深究造成无罪判决率如此低下的原因,而是要提醒律师朋友思考:在无罪判决率如此之低的司法环境下,律师如何说服法官接受自己的辩护观点呢?

在前面的案例中,辩护律师在庭审结束后就赔偿数额问题进行了艰苦卓绝的斡旋工作,一方面要尽力与委托人沟通,说服其接受一种"赔偿然后才能获释"的司法现实;另一方面也要向法官据理力争,强化一种"既然无罪何来民事赔偿"的道理。在此过程中,律师还要小心翼翼地操作,避免出现一种最坏的结果:"提供了赔偿也无法换来无罪裁判结局",以至于"赔了夫人又折兵"。在取得上一级法院的答复后,一审法院的法官总算遵守诺言,准备作出中止诉讼的决定。辩护律师见此情形,不失时机地说服委托人提交了400万元的赔偿金。为防止出现后遗症,律师还让法院开出了"抚恤金"的收据。如此一来,律师既为委托人争取到了比较好的诉讼结局,为下一步的无罪判决埋下了伏笔,也帮助一审法院解决了一个难题,避免被害方继续申诉信访,防止出现各种"政治风险"。

在一定程度上,**律师辩护所要追求的效果是说服法院作出无罪或者罪轻的裁判。但是,法官所要面临的却是如何"案结事了",避免案件出现后遗症或者社会政治风险的问题。这就是法官与律师的不同思维方式。**一个对法官的思维方式了如指掌的律师,在辩护过程中就不会仅仅着眼于委托人利益的维护,还要尽量站在法官的角度思考问题,协助法官化解可能的职业风险。如此才能达到说服法官接受辩护观点的效果。

根据文献记载,南宋大文豪苏轼曾被贬至一地任官,遇到一起债务纠纷，一个靠制作折扇的书生被控欠债不还。被告承认欠原告一些银两，怎奈钱款全都被投入折扇生产之中，而尽管折扇制作得极其精美，却乏人光顾购买，导致货物堆积如山，货款无法流转，资金链中断，无法及时偿还货款。但原告也并非富人，年关将至，借出的欠款无法收回，不仅难以维持原有的小本生意，就连一家老小的果腹都成问题。面对如此陷入两难境地的民事纠纷，苏东坡既没有选择一判了之，因为这只会带来"判决打白条"的后果；也没有选择"因为被告没有赔偿能力而拒绝裁判"，因为这无助于维护原告的合法权益。苏东坡的做法是让被告方将折扇运到官署衙门，亲自在上面题诗作画，全都署上苏东坡的大名。被告将这些折扇很快销售一空。被告获得了款项，立即还清了债务；原告获得了赔偿，摆脱了经济困境。案件最终出现了皆大欢喜的结局。

当然，苏东坡的这种裁判方式并不值得每一位法官加以效仿。不过，在**这种匪夷所思的裁判方式背后，确实存在着一种法官的思维方式，那就是不仅要作出公正的判决，还要追求案结事了，避免案件出现可能的社会政治风险，避免当事人陷入经济困境乃至生活绝境**。换言之，法官除了追求公平、正义等价值以外，还要兼顾社会的和谐和稳定。20世纪末出现在我国的刑事和解运动，就显示出唯有真正做到"社会关系的修复"和"矛盾的化解"，法官才能对案件加以了结，而不至于带来新的问题。而法官之所以形成这种思维方式，除了法律文化传统等因素的影响以外，还与法官所面对的绩效考核制度和奖惩机制有着密切的关系。

那么，律师在辩护过程中应当如何适应法官的这种思维方式呢？在法庭上，律师当然应当抓住一切机会，提出有利于被告人的证据、观点和主张，说服法官作出无罪或者罪轻的裁判结论。但是，**在法庭审理结束后，遇有案件面临政治风险或者当事人申诉信访压力的情况，律师的辩护活动不仅不应就此止步，还应该进行必要的延伸**。通过与法官进行正常的交流、沟通和协商，及时获取案件裁判的进展信息，了解案件裁判的症结之所在，这是律师庭外辩护的基本要求。在此基础上，律师在征得委托人同意的前提下，适度地**作出一些让步和妥协，从而换得法官对被告人作出较为宽大裁判的结局，实现委托人利益的最大化**。

专业化过程理论

> 根据一些资深律师的经验,只要接受了当事人的委托,成为辩护人,律师就应运用专业知识、经验和智慧,提出诉讼申请,展开诉讼交涉,发动诉讼对抗,必要时进行诉讼协商活动,以追求最有利于委托人的结果。对于这种辩护经验,我们可以称之为"专业化过程理论"。

什么是刑事辩护？传统的观念认为，刑事辩护就是根据事实和法律，提出嫌疑人、被告人无罪、罪轻或者减轻、免除刑事责任的材料和意见，维护嫌疑人、被告人的合法权益。这也被视为"辩护人的责任"。根据这一定位，律师在接受委托或者被指定担任辩护人之后，要争取一种有利于委托人的诉讼结局，这一结局或者是法律上无罪的裁判或决定，或者是从轻、减轻或者免除刑事处罚的结果。

应当说，通过推翻或者削弱公诉机关的指控，说服法官作出无罪或者罪轻的裁判，既是所有委托人所要追求的诉讼目标，也是所有辩护律师所要致力于实现的诉讼结果。但是，我们能否仅仅将最终的诉讼结果作为评价律师辩护质量高低的唯一标准呢？答案显然是否定的。原因很简单，即便律师全身心地投入到刑事辩护活动之中，准确地找到了辩护的要点，及时地提交了辩护意见，有针对性地展开了诉讼防御活动，但是，案件本身确实没有太大的辩护空间，或者司法机关或因为受到外部的强大压力，或因为自身存在着一定的司法不公情况，而拒绝接受律师的合理辩护意见，结果导致案件最终以法院定罪判刑而告结束。在此情况下，我们怎么能根据辩护结果的不如人意，来断定律师作出了无效辩护呢？

经验表明，一个案件的诉讼结局往往取决于多方面的因素。律师的辩护努力可能是促成理想诉讼结果的其中一项因素，但有时也未必是决定性的因素。最多，律师的辩护可能对某种理想结果的形成，具有一定的影响。既然如此，律师辩护的实质价值究竟何在呢？在委托人向律师提出种种要求，迫使律师进行一些超出其职责范围的辩护努力时，辩护律师究竟应如何应对呢？

根据一些资深律师的经验，只要接受了当事人的委托，成为辩护人，律师就应运用专业知识、经验和智慧，提出诉讼申请，展开诉讼交涉，发动诉讼对抗，必要时进行诉讼协商活动，以追求最有利于委托人的结果。具体说来，面对委托人对无罪结局或者罪轻结果的强烈诉求，律师应当具有一种职业定力，理性地确定辩护的思路，精准地把握辩护的路径，在与委托人进行充分沟通和协商的前提下,确定一套专业化的辩护方案,使得委托人的诉求被引导到这种层层递进的辩护过程之中。在这方面,律师辩护与医生的诊疗过程具有很高的相似度,因为医生面对患者及其近亲属所提出的挽救生命、恢复健康的强烈愿望,也必须根据病情提出一套专业化的治疗方案,并通过诊断、检查、确诊、手术、复查等一系列医疗程序,来尽力追求所预期的医疗目标。可以说,与医生的医疗过程一样,律师的辩护也是一种专业化的救护过程。即便患者患上了癌症或其他不治之症,医生也要对其不离不弃,展开有针对性的专业化治疗。同样,即便委托人严重触犯了刑律,遭受刑事处罚的可能性极大,案件辩护的空间并不大,律师也应尽到自己的辩护职责,最大限度地维护其合法权益。对于这种律师辩护经验,我们可以称之为"专业化过程理论"。

案例

2014年7月23日,江苏省某市某区人民检察院指控被告人周某犯故意伤害罪,提起公诉。某市某区人民法院对案件进行了开庭审理。

检察机关指控的基本事实是,2014年3月15日19时30分左右,被告人周某与亲属在某广场就餐后准备驾车离开时,遇到被害人王某某等人所驾驶车辆的阻挡。被告人周某遂下车与王某某协商倒车事宜,期间协商未果,两人发生口角,王某某将燃着的香烟弹到周某身上,并与周某发生纠缠。后被告人周某回到自己的车内,从驾驶员座位下拿出一把单刃尖刀,持刀与被害人王某某发生纠缠、推搡,在此过程中王某某被刀刺中腹部倒地,后经抢救无效死亡。

认定上述事实的相关证据包括被告人周某的供述以及证人王某某、周某某、邵某、高某、孙某某的证言笔录,以及某区公安分局法医学尸体检验鉴定书。

根据被告人周某的供述:"……当时比较激动就回到自己车子驾驶室从座位下拿了一把刀,提着刀就过去了,其子拉住不让拿刀,但他只夺下刀鞘,其把刀抽出来,继续向那人走去。对方看其拿刀就上来和其抢刀,其就紧紧抓住刀,旁边也有路人想夺,其妻子、儿子也上来想把其与对方分开好把刀拿走,但他们没有成功,反而被打了。就在纠缠夺刀时,站在对面和其对骂的那个男子突然就向后倒下了。"

证人王某、周某某、邵某、孙某某、高某的证言笔录,都证明王某某被刀所伤,而对于其受伤的具体过程,具体是来自何方的力量导致王某某受伤,是不是周某捅刺了王某某，均无法证明。

某区公安分局作出的法医学尸体检验鉴定书证明，死者左上腹创口，贯穿胃前、后壁，致下腔静脉离断，腹腔积血及凝血块达 3500ml，其尸表苍白，尸斑色淡，故王某某系被他人用单刃刺器刺破下腔静脉致急性失血而死亡。关于致伤方式，该鉴定书认定："死者左上腹创口，由表及里，刺破衣着，进入腹腔，刺穿前、后胃壁，致下腔静脉离断，程度严重，非自己形成。"该鉴定书的结论是，"王某某系被他人用单刃刺器刺破下腔静脉致急性失血死亡。"

经过阅卷、会见在押被告人，并向有关法医学专家请教和咨询，辩护律师认为，检察机关指控被告人故意伤害致死不能成立，被告人至多构成过失致人死亡罪。根据公诉方卷宗中记载的证据，尽管被告人在现场手持尖刀，但刀刃进入被害人腹腔却有三种可能性：一是被告人周某捅进去的；二是处于严重醉酒状态下的被害人，失去自控能力，在夺刀过程中自己捅进去的；三是在混乱的纠缠过程中，被害人随行的几名同伴误把刀捅进被害人身体。被告人周某尽管持刀在先，却没有伤害他人的故意，他应当意识到自己持刀的行为可能造成危害后果，却由于过于自信而造成被害人死亡的后果，这显然属于过失致人死亡行为。

针对公诉方鉴定意见所认定的死亡原因，辩护律师发现了一个重大疑点：被害人所受到的伤害是自上而下的贯通伤，刀口从被害人身体肩下部位进入，却从下腹部位出来。假如为被告人周某持刀捅入，那么，被告人就应手握刀把，从上向下用力。但根据周某的供述，他当时手持尖刀，刀刃冲向前方。加上周某的身高只有不到 160 厘米，而被害人则身高马大，足足有 175 厘米以上。而在当时被害人方面有四个人一起参与夺刀、斗殴和缠打在一起的情况下，被告人周某根本不可能从容不迫地改变持刀的方位，并高举尖刀，自上到下地实施捅人行为。这显然说明，公诉方鉴定意见所说的"他人用单刃刺器"刺向被害人，是根本不能成立的。

为论证自己的辩护观点，辩护律师在开庭前邀请了一位法医学专家，请他对鉴定意见出具了一份专家意见。在一审法院举行的庭前会议上，律师申请法院准许该专家以专家辅助人的身份出庭作证，得到了法庭的批准。在法庭审理中，经律师申请，法庭准许，该专家辅助人当庭进行了演示，以便说明一名身高不足 160 厘米的被告人，是不可能举起尖刀自上而下地刺向身高近 180 厘米的被害人的。这种由专家辅助人进行的当庭演示和讲解，取得了极好的辩护效果。

不仅如此,针对本案的量刑情节,辩护律师也发表了量刑意见。当时在被害人受伤倒地之后,被害人随行的几名同伴立即逃跑,被告人及其家属不仅没有离开现场,还拨打120急救电话,对被害人实行了救助行为;被告人主动拨打110报警电话,主动投案并承认行为过程,构成自首;案发后,被告人近亲属积极筹措资金,向被害方赔偿了120万元,并取得了被害方的谅解;本案的被害人带领多名同伴,向被告人进行挑衅,以言语和行为侮辱被告人,并殴打被告人的儿子,存在明显的过错,对案件发生负有责任。在法庭审理中,检察机关根据以上事实和情节,提出了判处6—8年有期徒刑的量刑建议。对此,辩护律师建议法院改判被告人构成过失致人死亡罪,建议判处缓刑。

同年12月19日,江苏省某市某区人民法院作出刑事判决书,认定被告人周某构成故意伤害罪,判处有期徒刑8年。根据这份判决书,"被告人周某故意伤害他人身体,致一人死亡,其行为已构成故意伤害罪。……被告人周某及其辩护人均提出,被告人周某的行为系过失致人死亡,而非故意伤害致人死亡;被告人及其辩护人提请的专家证人提出,被害人的死亡结果不能认定系被告人故意造成的唯一结果。本院认为,被告人周某与被害人发生纠纷后,在双方情绪十分激动的情况下,仍持单刃刀具与被害人纠缠,造成了被害人死亡的后果,其行为符合故意伤害罪的构成要件,故对上述辩护意见不予采信"。

被告人周某对上述刑事判决不服,向江苏省某市中级人民法院提起上诉。最终,该中级人民法院驳回上诉,维持原判。

在这一案件发生后,被告人近亲属都认为,周某过于冲动,持刀冲向主动挑衅的被害人,具有重大过错,且案件最终造成了被害人死亡的结果,周某确实应当承担适当的刑事责任。但是,对于检察机关指控的故意伤害致死,无论是被告人还是其近亲属,都是持有异议的。面对这一在无罪辩护方面几乎没有任何空间的案件,辩护律师的策略是作出罪轻辩护,也就是"打掉"故意伤害致死,说服法院改判过失致人死亡罪,从而将基准刑大幅度降低。在此基础上,根据本案存在的自首、赔偿、刑事和解协议、被害人过错等量刑情节,建议法院适用缓刑。为达成这一预期辩护结果,律师向法医学专家进行了请教,并积极参加庭前会议,说服法院同意专家辅助人出庭作证,并在法庭抗辩中取得了较为理想的效果。为推翻一审法院所作的不利裁决，律师还向法学专家请教，获取了专家论证意见，试图对二审法院施加积极的影响。最终，辩护律师的上述努力归于无效，二审法院维持了一审判决结果。

尽管案件的结局是令人遗憾的，辩护律师也没有说服法官接受其辩护观点，但是，根据"专业化过程理论"，律师在本案中进行了有理有据的辩护，在与委托人充分沟通并征得委托人同意的前提下，既确立了适当的辩护思路，也进行了专业化的辩护操作。对于律师的敬业精神和专业能力，就连被告人及其近亲属都不持任何非议，给予了高度的评价和认可。很多律师都有类似的体验，也就是在诉讼结局不尽如人意的情况下，委托人对其辩护没有提出异议，反而给予肯定和感激。这种情况，就如同医生虽经过极力抢救也未能挽救病人生命，却仍然赢得病人家属的肯定和感谢一样。这种情况之所以发生，恰恰是因为律师的尽职敬业精神和专业化辩护过程本身，成为感动和征服委托人的关键之所在。

那么，究竟应如何理解并运用这种"专业化过程理论"呢？

第一，获得律师的专业化辩护，是每一名嫌疑人、被告人的本能期望。在这一方面，**我们可以提出一种"癌症理论"，来对此作出解释**。一个人即便身患癌症，也就是通常所说的绝症，往往也会渴望得到最好的医疗。无论是其本人，还是其近亲属，都会遍访名医，寻求最好的药物和医疗设备，尽力挽救病人的生命。即便医生最终无力回天，病人及其近亲属也至少做到了不留遗憾。同样的道理，**一个嫌疑人、被告人即便"罪大恶极"，难有辩护的空间，他本人及其近亲属也期望获得最有名望律师的专业性辩护**。这既是委托人面对可能的定罪判刑后果所具有的正常反应，也是其近亲属基于对其"有所交代"的考虑所作出的必然选择。无论最终的诉讼结果如何，委托人及其近亲属都要"不留遗憾"，或者"尽到最大努力"。

正是基于这一考虑，在律师进入辩护工作状态之后，委托人一般都迫切期望律师尽一切努力，提供尽职尽责的辩护服务，不仅要找到适当的辩护思路，而且要采取具有可操作性的辩护方式。委托人不仅期望辩护律师提供"常规化"的辩护服务，如"例行公事"的会见、阅卷、调查取证等，还会要求律师穷尽一切法律救济手段，甚至在必要时要求律师提供一些法律之外的救济途径。例如，委托人可能要求律师与被害方进行商谈，积极促成刑事和解协议的达成；委托人会要求律师与检察机关或者法院进行必要的沟通和协商，在提供赔偿或者退回"赃款赃物"的前提下，求得法院作出较为宽大的刑事处理;委托人还可能要求律师聘请各个领域的专家,举行带有"专家会诊"性质的专家论证,或者委托专家作为专家辅助人出庭作证,尽力推翻公诉方鉴定意见。在必要时,委托人甚至可能要求律师求助于新闻媒体、人大代表或者政协委员,或者通过其他具有影响力的途径,对具有裁决权的司法机关施加积极的影响。

在很多情况下,即使上述辩护努力都是徒劳无功的,律师只要在辩护的操作过程中没有发生失误,也不存在消极怠工的情形,委托人也不会对律师加以责备,更不会采取诸如要求退费、向律协投诉等极端的举动。这一点,与患者对待医生的情形如出一辙。在治疗效果无法尽如人意的情况下,病人及其家属只要对其诊断行为和治疗过程没有异议,也就不会对医生加以指责,更不会追究其"医疗事故"的责任。而在辩护律师与委托人建立起相互信任、同心协力之关系的情况下,律师辩护的每一步都得到了委托人的理解、接受、配合和支持——律师的辩护思路得到了委托人的认可,律师的辩护操作方式也得到了委托人的接受乃至配合。在此情况下,律师"把案件辩护当成自己家的事情去办",也就足以达到征服委托人的效果了。

第二,**根据"专业化过程理论",辩护律师应当将委托人对某种理想结果的诉求,纳入到专业化的辩护过程之中**。面对委托人对某种结果的渴求,辩护律师应避免两种极端思维:一是不加拒绝地"大打包票",也就是满口应承下来,使得委托人产生不切实际的过高期望;二是不假思索地"一口回绝",也就是在实现该种结果方面不作任何承诺,使得委托人对律师辩护产生绝望之感。

有经验的律师通常都不会选择上述两种极端的沟通方式。面对委托人提出的达到某种诉讼结局的期望,律师应当进行实事求是的分析,发现对委托人有利的证据、事实和法律空间,同时也指出不利于委托人的证据、事实和法律观点。在此基础上,**律师应本着"律师画地图,被告人选择道路"的原则,提出两种以上的辩护思路,并分别制定相对应的辩护方案**。经过充分的沟通和协商,在帮助委托人找到恰如其分的辩护思路的情况下,律师应着手完善较为具体的辩护操作方式,从而找到达成上述辩护思路的具体路径。

在制定专业化的辩护方案的过程中,律师尤其要注重将一个总体辩护目标进行适当的分解,使其变成若干个虽微小却具有可操作性的具体目标。例如,为实现无罪辩护的总体目标,律师可以确定以下具体目标:申请变更管辖;申请排除非法证据;申请法院召开庭前会议;申请证人出庭作证;申请变更强制措施;与被害方达成刑事和解协议;申请二审法院开庭审理;申请二审法院发回重新审理;等等。只要在上述具体目标上取得一定的突破,就意味着律师的辩护取得了积极的进展。

根据"专业化过程理论",辩护律师需要进行一场刑事辩护观念的革命,也就是从"结果导向的辩护观"转变为"过程导向的辩护观",也就是在委托人动辄提出要达到诸如无罪、罪轻或者减轻、免除刑罚等理想目标的情况下,律师要为那些面对国家刑事追诉的嫌疑人、被告人提供一场专业化的陪伴和帮助,为其确定恰如其分的辩护思路,对其提供尽职尽责的辩护服务,穷尽一切法律内外的救济手段,从而尽可能说服权威的裁判者接受其辩护观点。律师的辩护过程越是走向专业化和精细化,就越有可能实现预期的辩护效果,也越有可能得到委托人的理解、接受、支持和配合。

阶梯理论

> 在无罪辩护空间不大的情况下,律师可以论证被告人构成另一较轻的罪名,说服法院作出宽大的刑事处罚。这样,律师就为法庭提供了一个"台阶",也就是提供了一种可替代的裁判方案。对于这种带有妥协性的辩护思路,我们可称之为"阶梯理论"。

在刑事辩护过程中，律师经常遇到公诉机关指控的罪名根本不能成立，但被告人有可能构成另一较轻罪名的情况。例如，公诉机关指控的罪名是故意杀人罪，律师认为被告人构成故意伤害致人死亡；公诉机关指控的罪名是受贿罪，律师认为被告人构成非国家工作人员受贿罪；公诉机关指控的罪名是故意伤害罪，律师认为被告人构成聚众斗殴罪或寻衅滋事罪；公诉机关指控的罪名是贪污罪，律师认为被告人构成职务侵占罪……

对此情况，律师通常都不会作单纯的无罪辩护，而是在论证公诉机关指控的罪名不成立的同时，还要论证被告人构成另一较轻的罪名。这种辩护带有"先破后立"的性质，目的是说服法官接受"由重罪到轻罪"的裁判思路转变。考虑到我国刑事司法体制的现状，律师要说服法院作出完全的无罪判决，通常是极为困难的。这就意味着律师仅仅作无罪辩护也是很难成功的。律师既要说服法院拒绝接受公诉机关指控的罪名，还要论证被告人构成另一新的罪名，并尽量说服法院按照这一新的罪名来作出裁判，并最终作出较轻的刑事处罚。这样，律师就不仅仅是在从事带有对抗性的辩护工作，还为法庭提供了一个"台阶"或者"阶梯"，也就是提供了一种可替代的裁判方案。这一裁判方案既考虑了辩护律师的需要，使被告人获得了较为宽大的刑事处罚，又兼顾了公诉机关的利益，避免了案件被宣告无罪的结局，使得法院在避免冤假错案与避免放纵犯罪之间找到了一种平衡，属于一种带有妥协性的裁判思路。对于这种带有妥协性的辩护理念，我们可称之为"阶梯理论"。

一位山东律师就曾作过这样一起成功的罪轻辩护。我们从中可以发现"阶梯理论"的生命力。

案例

2007年2月13日，山东省某市某区人民检察院对震惊全省的"8·28爆炸案"向法院提起公诉。起诉书指控被告人蒋某、杨某犯非法买卖爆炸物罪，被告人葛某犯非法买卖爆炸物罪、危险物品肇事罪。在案件进入审查起诉阶段后，被告人杨某的亲属为其委托了律师担任辩护人。

起诉书指控的犯罪事实是：2002年12月，被告人蒋某、杨某、葛某协议成立银光化工原料供应中心，经营化工原料并超出经营范围非法经营黑火药。在未经审批的情况下，私自租赁某区葛家村西养殖区内的房屋作为储存化工原料和黑火药的仓库。2006年8月28日10时许，该库房内储存的镁粉、铝粉等化工原料以及5吨黑火药发生爆炸，并引爆了该库房东侧的潍坊市葛家烟花厂私设的烟花爆竹成品库房，造成重大人员伤亡（死亡2人，伤22人）及财产损失（共计500余万元），严重危害公共安全。

接受委托后，律师到公诉机关查阅了案件的侦查案卷，到看守所会见了杨某，向其初步了解了案件情况。案件被起诉到法院后，律师又及时到法院查阅复制了全部案卷，认真研究了与被告人杨某有关的证据材料，又几次去看守所会见杨某，继续就有关事实向她作进一步核实。律师还查阅了大量烟花爆竹方面的专业技术资料，查询了国家有关爆炸物品管理的法律、法规。与此同时，通过听取杨某亲属的意见，与同案被告人蒋某的辩护人进行交流沟通，律师初步形成了辩护思路。

本案三名被告人被指控的非法买卖爆炸物罪，属于危害公共安全的故意犯罪，可能会带来很重的量刑后果。无论是就司法机关已经掌握的事实和证据而言，还是就本案的巨大社会影响而言，律师的无罪辩护空间并不大，而设法说服法院改变罪名，争取法院以属于过失犯罪、量刑较轻的危险物品肇事罪对杨某进行定罪量刑，显然是最为现实的辩护策略。况且，三名被告人对潍坊银光化工原料供应中心化学原料仓库的管理也确实存在失职行为，恰好能够符合危险物品肇事罪的构成要件。公诉机关指控三被告人犯非法买卖爆炸物罪，主要事实根据在于认定潍坊银光化工原料供应中心超出经营范围非法经营黑火药。要达到改变罪名的辩护目的，依据本案的具体情况，律师认为有两个突破口可供选择。一是推翻公诉机关作出的这一事实认定，二是即便该事实能够认定也使其失去意义，无法成为定罪的根据。为慎重起见，律师决定双管齐下，利用自己对本案证据、适用法律及烟花爆竹专业知识的精细掌握，初步确定了本案的两个辩护点：一是公诉机关指控潍坊银光化工原料供应中心购进并储存黑火药事实不清、证据不足；二是本案公诉机关起诉书中所指称的"黑火药"，不属于刑法中非法买卖爆炸物罪规定的"爆炸物"范围。

庭审过程中，律师同其他被告人的辩护人一起，围绕上述两个辩护点与公诉人进行了激烈的辩论。针对公诉机关提出的主要证据，律师进行了以下几方面的质证和辩论:一是蒋某的供述同售货单位任县烟花药料厂有关证人的证言在购买黑火药的数量上存在矛盾。二是蒋某的供述同四名装卸工的证言相矛盾。三是蒋某的供述与《爆炸物品购买证》的记载相矛盾。四是按照有关法律、法规,购买爆炸物品不仅须向公安机关申请开具购买证,同时还须申请开具《爆炸物品运输证》,但公诉人未向法庭提交该批货物的运输证,也未出示货物销售出库单和出库记录,加上供货方具体负责办理该业务的业务员和送货司机未能到案作证,导致这批黑火药是否从供货方运出,运到了何处,从证据上无法证明。五是本案也无其他证据证实爆炸发生前潍坊银光化工原料供应中心仓库内存有黑火药。六是有相反证据证实,2006年8月20日前后,与潍坊银光化工原料供应中心关系密切的葛家烟花厂从河北购进了5吨黑火药,这从购买的数量、大体时间、货物来源的省区上,同蒋某供述的5吨黑火药都相当吻合。同时,葛某称自己的葛家烟花厂的黑火药是从"滨州乐陵汇东烟花药料厂"购买的。但是,就本案有关事实和证据而言,客观上不能排除蒋某购买了5吨黑火药,但系为葛家烟花厂购买的合理可能性。综上可以得出结论,公诉机关提交的证据并不足以证实潍坊银光化工原料供应中心存在非法购买黑火药的行为。同时由于葛家烟花厂具有购买黑火药的资格,因此即使蒋某替该厂联系购进了黑火药,也不构成犯罪,本案其他被告人自然也不构成犯罪。

围绕本案涉及的黑火药是否属于刑法中的非法买卖爆炸物罪规定的"爆炸物"的范围问题,公诉人认为最高人民法院的司法解释明文将黑火药列入受刑法规范的爆炸物范围,因此本案潍坊银光化工原料供应中心在经营范围之外买进黑火药当然构成非法买卖爆炸物犯罪。对此,辩护人进行了澄清,指出:依照国务院行政法规、行政规章以及最高人民法院、最高人民检察院相关业务庭室人员的权威阐释,用来制造烟花爆竹的黑火药不属于司法解释所确定的"爆炸物"的范围,解释中规定为"爆炸物"的黑火药是指军用或者用来开山采矿的黑火药,不包括用来制造烟花爆竹的黑火药。

为说服法院接受本方观点,辩护人又进一步对"用于制造烟花爆竹的黑火药"和"用于制造烟花爆竹的烟火药"作出了区分。辩护人援引了国务院《烟花爆竹安全管理条例》第2条"本条例所称烟花爆竹,是指烟花爆竹制品和用于生产烟花爆竹的民用黑火药、烟火药、引火线等物品"的规定,认为用于生产烟花爆竹的民用黑火药、烟火药是并列规定的,由此已充分说明两者是完全不同的两个概念,互相不存在包容关系。因此,本案当中涉及的用于制造烟花爆竹的黑火药并不属于刑法规定的爆炸物范围,因此公诉机关对包括杨某在内的三名被告人以非法买卖爆炸物罪进行指控显然是错误的。

至此,辩护律师推翻了公诉机关有关非法买卖爆炸物罪的指控。为了保证被告人杨某能够最终获得从宽处理,辩护人又主动提出了杨某虽不构成非法买卖爆炸物罪,但同其他被告人一起构成危险物品肇事罪。同时,鉴于他在共同犯罪中所起作用较小,有自首情节,律师还提出了从轻、减轻处罚的辩护意见。

开庭审理结束后,法院经过合议庭评议,全部采纳了辩护人提出的辩护意见。一审判决书认定:根据国家相关规定,用于生产烟花爆竹的黑火药不属于民用爆炸物品,故本案中涉及的黑火药不属于刑法规定的犯罪对象,公诉机关对于被告人蒋某、葛某、杨某犯非法买卖爆炸物罪的指控不能成立。被告人杨某及其辩护人关于"被告人杨某的行为不构成非法买卖爆炸物罪,应定性为危险物品肇事罪,且被告人杨某系自首"的辩护意见于法有据,应予以支持。判决三被告人犯危险物品肇事罪,判处蒋某有期徒刑6年,葛某有期徒刑5年,杨某有期徒刑1年零6个月。辩护人成功的辩护,为被告人杨某争取到了最理想的结果。

在本案的辩护过程中,律师在成功推翻检察机关指控的一项罪名的同时,又说服法官认定被告人构成另一项较轻的罪名,并结合若干个从轻量刑情节,最终为被告人争取到了最为轻缓的量刑结果。由于没有单纯地进行无罪辩护,而是提出了一项替代性的定罪方案,这种辩护思路不仅没有彻底激怒公诉方,而且得到了法院的接受。这种由重罪往轻罪方向所作的辩护努力,经常为律师界所津津乐道,被奉为一条较为现实的辩护经验。

其实,除了上述由重罪改轻罪的辩护思路以外,罪轻辩护还具有另外两种表现形式:一是试图说服法官减少指控罪名的辩护,如检察机关指控被告人构成三个罪名,律师却提出被告人不构成其中部分罪名的辩护意见;二是说服法官降低犯罪数额的辩护,如检察机关指控被告人贪污或者受贿200万元,但律师却认为被告人获取其中100万元的行为不构成贪污罪或者受贿罪。

当然,这种罪轻辩护的正当性经常受到律师界的质疑。而在辩护律师与委托人没有进行有效沟通的情况下,就连委托人也有可能对这种辩护思路有异议。通常来说,这种"先破后立"的辩护会给人一种"律师充当公诉人"的印象，也就是在论证检察机关指控的罪名不成立的同时，还要提出一个检察机关未曾指控的新罪名，并向法庭论证该罪名的成立。不少人都批评律师超越了职权范围，成为事实上的"第二公诉人"。一些律师也坚持认为，律师的职责在于论证检察机关指控的罪名不能成立，至于判定被告人的行为究竟构成何种罪名，则并不是辩护律师的责任。

从理论上看，这种质疑不无道理。但从现实的角度来看，律师所进行的这种由重罪改为轻罪的辩护活动，实属无奈之举，属于在司法现实之下帮助委托人避免最坏结局的辩护策略。首先，**在我国现实的司法环境下，法院极少能作出无罪判决，作出准许检察机关撤回起诉裁定的情形也是较为罕见的**。既然如此，律师在提出无罪辩护意见的同时，就需要考虑，假如法院无法接受这种无罪辩护意见，假如律师的无罪辩护并没有取得成功的现实基础，那么，本着最大限度地维护委托人利益的原则，律师是不是也要转变观念，为委托人争取一种更为现实的利益呢？

其次，**我国刑法确立了很多带有包容关系的罪名，也就是一项重罪经常包含着若干项轻罪，或者构成轻罪可能是成立另一项重罪的必经途径**。例如：贪污、受贿、挪用公款包含着巨额财产来源不明罪；制造、运输、走私、贩卖毒品包含着非法持有毒品罪；故意杀人包含着故意伤害、过失致人死亡等罪名；抢劫包含着抢夺罪；等等。而在司法实践中，律师经常发现被告人尽管不构成某一重罪，却可能无法逃脱另一项较轻的罪名，要说服法官作出被告人不构成任何犯罪的判决，几乎是不可能的。在此情形下，律师论证被告人不构成被指控的重罪，而构成另一较轻的罪名，这种辩护思路显然更容易为法院所接受。

最后，**我国刑事诉讼法允许法院作出变更起诉罪名的裁决**。我国法律并没有确立较为严格的"诉因"制度，法院对认定事实和适用罪名可以分别作出相对独立的评价。因此，法院在不改变起诉事实的前提下，可以在认定检察机关指控的罪名不能成立的同时，直接判定被告人构成另一项罪名。当然，随着刑事诉讼立法的发展，这种变更罪名的裁判方式已经开始受到越来越严格的程序限制。例如，法院在变更罪名之前会告知控辩双方，听取双方的意见，并给予被告人及其辩护人进行防御准备的机会。但无论如何，这种允许法院变更起诉罪名的制度，使得律师的罪轻辩护具有了较大的空间。辩护律师通常会有这样的想法：既然法院可以作出变更罪名的裁决，那么，律师为何不说服法官将重罪改为轻罪呢？这难道不是另一种形式的"量刑辩护"吗？

从根本上说，律师通过这种"先破后立"的辩护活动，为处于两难境地的法院提供了一个台阶或者"阶梯"，一方面使法院选择了一个较为合适的罪名，使得案件以宣告有罪而告终；另一方面也使法院坚守了正义的底线，没有按照检察机关的起诉思路，对被告人判处一个根本无法成立的较重罪名。而一旦接受了律师的这种辩护思路，法院也可以避免检察机关的激烈反应，尤其是能够防止检察机关动辄采取提起抗诉的举措。正因为如此，这种带有妥协性和现实性的辩护思路，在司法实践中受到刑事法官们的普遍欢迎，具有较大的存在空间。

那么，律师应如何运用好这种辩护策略呢？

基于忠诚义务的考虑，律师应当从委托人利益最大化的角度出发，按照由重罪改为轻罪的原则，为委托人争取最优的量刑结局。律师绝对不能追求一种更为严厉的裁判结局，这是不可突破的职业底线。例如，律师不能在推翻挪用公款罪的同时，论证被告人构成贪污罪；律师不能在论证过失致人死亡不成立的情况下，试图说服法官宣告被告人构成故意杀人罪；律师也不能在论证被告人不构成非国家工作人员受贿罪的情况下，说服法官判处受贿罪……律师所作的这种辩护之所以被称为"罪轻辩护"，原因就在于律师所作的努力是"由重到轻"的辩护，而不是往相反方向进行努力。从根本上说，这种罪轻辩护仍然属于一种广义上的"量刑辩护"。只不过，这种辩护并不仅仅局限于从量刑情节的角度说服法官作出从轻、减轻或者免除刑罚的裁决。而是通过说服法官将重罪改为轻罪，或者减少检察机关起诉的部分罪名，又或者降低检察机关指控的犯罪数额，从而取得大幅度降低量刑幅度的效果。

与此同时，**基于有效辩护原则的考量，律师在从事这类辩护活动时，应当与委托人进行充分的沟通和协商，并取得委托人的同意或授权**。毕竟，这种辩护所追求的并不是无罪裁判结局——它可能使委托人背上另一项新的罪名。假如律师在被告人不知情、不同意甚至表达异议的情况下，仍然固执己见，或者以所谓"独立辩护，不受委托人意志左右"为由，坚持从事这种辩护活动，那么就容易导致辩护律师与委托人同室操戈，当庭发表不一致甚至相反的辩护意见。这显然就构成一种无效辩护。为避免这种与委托人在表达辩护意见方面"相互对立"的局面，律师应当充分地尽到沟通和协商的义务，将自己的辩护思路及时告知委托人，并对这一思路进行充分的论证和说明。唯有在说服委托人同意接受这一辩护思路的情况下，律师才可以全面运用这一策略，展开由重到轻的辩护活动。相反，在再三劝告而无法说服委托人的情况下，律师就不能擅自从事这种辩护活动，而只能作两种选择：要么在征得委托人同意的情况下，从事单纯的无罪辩护；要么在无法接受委托人意思的情况下，解除委托关系，退出本案的辩护活动。而在后一种情况下，律师也应给予委托人重新聘请辩护人的机会，只有在不妨碍委托人有效辩护的情况下，才可以彻底退出本案的辩护活动。

相似案例的援引

> 一些有经验的律师在遇到那些在适用法律上存有争议的案件时,除了查阅法律条文、司法解释以外,还养成了查阅相关案例的习惯。通过搜索相似案例,可以发现法院的裁判逻辑和裁判理由,来获得辩护的灵感,形成辩护思路。在一定程度上,援引相似的案例,已经成为律师有效说服法官的方法之一。

从法律渊源的角度来看,我国基本上属于成文法国家,不实行判例法制度,法院的判决无法形成具有法律效力的"判例法",具有法律效力的规范还主要是法律和司法解释。但是,随着指导性案例制度的逐步发展,我国已经存在两种类型的"指导性案例",对于法院审判相似案件具有"参考"作用:一是《最高人民法院公报》公布的案例;二是最高人民法院公布的指导性案例。这两类案例尽管来源于全国各级法院发布的生效裁判文书,却都是由最高人民法院审判委员会讨论确定的。其裁判理由和所生成的规则对于以后的审判具有参考价值,最高人民法院甚至允许各级法院在裁判文书中援引这些指导性案例。不仅如此,最高人民法院还陆续通过各类连续出版物发布了一系列案例,其中影响最大的当属最高人民法院主办的《刑事审判参考》。该刊物上的案例分析由各级法院法官撰写,通常由最高人民法院的法官予以审校,既陈述了案件的裁判结果,也详细阐述了裁判理由和法律适用意见,对于法官办案具有极大的参考价值。这类出版物上刊登的案例尽管并不具有"指导性案例"的效力,却对各级法院审判案件具有理论参考意义。

如果说法官审判案件都要援引指导性案例的话,那么,律师在刑事辩护中为论证某一法律观点,特别是那些存在争议的法律适用观点,应否援引相似案例呢?答案显然是肯定的。律师的辩护主要从事实认定和法律适用这两个角度展开。在法律适用方面,当遇到重大、复杂或有争议的法律问题时,律师通常可以援引法律和司法解释的规定。遇到法律和司法解释没有现成答案的问题,律师还可以从学理上进行分析,找到足以支持本方观点的理论依据。近年来,一些律师在辩护词中开始援引法律学者的学术观点,这是一个值得关注的现象,标志着我国的刑事辩护开始从机械地套用法律条文,逐步走向注重法理分析。但是,要真正说服法官接受本方的辩护观点,仅仅注重对学术论述的援引还远远不够。这一方面是因为在法律和司法解释缺少明确规范的情况下,有关法律问题通常都存在较大的争议和分歧,法官未必会接受某一学者的见解。假如遇到法官对某一学者的观点严重抵触的情况,这种辩护还会产生适得其反的效果。另一方面,随着司法实践的发展,我国各级法院在各种法律适用问题上都形成了一些不成文的惯例。这些对法官影响极大的司法惯例,往往体现在那些裁判文书之中,成为法官思维方式的书面载体。正因为如此,律师在辩护中要认真研究法官的思维方式和裁判惯例,就离不开对相似案例的搜集和把握。

援引相似案例固然属于十分重要的辩护经验,但真正将其付诸实施并取得良好辩护效果的案例却十分罕见。笔者经过艰苦的资料搜集,查阅过数百篇辩护意见,发现援引相似案例已经成了一些律师的一种执业习惯。例如,广东某律师接手一起刑事案件时,在通过会见、阅卷和调查等了解案情之后,通常会查阅相关法律、司法解释和相关案例,然后形成自己的辩护思路。湖南的一位律师则经常援引《刑事审判参考》刊登的相似案例,以佐证自己的辩护意见。这些律师通过援引这些相似案例,在一些案件的辩护中取得了积极的效果。以下是两位律师援引相似案例进行辩护的两个案例。

案例1

被告人张某被指控非法收购17件重达2.6千克的犀牛角制品真品,价值超过65万元,构成非法收购珍贵、濒危野生动物制品罪[1]。律师认为,此案的唯一出路就是"无罪辩护坚持到底"。为说服合议庭成员,律师从案件事实、行为定性、鉴定意见、在案证据、法益保护、司法实务裁判惯例、媒体报道、国外规定、无法排除合理怀疑等方面进行阐述,秉持"不留死角、无罪辩护到底"的抗争姿态和铸就经典的办案理念,进行了坚韧不拔的努力,最终成功地说服法院作出无罪判决。

律师的辩护意见主要从七个方面论证了被告人张某持有涉案物品的行为不构成非法收购珍贵、濒危野生动物制品罪:一是公诉方提供的两份鉴定意见,因为鉴定机构不具备法定资质、鉴定程序违法、鉴定方法不科学,无法排除涉案物品系文物古董之合理怀疑,依法不能作为定案的根据;二是公诉机关没有证据证明张某持有涉案物品的行为具有刑事违法性;三是在案证据只能证明张某持有涉案物品,无法证明张某实施了非法收购珍贵、濒危野生动物制品的行为;四是张某没有非法购买珍贵、濒危野生动物制品的故意;五是张某合法收藏老旧犀牛角文物古董的行为受《文物保护法》规范;六是《法制晚报》所刊登

---

[1] 该罪名于2021年2月22日被最高人民法院、最高人民检察院《关于进行〈中华人民共和国刑法〉确定罪名的补充规定(七)》取消,改为"危害珍贵、濒危野生动物罪"。本案发生在此之前,特此说明。

的文章观点印证了张某在正规经营场所购买和收藏涉案物品的行为不构成犯罪;其七是从司法实践的角度来看,本案无法得出张某构成犯罪的结论。

在司法实践中,认定行为人构成非法收购珍贵、濒危野生动物制品罪的关键在于买卖行为的非法性。而假如出卖人具有合法经营利用许可证而出售野生动物制品,买卖行为就属于合法行为,也就不追究买卖双方的刑事责任。为证明这一观点,律师援引了北京市第一中级人民法院判决的支雁伟非法出售珍贵、濒危野生动物制品案的判决书[(2006)一中刑终字第02734号刑事判决书]。该法院认定被告人构成犯罪的主要依据是"在没有《北京市陆生野生动物经营利用许可证》的情况下,出售从他处购进的国家明令禁止的珍贵、濒危野生动物制品象牙观音雕像"。

与此同时,观察各地法院对非法收购珍贵、濒危野生动物制品案的刑事判决书,可以发现无一例判决是在缺少出售人相关证据、无法证实出售行为具有违法性的情况下,对收购人进行定罪量刑的。律师援引了广州市荔湾区人民法院(2014)穗荔法刑初字第386号刑事判决书,被告人黎某被指控犯有非法收购珍贵、濒危野生动物制品罪,但"该案仅有被告人供述,控方没有证据证明涉案的羚羊角是在1997年之后购买的"。在没有其他证据加以佐证的情况下,法院对控方指控不予支持。同样的道理,本案除了张某的供述以外,公诉机关也没有证据证明张某购买涉案物品的确切市价和确切来源,无法排除合理怀疑,仅能证明张某持有涉案物品,而无法证明其非法收购该项物品。

应当看到,律师在这一案件中并没有引用最高人民法院发布的指导性案例,甚至连《刑事审判参考》中的案例也没有援引。律师所引述的是一些地方法院已经有生效判决的相似案例,并认为这些案例代表了司法实践的惯例和刑事法官的裁判逻辑。这显然说明,部分律师已经有了援引相似案例的想法和实践,并已经认识到这种援引对于说服法官接受辩护观点的价值。从辩护效果来看,这种援引无疑大大加强了论证的说服力,使得合议庭成员更愿意接受律师的辩护意见。尽管法院的无罪判决书并没有直接接受律师对相似案例的援引,但至少可以断言的是,这种援引对于说服法院作出无罪判决产生了积极的促进作用。

案例 2

2014年10月30日,湖南省某市中级人民法院经过开庭审理,对某市人民检察院指控的被告人岩某、李某犯贩卖、运输毒品罪一案作出判决,判处二被告人死刑立即执行。被告人上诉后,湖南省高级人民法院经开庭审理,于2015年9月21日作出刑事裁定,驳回上诉,维持原判。最高人民法院依法组成合议庭,对本案进行了复核。经过讯问被告人,听取辩护人的意见,审查最高人民检察院的意见,于2016年9月28日作出刑事裁定,不核准死刑立即执行的刑事裁判,撤销湖南省高级人民法院的刑事裁定和某市中级人民法院的刑事判决,将案件发回某市中级人民法院重新审判。

最高人民法院不核准死刑的主要理由是:"被告人李某某第一审、第二审的辩护律师在本案侦查过程中曾接受多名同案犯罪嫌疑人委托,担任辩护人,违反了法律规定的诉讼程序,可能影响公正审判。"那么,这一裁判理由究竟是如何形成的呢?

本案被告人李某某委托的辩护人,在最高人民法院死刑复核阶段提出了四个方面的辩护意见:一是"本案中存在同一律师为两名被告人辩护的严重程序错误";二是"本案中诸多主观证据取证程序违法,应认定为瑕疵证据,不能作为定案根据";三是"本案的多份客观证据取证程序存在违法情形,不能作为定案的根据,关键证据不充分,案件事实不清";四是"本案一审、二审量刑结果违背基本事实,量刑严重不当"。

本案一审、二审阶段均担任被告人李某某辩护人的某律师事务所的李律师,事实上也做了同案被告人林某的一审辩护人。这一事实有三项证据加以证实:一是某市中级人民法院一审诉讼卷宗第48页记录了林某聘请李律师做辩护人的事实;二是辩护人从林某家属处调取了李律师接受林某委托并收取报酬的收条;三是林某在看守所书写的函件足以证明,李律师在同一案件中担任李某某辩护律师的同时,也接受了林某的委托为其进行辩护,争取较轻的量刑结果。李律师的上述行为,也同样违反了前述司法解释和有关规范性文件的规定。

律师的辩护意见认为:《刑事审判参考》总第96集第956号刘某、刘某某贩卖、运输毒品案,最高人民法院以程序违法为由不予核准死刑,发回某省高级人民法院重新审判,其依据便是同一辩护人在一审、二审阶段分别为不同的被告人进行辩护。同时,《刑事审判参考》总第82集第733号陈某贩卖、运输毒品案,最高人民法院也作出了同样的复核结果。律师建议,在存在如此严重的程序违法情形的情况下,最高人民法院应不予核准死刑,发回重新审判。

与案例 1 相比,案例 2 中辩护律师援引的案例具有更强的权威性,是最高人民法院主办的《刑事审判参考》中刊登的两个案例。与律师正在辩护的案例相比,这两个被援引的案例具有相似的事实情节:辩护律师在一审、二审中为同一案件的多个被告人担任辩护人,存在着明显的利益冲突,对其有效维护委托人合法利益产生了消极的影响。在适用法律方面,正在接受复核的案例与两个被援引的案例也面临相同的法律争议:在辩护律师为同一案件不同被告人担任辩护人的情况下,最高人民法院要不要认定这一情形"违反法定诉讼程序,影响公正审判",并作出不予核准死刑、发回重审的裁定呢?很显然,经过最高人民法院法官的审查核实,本案无论是在事实认定还是法律适用方面都与被援引的两个案例具有相似性,其裁判结论也是相同的。对于同一律师在本案担任两名同案被告人辩护人的情况,最高人民法院认定为"违反法律规定的诉讼程序,影响公正审判",因此作出了不予核准死刑裁判、发回重审的裁定。

笔者注意到,一些有经验的律师在遇到一个在适用法律上存有争议的案件时,除了查阅法律条文、司法解释以外,还养成了查阅相关案例的习惯,通过搜索相似案例,发现法院的裁判逻辑和裁判理由,来获得辩护的灵感,甚至直接形成对本案的辩护思路。有的律师将这种相似案例直接写入辩护意见,以此来论证本方的辩护观点。有的律师对于特别有说服力的案例,还将裁判文书进行了缩写,将其作为辩护意见的"附件",直接提交给主审法官。而从辩护效果来看,这类相似案例一旦遴选得当,说理充分,有时会对法官的判断起到决定性的作用。在一定程度上,援引相似的案例,已经成为律师从事辩护活动、有效说服法官的方法之一。

那么,**究竟如何发现并援引相似案例呢**?

首先应当明确的是,**援引相似案例的辩护策略,主要适用于案件中的法律适用问题,而通常不适用于事实认定问题**。根据证据裁判原则,案件事实只能根据证据来加以认定。法官无论是对证据证明力的审查,还是对案件事实的认定,都要秉持经验、理性和良心,根据当庭审理过程中所形成的内心确信来加以完成。但是,对于案件中的法律适用问题,法官却要在"发现法律"的基础上,针对所认定的案件事实,进行通常的演绎推理,从而在个案中保证法律规则得到有效实施。在这一过程中,"发现"所要适用的法律规则是非常重要的环节。假如现行国家法律、司法解释对相关问题确立了明确的法律规则,那么,法官就可以从成文法中完成"发现法律"的过程。但是,假如国家法律和司法解释对相关问题没有任何规定,或者只有非常笼统抽象的宣示,而没有任何可操作的规则,那么,根据"遵循先例"的原则,对于以往已经出现过的裁判,就可以将其中的裁判理由奉为实际的"法律规则"。尤其是上级法院裁判文书对某一法律问题的适用,对于下级法院还具有直接的约束力。毕竟,根据基本的审级制度,上级法院对于法律适用问题的解释具有更大的权威性,甚至可以通过上诉机制来推翻下级法院对法律适用问题的裁判结论。正因为如此,最高人民法院所发布的指导性案例,以及通过出版物就个案法律适用发表的法律适用观点,就对各级地方法院审理类似案件具有普遍的约束力。与此同时,基于法律解释的稳定性、明确性原则,最高人民法院在审理案件的过程中,对于这些由本院发布的指导性案例以及所发表的法律适用观点,也应予以严格遵守,以保持司法裁判的统一性和可预测性。即便对某一裁判观点不予遵守,最高人民法院的法官也应给出充分的理由,并创制出一种新的裁判理由或法律适用意见,以便为各级地方法院确立新的规则。

那么,律师究竟可以在哪些法律适用问题上援引相似案例呢?这里所说的"法律适用问题"可以包括以下几个方面:一是涉及罪与非罪、此罪与彼罪之界限的法律适用问题;二是涉及认定某一量刑情节及其量刑标准问题的法律适用问题;三是涉及刑事诉讼程序的法律适用问题;四是涉及证据审查的法律适用问题。笔者前面所分析的两个案例,就分别涉及罪与非罪的认定问题以及辩护律师利益冲突的程序问题。律师通过援引相似的案例,提出了具有说服力的辩护观点,最终达到了预想的辩护效果。

其次,**究竟如何对相似案例进行遴选呢**?

律师在遴选相似案例的时候,应当遵循以下几个基本原则:一是尽量选择最高人民法院发布的指导性案例以及《最高人民法院公报》公布的案例。这些指导性案例都经过了最高人民法院审判委员会的讨论,具有较高的参考价值,可以为各级人民法院的判决书直接援引,理应得到律师的高度重视。二是在最高人民法院发布的指导性案例中,尽量选择那些由最高人民法院或各省高级人民法院判决过的案例。理由已经说过了,不再赘述。三是在没有指导性案例的情况下,可以援引《刑事审判参考》刊登的类似案例,当然要优先选择由最高人民法院法官亲自撰写的案例分析,因为其中包含着这些法官的裁判理由和法律适用观点,具有较高的援引价值。四是在无法找到指导性案例以及《刑事审判参考》案例的情况下,可以搜集各地法院已有生效裁判的相似案例。对这些案例的裁判理由要给予高度重视,并且多多益善。对相似案例所作的相似裁判越多,就表明这一法律适用问题在司法界越有普遍的认识。

最后,在发现相似案例的基础上,应当高度重视法官的裁判理由,同时关注法官在此问题上的学术观点。

律师界在进行刑事辩护的过程中,存在一种有待纠正的习惯,那就是过分重视某些结论性的法律规定或者观点,而缺乏对裁判理由的关注。其实,我们强调援引相似案例的主要原因在于,这些裁判观点既包括具体的裁判理由,也包括法官对相关法律适用问题的学术观点。了解了法官在相关法律适用问题上的裁判理由和学术观点,也就可以举一反三,将此观点运用到其他案件之中,并提出在逻辑层面和经验层面都具有说服力的辩护观点。我们通常所说的"刑事辩护是一种说服法官的艺术",其实就是在强调律师应当运用法官所能接受的裁判理由和学术观点,来就个案的裁判问题与法官进行协商和对话,以推翻公诉方不合理的主张,说服法官接受被普遍坚持的法律观点。

战略威慑理论

> 无罪辩护和程序性辩护是两种很难"大获全胜"的辩护活动。一些律师出于维护委托人利益的考虑，以无罪辩护向法院施加压力，通过程序性辩护来制造一系列案件疑点，最终促使法院作出从轻量刑的裁决。对于这种以无罪辩护和程序性辩护作为战略威慑手段，通过向法院施加强大压力来迫使其作出从轻量刑之裁决的辩护理念，我们可以称之为"战略威慑理论"。

在我国刑事司法实践中,律师在进行无罪辩护和程序性辩护的过程中经常面临重重压力和困难。从理论上说,无罪辩护是一种以彻底推翻公诉机关指控的罪名、说服法院作出无罪判决为目的的辩护形态。而程序性辩护通常是指通过指控侦查行为、公诉行为和审判行为存在违反法律程序的情形,来说服法院作出宣告无效之裁决的辩护形态。作为两种常见的辩护形态,无罪辩护和程序性辩护都会使控辩双方处于剑拔弩张、势不两立的诉讼对抗之中,也使得法院保持独立、超然和权威的诉讼地位显得格外重要。然而,由于我国司法体制改革尚显滞后,审判的独立性和权威性有待进一步提升,法院的无罪判决率一直保持持续走低的态势,律师的无罪辩护意见通常很难得到法院的采纳。与此同时,尽管很多律师也提出了持之有据的程序性辩护意见,如申请法院排除非法证据的辩护意见,但法院真正予以采纳并作出宣告无效裁决的案例则少之又少。

面对这样的司法困境,一些律师基于最大限度保护委托人利益的原则,在一些重大敏感案件中创造性地提出了一种新的辩护理念,那就是以无罪辩护向法院施加压力,通过程序性辩护来制造一系列案件疑点,最终促使法院作出从轻量刑的裁决。在这种辩护过程中,律师明知无罪辩护很难取得成功,却将无罪辩护作为迫使法院出具真正裁判理由的手段;律师也明知程序性辩护意见难以为法院所接受,却通过指控侦查人员、公诉人员或者审判人员的行为存在违反法律程序的问题,来申请法院作出"留有余地的裁判意见"。最终,辩护律师达到了说服法院从轻量刑的目的。尤其是在一些特别重大的案件中,这种辩护策略的灵活运用,还可以达到"免死辩护"的效果。**对于这种以无罪辩护和程序性辩护作为战略威慑手段,通过向法院施加强大压力来迫使其作出从轻量刑之裁决的辩护理念,我们可以称之为"战略威慑理论"。**

要对这种辩护理念有完整的了解,我们可以先看一看一位广东律师在一起毒品犯罪案件的辩护过程中所作的尝试。①

---

① 参见余安平、黄坚明:《巨额毒品犯罪的免死辩护》,载微信公众号"涉毒犯罪辩护联盟",2017年7月10日。

案例

在律师看来,所谓"巨额毒品犯罪",是指毒品数量超过100千克即10万克案件的恶性犯罪。这些毒品犯罪案件的特点是,只要不出现"意外",基本是判决死刑立即执行。这也意味着辩护律师要成功实现"免死辩护",需要寻找到"意外"。经验表明,毒品犯罪案件属于"高难度辩护案件",不仅允许"仅凭口供定罪",而且允许一定程度上的"有罪推定"。例如,最高人民法院2000年发布的"南宁会议纪要",就要求"只有当被告人的口供与同案其他被告人供述吻合,并且完全排除诱供、逼供、串供等情形,被告人的口供与同案被告人的供述才可以作为定案的证据。对仅有被告人的口供和同案被告人的供述,因能相互印证而作为定案依据的,对被告人判处死刑立即执行要特别慎重"。又如,根据最高人民法院2008年发布的"大连会议纪要",法院在法定情形下可以推定行为人"主观明知"。不仅如此,侦查机关在毒品犯罪案件的侦查过程中还可以使用"特情侦查手段"。

根据公诉机关的指控,2014年2月,经邱某提议,在邱某出资的情况下,王某协助其制造"K粉"(氯胺酮)。邱某提供了制毒原料,又找来蔡某等人参与制毒,王某则负责选定制毒地点,购买制毒工具和配料。从2014年2月初至当年4月中旬,邱某伙同王某、蔡某等人多次制造毒品"K粉"运往惠州市惠东县牟取暴利。2014年4月下旬,邱某再次出资让王某等人帮忙制造"K粉",并指使蔡某等人从安徽将制毒原料运到茂名市电白区林头镇,先后在某村养殖场和某村果园内制造毒品。同年5月,茂名市警方开展抓捕行动,先后将邱某、蔡某、王某抓获。同时,警方查获邱某等在电白区的两个制毒窝点,查获一批制毒工具及一大批毒品,合计净重为524.3千克。

公诉人当庭认为:邱某是本案犯意提起者和出资者,提供制毒原料,组织制毒人员制毒,在整个制毒犯罪中起组织策划作用,应认定为主犯;王某在本案中寻找制毒地点、购买制毒工具及配料并在制毒过程中起主导作用,是本案的制毒师傅,操作和指挥整个制毒流程,在整个制毒过程中起主导作用,应认定为主犯;蔡某在本案中受邱某指使从安徽购买和运输制毒原料并在制毒现场帮忙制毒,也是主犯。公诉人提出了对这三名被告人都适用死刑的量刑建议。

律师认为,本案涉及毒品数额巨大,仅仅从数量上进行辩护难以改变最后的死刑结局。本案属于通常所说的"认罪就意味着判决死刑立即执行"的案件,因此辩护律师只能通过"无罪辩护"来缓解辩护压力。一般而言,毒品辩护可以从特情侦查、现场勘查、毒品称量、鉴定意见、证人证言、询问笔录、讯问被告人等七个方面进行辩护。在本案的辩护中,律师就从这七个方面展开"全面进攻",全面阐述了本方的无罪辩护意见。律师要求公诉人举证说明其证据来源的合法性、取证的规范性、论证的逻辑性,并要求其证明本案已经达到排除合理怀疑的程度。律师提出无罪辩护意见后,法院要作出死刑判决,就要将定罪理由和判处死刑的依据全都陈述出来。然后,律师在二审程序中再针对一审法院判处死刑的理由作出有针对性的回应,进行"重点打击",推翻一审法院判处死刑的关键理由,从而取得免死辩护的成功。这是一条屡试不爽的经验。

本案一审进行了三次开庭。各被告人的辩护人都坚持无罪辩护。控辩双方围绕着本案是否存在特情侦查手段、毒品取证程序、毒品鉴定程序等问题来展开,法庭质证和法庭辩论阶段都发生过激烈的对抗。不出所料,一审法院对三名被告人都作出了有罪判决,对其中两名被告人判处死刑立即执行。在一审判决书中,法院对律师提出的七点辩护意见逐一进行了回应,回避了"特情侦查手段",认为被告人不仅是"主犯",而且是"制毒师傅",还是制毒地点的选定者。由此,律师发现了一审法院作出死刑判决的主要依据。这也就意味着,律师在二审程序中需要从"特情侦查""制毒师傅""选定制毒地点"三个方面进行"重点进攻"。

在二审期间,律师重点论证了本案不能排除存在"特情侦查"的合理怀疑。"'游老板'突然出现在案件里,无论是主动提供制毒资金、提供制毒料头,还是'牵线'邱某、王某认识并制毒,甚至在毒品制作完成后突然凭空消失,公安机关没有根据邱某提供的电话号码查找电话登记资料,都让我高度怀疑'游老板'就是'线人'。另外,从茂名市公安机关接到省公安厅立案通知到对可疑人员采取侦查行动,中间隔了10天左右。而从茂名市公安机关立案侦查到抓获制毒,中间隔了7天左右。制毒工期一般为7天左右,这说明公安机关提前10天知晓邱某、王某、蔡某等人准确的制毒地点与制毒时间,从而可以在其制好毒品尚未运走的时间节点上'收网'。公安机关能如此准确掌握制毒详细情况,很明显存在'线人',采取了特情侦查手段无可怀疑。"

不仅如此,律师在二审程序中还对一审法院就王某属于"制毒师傅"并"选定制毒地点"的事实认定,进行了重点辩护。律师强调,一方面王某一直坚持否认自己是制毒师傅，认为自己虽然是化学工程师但并不懂制毒；另一方面其他同案被告人都不能确认在制毒现场见过王某制造毒品。因此，仅仅凭"王工"的称呼就认为王某是"制毒师傅"，是没有任何事实和法律依据的。至于"选定制毒地点"，没有任何证据表明王某与果园之间存在租赁关系，更没有证据证明王某向果园主人租赁过果园或者支付过费用。不能仅仅因为王某老家在制毒地点，就认定制毒地点是王某所选定的。

广东省高级人民法院采纳了律师的辩护意见，认为没有证据表明王某是"制毒师傅"，也无法认定王某选定了制毒地点，因此改判王某死刑缓期两年执行，但对其他上诉人则维持原判。尽管二审法院主要以无法证明王某系"制毒师傅"为由作出了改判，但律师相信自己提出的"不能排除存在特情侦查手段"的辩护意见，其实起到了积极作用。

律师认为，本案辩护成功的关键在于，从取证程序上动摇了控方证据的基础，论证了有明显的"特情侦查手段"无法排除，从而使法官对案件的事实认定产生合理的怀疑，促使其作出"留有余地"的从轻量刑。律师体会到，我国法院通常难以做到"疑罪从无"，但可以做到"疑罪从轻"。这就要求辩护律师找到案件中的主要"疑点"，强调案件存在着法院难以自圆其说的"合理怀疑"，也就可以争取到"免死判决"结果。在律师看来，"这么巨额的毒品，很难说当事人是'无辜'的，但没有特情侦查甚至特情引诱，被告人也难以在公安机关眼皮底下生产出500多千克毒品。正如主审法官所言，'他们不是无辜，而是证据有疏'。"

在这一案例中，律师将程序性辩护作为切入点，使法官对案件侦查程序的合法性产生怀疑，并进而对公诉机关指控的犯罪事实产生了合理怀疑，从而作出了"留有余地的裁判"。也就是对一个本来很可能判处死刑的案件作出了"免死判决"。在这一辩护过程中，律师确实进行了程序性辩护，也实施了无罪辩护，但最后的落脚点既不是说服法官排除非法证据，或者宣告某一诉讼程序无效，也不是劝告法官作出事实不清、证据不足的无罪判决，而是说服法官不判处极刑，也就是采取"疑罪从轻"的裁判方式。因此，无论是程序性辩护还是无罪辩护，都被作为一种声东击西的"战略威慑武器"，尽管没有达到说服法官接受其辩护观点的效果，却对法院从轻量刑发挥了积极的促进作用。

战略威慑理论之所以可以被律师采用为一种普遍的辩护经验，主要是因为在我国现行司法体制下,法院无论是在作出程序性裁决还是在宣告无罪方面都缺乏足够的权威。一方面,面对强势的侦查机关和检察机关,法院无法对其侦查行为和公诉行为的合法性进行实质性的司法审查,更难以将那些侦查机关非法收集的证据排除于法庭之外。结果,遇有被告方申请排除非法证据的场合,法院很少敢于宣告侦查人员违反法定程序,更遑论将某一关键有罪证据排除于法庭之外了。另一方面,在"公检法三机关分工负责、相互配合、相互制约"的刑事司法体制下,法院一旦作出无罪宣告,即意味着侦查工作和公诉工作受挫,也等于刑事追诉活动的彻底失败。而在法院不具有充分的权威性和审判独立性的现状下,其要作出无罪判决,经常缺乏体制上的保障。结果,遇有那些侦查机关存在违反诉讼程序的案件,或者那些事实不清、证据不足的疑难案件,法院通常选择的是"留有余地的裁判方式"。这种裁判方式,说白了就是对于侦查人员的非法取证行为不作无效之宣告,对于尚未达到定罪标准的案件不作无罪之宣告,而是选择从轻量刑,或者在量刑上"留有余地"。由此,法院既维护了侦查机关和检察机关的"面子",又对案件作出了适度的反应,还避免了案件被认定为冤假错案所带来的职业风险。

当然,"留有余地的裁判方式"本身是存在争议的,甚至被视为冤假错案之源。近年来发生的杜培武案、佘祥林案、赵作海案、张辉张高平强奸杀人案等冤假错案,几乎都是在法院留有余地的裁判方式的影响下发生的。对于这种裁判方式,我们应当予以否定,应当鼓励法院保持审判的独立性和权威性,对于事实不清、证据不足的案件,应当坚决作出无罪判决,坚守"疑罪从无"的底线。

但是,面对我国当前的刑事司法体制和司法环境,**律师遇有案情特别重大复杂、法院很难作出无罪判决的情况,可以通过提出无罪辩护意见,来强调本案存在证据之间的矛盾,无法形成完整的证据锁链,无法达到排他性或结论唯一性的程度,无法排除合理怀疑,从而论证本案无法达到法定的证明标准**。而法院遇到这种情况,即便不会轻易作出无罪判决,也会认识到公诉机关认定的事实存在着严重的缺陷和瑕疵;法院即便"迁就"了这些缺陷和瑕疵,也不应"顶格判决",尤其是不能轻易适用死刑立即执行,而应从轻量刑,也就是通常所说的"留有余地"。一言以蔽之,疑罪从轻不应成为律师追求的结局,但可以成为律师通过无罪辩护所要达到的一种现实结果。尤其是在一审法院判处死刑立即执行的情况下,律师通过积极努力,说服二审法院撤销一审法院的死刑判决,本身就意味着挽救了被告人的生命,属于刑事辩护的部分成功。假如律师认为本案确实存在着无罪辩护的理由和空间,还可以继续努力,通过死刑复核或者刑事再审程序来继续进行无罪辩护,追求对被告人更为有利的诉讼结局。

而程序性辩护则是一种"反守为攻的辩护"。律师通过程序性辩护活动,可以促使法院认识到侦查机关、公诉机关乃至一审法院在诉讼过程中存在着严重违反法律程序的情形,需要作出宣告无效的裁决。例如,律师要论证侦查人员存在违法收集证据的情形,需要排除非法证据;侦查机关和公诉机关存在违反法定立案管辖规定的情形,需要宣告侦查机关违法越权侦查所获取的证据一律归于无效;侦查机关、公诉机关、审判机关存在违反回避制度的情况,所进行的诉讼程序应被归于无效……但是,**对于律师的程序性辩护意见,法院经常会确认侦查机关、公诉机关、一审法院违反法定诉讼程序,却很难作出宣告无效的裁决。这时候,基于一种我国特有的"平衡战略",法院会将上述程序性违法行为的存在,作为从轻量刑的依据。于是,律师的程序性辩护尽管没有达到说服法院宣告无效的目的,却有可能起到说服法官从轻量刑的作用。**

这种"因为程序违法就从轻量刑"的裁判逻辑,不仅广泛地存在于我国的刑事司法实践中,还为最高人民法院的一些规范性文件所确立。例如,最高人民法院在就毒品犯罪案件的审理发布的多份"审判座谈会纪要"中,就对侦查人员采取诱惑侦查手段作出了限制性规定。根据这些规定,侦查机关采用犯罪引诱或者数量引诱手段的,法院通常不得作出死刑判决;对于侦查机关采取双套引诱手段的,法院一律不得作出死刑判决。在上述案件中,律师认为侦查机关在办理毒品犯罪案件时存在违法使用"特情侦查"的情形,很可能就是指侦查机关违法采用了诱惑侦查手段,如使用了犯意引诱、数量引诱或者双套引诱等违法侦查手段。至少,律师通过论证本案不排除侦查机关适用特情侦查的情形,就足以说服法院对案件侦查程序的合法性产生合理的疑问,并进而在量刑上作出留有余地的裁决。这种留有余地的裁判方式不仅挽救了被告人的生命,还具有明确的法律依据。

程序性辩护所具有的这种战略威慑效应,已经为很多律师所认识。律师们都发现,我国目前还缺乏像辛普森案那样的司法土壤,中国司法还没有达到仅仅因为程序问题就要对一个明明有罪的被告人宣告无罪的程度。山东的一位律师就认为,辩护律师如能在具体案件中抓住案件侦查、审查起诉和审判中存在的程序性问题,以无罪辩护带动量刑辩护,无疑是现阶段刑事辩护可以采取的更加现实可行的策略,也极有可能是最符合当事人利益的策略。

另一位律师对无罪辩护的战略威慑效应也有自己独到的看法。在他看来,律师办理刑事案件"要用无罪辩护思维看待案件"。对于任何刑事案件,律师都要首先从无罪辩护的角度进行审视和调查,再来决定究竟是作无罪辩护还是有罪辩护。从案件证据、事实或适用法律的角度出发,被告人显属无罪的,律师就应将无罪辩护进行到底。但是,对于没有任何从轻、减轻处罚情节,被告人一旦认罪,就很有可能面临极刑判决的这种案件,律师不妨本着"死马当活马医"的精神,"策略性地从证据角度作无罪辩护,会在一定程度上动摇控方证据体系,令法官慎重裁判,手下留情"。

由此看来,律师通过无罪辩护和程序性辩护,在无法追求较为理想的裁判结果的情况下,还可以达到一种较为现实的效果,也就是促使法院作出留有余地的裁决,至少不是"顶格判"。这真是一种"无心插柳柳成荫"的意外结局。在明知法院不可能宣告无罪的情况下,律师将无罪辩护作为一种诉讼战略,通过"敲山震虎",对法院造成一种心理威慑,促使其不得不作出留有余地的从轻量刑裁决。或者,律师明知法院不可能因为侦查机关、公诉机关存在违法诉讼行为而作出宣告无效的裁决,而仍将这种侦查程序的违法或者公诉程序的瑕疵作为辩护手段,通过一种进攻性辩护策略,促使法院产生一种"羞愧"或者"亏欠"的心理,而不得不作出从轻量刑裁决。

无罪辩护和程序性辩护无法达到其预期的辩护效果,而被作为战略威慑手段来使用,这真是一种出人意料的走向。但在我国刑事司法体制改革没有发生实质性突破的情况下,在法院审判的独立性、权威性没有显著增强的情况下,这种基于现实主义考虑而诞生的辩护方式,可能还有一定的生命力。对于委托人而言,不求最好,但求不是最坏的裁判结局,或许也是一种可以接受的辩护结果。

为权利而斗争
——法律边缘地带的辩护

> 几乎所有当事人都想获得最有利的结局。但是律师辩护却是一个专业化操作的过程。按照德肖维茨的说法,一旦接受当事人的委托,律师的目标就是尽一切努力,用尽一切合法资源,为委托人争取最有利的诉讼结局。为此,律师应具有为权利而斗争的精神,在一次次辩护努力不能成功的情况下,应当用尽一切救济途径,为委托人寻求启动新的诉讼程序的机会。

2017年，最高人民法院出版的《刑事审判参考》总第106集刊登了江苏省扬州市中级人民法院的两位法官撰写的一个指导案例，编号为第1141号，标题为《吴毅、朱蓓娅贪污案——侦查机关通过疲劳审讯获得的被告人供述是否属于非法证据以及非法证据排除后是否对量刑事实形成影响》。这一集刊物出版后，引起了法学界和司法界的高度重视。这个案例被视为法院在适用非法证据排除规则方面取得重大突破的经典案例。一审法院认定，本案被告人吴毅被侦查人员采取"倒手""轮流审讯"等方式连续讯问长达30多个小时，其间没有给予其必要的休息。这种疲劳审讯属于一种变相的肉刑，它对公民基本权利的侵犯程度与刑讯逼供基本相当。被告人在遭受精神和肉体痛苦的情况下作出的违背自己意愿的供述，属于非法证据，应当予以排除。据此，一审法院将被告人吴毅到案初期所作的四份有罪供述认定为非法证据，全都予以排除。但对于被告人吴毅在被江苏省人民检察院审查批捕部门提审时所作的有罪供述，尽管辩护律师一再要求将其认定为非法证据并加以排除，一审法院仍承认其证据效力，将其采纳为认定被告人构成贪污罪的证据。对于一审法院的上述判决结论，作为二审法院的扬州市中级人民法院予以维持，但对两名被告人的量刑作出了大幅度减轻。可以说，这是我国法院率先将疲劳审讯纳入非法证据排除规则适用对象的案例，在非法证据排除规则的发展史上具有里程碑意义。

在对扬州市两级法院的刑事法官给予肯定的同时，我们需要认真关注一下本案的辩护过程。为被告人吴毅担任辩护人的是山东潍坊的一位律师。该律师自本案第一审程序开始担任辩护人，参与了一审和二审程序的辩护。在本案终审判决生效后，律师还继续为吴毅担任申诉案件的诉讼代理人，并为推动本案的再审进行了坚持不懈的努力。尽管在被告人及其辩护人看来，本案的终审判决并没有将那份有争议的被告人供述予以排除，他们对这种裁判结果是不能接受的，但从律师通过积极努力说服裁判者的角度来看，本案的辩护却有不少可圈可点之处，实属辩护律师"为权利而斗争"的经典样本，其中的经验和规律值得我们认真研究和深入挖掘。

案例

2013年,江苏省扬州市江都区人民检察院向法院提起公诉,指控被告人吴毅、朱蓓娅构成贪污罪。在一审法院开庭审理过程中,辩护律师指出:被告人到案后所作的四次有罪供述系受到侦查人员疲劳审讯,在精神恍惚的情况下作出的,属于非法证据;江苏省人民检察院审查批捕人员提审时,由于前期侦查人员在场,其心理上受到干扰,作出了带有重复性的有罪供述,这份有罪供述也应被作为非法证据加以排除。吴毅及其辩护人提供了到案时间、到案初期数次讯问的时间,以证明侦查机关对其实施了长时间的疲劳审讯。

在辩护律师的再三申请和积极推动下,一审法院经过初步审查认为有必要启动证据合法性调查程序,法庭决定中止法庭调查,启动非法证据排除程序,对侦查人员取证行为的合法性进行调查。法庭当庭播放了讯问过程的同步录音录像,通知侦查人员出庭作证,对取证过程进行了当庭说明。辩护律师就排除非法证据问题发表了辩护意见。

针对2012年12月27日形成的一份询问笔录、三份讯问笔录和一份悔过书,辩护律师认为,侦查人员在获取上述有罪供述的过程中,在长达30多个小时的时间里进行连续讯问,剥夺了被告人必要的睡眠和休息时间;非法剥夺被告人人身自由,采取连续传唤、殴打、诱导、拍桌子并指着吴毅鼻子大声训斥等非法行为,并且对讯问过程没有进行全程同步录音录像,因此对这些有罪供述应当予以排除。为证明侦查人员收集证据行为的违法性,辩护律师援引了被告人供述笔录、当庭供述、证人证言、侦查机关情况说明、传唤通知书等一系列证据材料。

针对2013年1月7日江苏省人民检察院审查批捕人员提审过程中形成的讯问笔录,辩护律师认为这是一份极为反常的奇怪笔录,被告人前面一直坚持没有与朱蓓娅共同贪污,但当审查批捕人员问及侦查人员有没有指供诱供、刑讯逼供时,被告人突然作出了有罪供述。被告人吴毅宣称,江苏省人民检察院提讯时,扬州市人民检察院原来审讯自己的人也进入了讯问室,"巨大的心理压力让他又一次作出了违心的供述"。辩护人认为,这份有罪供述"虽不是直接通过刑讯逼供等非法方法获取的,但与前期的刑讯逼供非法方法仍存在密切的关联,而市检察院侦查审讯人员违法介入省检察院提审,则是在这两者之间建立起联络的那条丝线。他们的确达到了自己的目的,当他们带着不久前不人道审讯的余威出现在市检察院提审人员身边时,如同他们来之前所期望的那样,再次摧毁了吴毅刚刚建立起来的试图反抗的决心和意志"。辩护人认为,江苏省人民检察院审查批捕部门没有对提讯过程进行同步录音录像,明显违反法律规定,由此形成的讯问笔录内容简单、观点模糊,在有关定罪的重要事实情节上语焉不详、似是而非,再加上侦查人员违法介入提审等重大程序瑕疵,这份讯问笔录难以被作为定案的根据。

一审法院采纳了律师的部分辩护意见,在判决书中认定被告人吴毅在2012年12月27日的一份询问笔录和三份讯问笔录中的有罪供述,因侦查机关在取证时违反相关规定,不具有证据效力。但是,对于吴毅"在2013年1月7日的省检察院逮捕前提审时所作的供述,并未违反相关规定,故具有证据效力,本院采信这份供述"。一审法院认定两被告人贪污罪成立,判处吴毅有期徒刑12年,朱蓓娅有期徒刑10年。被告人提出上诉后,继续委托一审时的律师担任二审辩护人。

在一审法院将侦查人员初期所获取的有罪供述予以排除后,辩护律师将二审辩护的重点放在两个方面:一是继续论述吴毅与朱蓓娅共同冒领、骗取33万余元公款事实不清,证据不足;二是继续论述江苏省人民检察院提审笔录的违法性,争取将其排除于法庭之外。为此,辩护律师进行了艰苦细致的准备工作,发现了一些对被告人有利的事实细节,检索到了审查批捕提审应当录音录像的法律依据。

在二审开庭过程中,辩护律师对同案被告人朱蓓娅进行了有效的发问,在她猝不及防的情况下,承认了一审中没有承认的有关吴毅平时外出时会留给她一些签好字的空白结算支付凭证备用的事实。在此基础上,辩护律师针对江苏省人民检察院提讯笔录的证据效力发表了以下辩护意见:首先,根据被告人吴毅的当庭陈述,有多名市检察院侦查人员陪同省检察院审查批捕人员进行提审,并不停地插话引导省检察院人员;其次,在省检察院人员讯问完毕后,多名市检察院侦查人员从侧门进入自己所在的审讯室内,围在自己身边,不允许自己核对笔录,逼迫自己在笔录上签字;再次,吴毅在这份笔录上所作的有罪供述,不是自己在接受讯问时说过的话;最后,公诉机关提交的一份加盖江苏省人民检察院侦查监督处公章的笔录复印件,不能证明其真实性,不具有证据资格。不仅如此,在辩护律师质疑江苏省人民检察院提讯笔录真实性和合法性的情况下,公诉机关拒不提交同步录音录像,无法证明取证行为的合法性,该笔录应被作为非法证据予以排除。

经过八个多月的漫长等待,扬州市中级人民法院对此案作出了二审判决。判决书对于律师有关排除江苏省人民检察院提讯笔录的辩护意见没有作出回应,但认定根据办理退保的流程规定,朱蓓娅骗取退保金的行为需要吴毅的共同参与才能完成,吴毅在近一年时间里对39笔申请退保金资料不作审核便签名同意并从中分得骗款的事实充分说明,吴毅与朱蓓娅主观上具有共同骗取退保金的故意,客观上实施了共同骗取退保金的行为,应定性为共同贪污。但是,朱蓓娅实施了填写虚假结算凭证、指使他人冒领赃款、分配赃款等共同贪污中的大部分行为,在共同犯罪中起主要作用,系主犯;吴毅在共同犯罪中的作用小于朱蓓娅,系从犯,依法应当减轻处罚。吴毅拒不认罪,朱蓓娅有自首情节,已经退出全部赃款,对这些情节在量刑时应予以考虑。最后,法院判处吴毅有期徒刑5年6个月,朱蓓娅有期徒刑5年。

二审法院的两位法官在他们撰写的指导案例中认为,吴毅在江苏省人民检察院审查批捕人员提审时所作的认罪供述,因为讯问主体不同,最初的侦查人员并不在场,整个提审活动没有诱供逼供、疲劳审讯等情形,最初影响其自愿供述的因素已经不复存在,故该份证据具有合法性。与此同时,两位法官也认为,已经排除的非法证据既然不能作为证据使用,当然也不应当对定罪量刑产生影响。否则,非法证据排除就形同虚设,没有实际意义。在排除四份非法供述笔录之后,法院采信的江苏省人民检察院提讯笔录对于二被告人在共同犯罪中如何分工、赃款如何分配等事实没有具体供述。本案大量书证和证人证言均证实朱蓓娅实施了填写虚假结算凭证、指使他人冒领赃款、控制和分配赃款等共同犯罪中的大部分行为,而吴毅仅仅实施了在虚假凭证上签字的行为,因此二审法院认定吴毅在共同犯罪中的作用小于朱蓓娅,为从犯。因此,法院对四份有罪供述加以排除的结论,最终对二被告人在共同犯罪中的作用以及主犯、从犯的区分,产生了重大影响,并进而影响了本案的量刑事实和量刑结论。

二审判决生效后,吴毅不服,继续委托同一律师担任申诉案件诉讼代理人,继续为本案进行申诉。2016年5月,在向扬州市人民检察院提交的申诉书中,律师指出,原审判决据以定罪量刑的关键证据——江苏省人民检察院批捕讯问笔录复印件属于非法证据,应当予以排除,理由与二审辩护理由大体相似;原审判决认定吴毅犯有贪污罪的证据主要有江苏省人民检察院批捕讯问笔录、朱蓓娅供述笔录以及朱蓓娅用来骗保的有吴毅签字的支付结算凭证,但朱蓓娅反复无常、说谎成性,其供述不能作为定案证据,本案证据既不确实,也无法形成完整的证据锁链;综合全案证据,无法排除朱蓓娅以吴毅事前签好的空白退保支付凭证单独实施骗保行为的可能性。

针对申诉,扬州市人民检察院出具了《刑事申诉审查结果通知书》,认定上诉人的申诉理由不能成立,理由有二:第一,江苏省人民检察院侦查监督处办案人员出具的情况说明以及一审庭审时侦查人员出庭作证,均证实江苏省人民检察院提审时侦查人员不在现场,不存在逼供、诱供的情况,且讯问笔录也经申诉人核对后签字、捺印,该份笔录系合法取得,不应当作为非法证据被排除。第二,我国刑事诉讼法和最高人民检察院相关司法解释均将同步录音录像规定在侦查阶段,而对其他诉讼阶段均未规定。因此,在审查批捕时未对申诉人的讯问进行全程同步录音录像并不违法。

针对扬州市人民检察院的通知书,辩护律师向江苏省人民检察院提交了《对扬州市检察院吴毅刑事申诉审查结果的辩驳意见》,对通知书的各项观点和理由作出了逐项反驳。

本案的辩护属于一种程序性辩护,也是律师为排除非法证据所进行的"进攻性辩护"。律师申请排除非法证据的理由主要是,侦查人员采取了疲劳审讯手段,侦查人员参与了省检察院审查批捕的提讯过程,提讯过程没有进行录音录像,等等。令人震惊的是,法院对于侦查人员通过疲劳审讯获取的几份有罪供述,全都予以排除,而仅仅保留了省检察院审查批捕人员所获取的一份有罪供述笔录。但对于这种裁决结果,律师不予接受。从一审到二审再到申请再审,律师持续不断地提出排除非法证据的申请,申请法院将省检察院审查批捕人员所制作的有罪供述笔录予以排除。这一辩护努力尽管最终没有取得预期的辩护效果,却促成了法院首次将疲劳审讯所得的有罪供述加以排除的经典先例。

应当说,律师在本案中所作的程序性辩护,并非都有明确的法律依据,带有一种"边缘化辩护"的性质。我国刑事诉讼法对被告人有罪供述的排除,主要局限在以下几种情形:一是侦查人员通过刑讯逼供手段获取的供述;二是侦查人员通过威胁、非法拘禁等手段获取的供述;三是侦查人员以刑讯逼供手段获取的重复性供述;四是侦查人员在没有依法录音录像或者在逮捕或拘留后没有在法定羁押场所讯问所获取的供述;等等。律师在本案中申请排除的主要是侦查人员通过疲劳审讯手段所获取的有罪供述。而尽管"疲劳审讯"也属于为我国法律所禁止的侦查手段,但对于究竟何谓"疲劳审讯",警方在长达30多个小时的时间里连续不断地进行讯问,究竟算不算

"疲劳审讯",确实没有明确的法律规定。不仅如此,在省检察院审查批捕人员提讯时,本案侦查人员究竟能否正常参与,这种提讯究竟应否进行全程录音录像,也确实没有明确的法律规定。

尽管缺乏明确的法律规定,律师却为说服法官将这些取证手段列为非法取证手段,进行了持之以恒的努力。经过努力,律师说服法院将侦查人员通过疲劳审讯手段获取的几份有罪供述排除于法庭之外。尽管这并不能排除法院寄希望于省检察院那份提讯笔录的嫌疑,但无论如何,法院将侦查人员通过疲劳审讯获取的有罪供述予以排除,都是一项重大的司法突破。两名法官将本案的裁判及其理由写成案例分析,并发表在《刑事审判参考》上,这足以说明,就连法官都将这一案例视为非法证据排除规则适用中的制度创新。尽管如此,律师并不满足,仍然继续将矛头对准省检察院审查批捕人员的提讯笔录。理由主要是侦查人员在提讯时在场,提讯过程也没有进行全程录音录像。为达到说服法院排除此份提讯笔录的目的,律师在二审时再次重申这一辩护观点,并提出再审申请,试图以此为由启动刑事再审程序。

尽管律师申请再审的努力暂时受挫,但是,律师这种为权利而斗争的精神,却值得高度肯定和效仿。几乎所有当事人都想获得无罪的结局。但是律师辩护却是一个专业化操作的过程。按照德肖维茨的说法,一旦接受当事人的委托,律师的目标就是尽一切努力,用尽一切合法资源,为委托人争取最有利的诉讼结局。为此,律师应具有为权利而斗争的精神,在一次次辩护努力不能成功的情况下,应当用尽一切救济途径,为委托人尽可能寻求启动新的诉讼程序的机会。

首先,**唯有树立斗争精神,律师才能说服法院准确适用法律,有效维护委托人的合法权益**。经常有人认为,律师是一项维护正义的职业。其实,律师不是裁判者,而只是为委托人利益而斗争的辩护人,何来"维护正义"一说呢?即便是法院或者法官,也并不是自然而然地就成为"正义化身"的。毕竟,没有辩护律师的积极努力和强大压力,法官通常都有接受检察机关指控主张的倾向,也通常会认同检察机关所提出的定罪量刑的意见。而唯有在被告人及其辩护律师提出有理有据的辩护意见,足以推翻公诉方的指控主张,甚至对法官产生极大震撼和影响的情况下,辩护方的诉讼主张才有可能得到法官的采纳。在一定意义上,正义应属于辩护律师对公诉方形成有力抗衡的状态下所达到的一种状态。即便是准确适用法律,也往往是辩护律师积极抗争和有效辩护的结果。

其次，**没有律师的斗争精神，法院是不可能创造先例的**。通常情况下，法院都习惯于机械性的司法裁判方式，法官将自己塑造成一台台机器，"吃进法律条文和案件事实，吐出司法裁判"。而对于法律没有明文规定的情形，法官通常无能为力，要么请示上级法院，要么拒绝作出裁判。法官通常不会在法无明文规定的情况下进行任何形式的司法冒险。但是，本案的辩护经验足以显示，即使在目前这种较为保守的司法环境下，对于那些缺乏明文规定的法律适用问题，律师只要展开有理有据的辩护，也有可能促使法官开创司法先例。在前述案例中，对于何谓"疲劳审讯"，"侦查人员持续30多个小时的审讯"算不算"疲劳审讯"，尽管缺乏法律明文规定，但是，法院却接受了辩护律师的观点，将其视为令被告人产生极度痛苦的疲劳审讯，并将由此获取的几份有罪供述予以排除。很显然，没有为委托人利益而斗争的精神，没有充满法理精神的辩护阐述，律师要达到这样的辩护效果，几乎是不可能的。

最后，**唯有积极有效的斗争，才能为委托人寻求更多的司法救济机会**。本案的律师从一审到二审，再到申请再审，不断地为委托人寻求新的司法救济机会，启动了多种司法程序。其实，如果没有诉讼抗争的精神，没有炉火纯青的辩护智慧，律师要启动这些司法救济程序也是非常不容易的。在刑事辩护过程中，面对一次次挫折，律师唯有保持理想信念，在现有法律的框架内，不断冲击司法人员所能承受的心理极限，才有可能为委托人争取更多的司法救济机会。律师的责任在于，用尽一切可以利用的力量，穷尽一切司法救济手段，调动一切可以利用的资源，为委托人利益的最大化而发动一场又一场诉讼抗争。这样做未必能够促成理想的诉讼结果，但假如不这样做，最终的诉讼结果肯定是不理想的。

政治问题法律化

作为一种辩护思路,"政治问题法律化"意味着不去触及案件中的政治观点,既不对被告人的政治立场作出评价,也不提出自己的政治主张,而是根据刑法所确立的犯罪构成要件,论证某一指控罪名不能成立。准确地说,这种辩护思路的含义有二:一是"坚守法治主义的辩护立场",将政治问题转化为法律问题;二是"从理论和历史等多重视角进行论证",而不拘泥于刑法条文和刑法理论。

法国社会学家托克维尔在《论美国的民主》一书中认为，在美国，一切政治问题迟早都会被转化为法律问题，成为在法院接受司法裁判的诉讼问题，并将此视为美国司法制度健康成熟的重要标志。在托克维尔看来，美国人保留了司法权的一切人所共知的特征，如：只对"提交审理的诉讼案件"进行裁判，而没有争讼案件，司法便没有用武之地；只对具体案件进行审判，而不能"对全国的一般原则进行宣判"；只在有人提出诉讼请求之后才采取行动，而不能主动现身适用法律，否则就有越权之嫌。由此，美国将司法权严格地限制在有章可循的范围之内。与此同时，包括法官在内的"法律家"在社会中形成了一个独立的行业，在知识界形成一个"特权阶层"，他们内心深处"隐藏着贵族的部分兴趣和本性"，"生性喜欢按部就班，由衷热爱规范"，"对观念之间的有规律联系有一种本能的爱好"，这一切"自然使他们特别反对革命精神和民主的轻率激情"。托克维尔甚至认为，法律界是美国能够平衡民主的最强大力量，甚至可以说是能够平衡民主的唯一力量。

托克维尔所说的"政治问题法律化"，是指通过司法制度和司法程序的设置，将一切政治争议问题变成法律问题，使其在法庭上、在司法程序内得到讨论、协商和争辩，最终由法院根据宪法和法律作出权威的裁决。在这种司法程序中，争讼各方不去讨论政治问题的是非，不去追问法官的政治立场，也不对对方的政治观点作出评判，而主要是讨论证据采纳、事实认定和法律适用问题，并给予各方进行质证和抗辩的机会。法官在听取各方观点、理由的基础上，对所争议的问题作出法律上的裁决。通过"政治问题法律化"的制度安排，争讼各方将在社会生活、政治生活乃至宗教活动中无法解决的争议，提交给权威、中立的法庭，使其在作出清晰的事实认定的前提下，提供一个旨在解决争议的裁决方案。将案件提交司法程序加以解决，显示出争讼各方对司法制度的信任，也体现了各方对既有法律秩序的尊重，是和平、理性地解决争讼事项的标志。

那么，在刑事辩护过程中，面对层出不穷的复杂案件，律师是否也要遵循"政治问题法律化"的准则呢？尤其是在为那些涉嫌政治性犯罪的被告人辩护的时候,面对各种各样的政治争议,律师究竟是要按照法律人的思维方式,只讨论案件所涉及的法律争议问题,还是反其道而行之,人为地将"法律问题政治化"呢?在这一检验律师辩护能力和智慧的重要场合中,律师能在忠实于委托人利益的前提下,提供尽职尽责的专业化辩护吗?

案例

一位甘肃律师撰写的陈某某涉嫌煽动颠覆国家政权案件的辩护词,曾在互联网上广为流传,被誉为律师从事专业化辩护的经典辩护意见。被告人陈某某原为一名教师,曾在兰州街头以拉小提琴卖艺为生,因在互联网发布和转载文章批评有关部门,被警方立案侦查,后被兰州市人民检察院以煽动颠覆国家政权罪提起公诉。律师为其作了无罪辩护。2012年12月,兰州市中级人民法院作出裁定,准许检察机关撤回起诉,陈某某最终被无罪释放。

在这份辩护词中,辩护律师首先作出特别声明,"以下辩护意见只是根据本案事实,提出法律上的评价,不涉及政治上的评价,不代表辩护律师的政治主张。辩护律师的发言,无任何危害国家安全之目的、动机、故意,辩护律师在法庭上的发言,依法享有司法豁免权"。

辩护人认为,兰州市人民检察院的起诉书对被告人陈某某犯有煽动颠覆国家政权罪的指控完全不能成立,该项指控缺乏犯罪的构成要件该当性,法院应立即解除强制措施,宣告其无罪。辩护词从"理论常识辩"和"事实辩"两个角度阐述了被告人不构成煽动颠覆国家政权罪的理由。

辩护人从三个角度阐释了宪法学的理论常识。首先,从语义学上分析"国家""政权""国家政权""颠覆"的概念和含义,颠覆国家政权的唯一途径应当是违背人民意愿,使用暴力征服人民,从而变成家天下或者其他形式的独裁,而通过发表一些所谓的"诋毁、污蔑"言论,是根本无法达到倾覆、掀翻乃至灭亡国家政权之目的的。其次,我国宪法赋予人民监督权和言论自由权,公民有言论、出版、集会、结社、游行、示威的自由,有对国家机关和国家机关工作人员提出申诉、控告或者检举的权利。况且,根据我国政府已经签署的《公民权利和政治权利国际公约》,人人都有自由发表意见的权利。此项权利包括寻求、接受和传递各种消息和思想的自由,而不论国界,也不论是口头的、书写的、印刷的,还是采取艺术形式或通过所选择的任何其他媒介。最后,社会主义是一种处于不断发展中的意识形态,社会主义制度本质上是一种经济制度。宪法将"中国共产党领导"与"社会主义制度"相并列,本身就说明两者是不能等同的事情,这些都是基本的现代政治常识,也是基本的政治伦理,也是中国宪法"逻辑上的自我证成",构成辩护意见的理论前提。

在"事实辩"部分,辩护律师从三个角度论证了被告人不构成煽动颠覆国家政权罪的观点。首先,被告人陈某某在互联网上发表文章,目的不是煽动颠覆国家政权、推翻社会主义制度。被告人发表批评执政党和政府的言论,提出了反对专制、实行民主等观点,这不仅不等于煽动颠覆国家政权,就连反对国家政权都谈不上。况且,中国共产党的很多领袖都提出过党政分离的思想,也提出过反对专制、实行民主的观点,这些足以证明被告人的言论既没有侵犯国家政权,也与推翻社会主义制度没有关系。其次,陈某某的言论绝不会颠覆国家政权,更不会推翻社会主义制度,而是在行使宪法规定的言论自由权和监督权。辩护人提请法庭注意区分言论自由与犯罪的界限,认为被告人的文章可以分为三类:一是阐述自己对民主、自由的追求;二是描述自己的经历,渴望生存下去,发泄对现实的不满;三是对时事的评论,其核心思想是"追求自由、民主、法治"。这些文章的观点属于言论自由的范畴,并没有对国家安全构成"现实而紧迫的威胁",没有"造谣、诽谤的内容",因此不构成犯罪。最后,陈某某撰写、发表文章,本质上是在捍卫人权,捍卫公民的生存权和自由权。辩护人认为,被告人的文章强调自己的生存权,在兰州街头拉小提琴卖艺,遭受城管部门的野蛮执法,被塞进囚车后抛弃荒野,他对此发表了批评和抨击政府部门的言论,这显然属于捍卫自己生存权的行为,属于被告人的基本人权。

辩护人认为,根据"法无明文规定不为罪"的原则,立法机关和司法机关都没有对"造谣诽谤或其他方式煽动颠覆国家政权"作出明确的界定。此罪与公民言论自由没有严谨、科学的区分标准,导致司法界在认定此类犯罪时带有很强的主观性、随意性和模糊性,也导致公民在发表言论时无法对自己是否构成犯罪有一个合理预期,这在本质上违反了法治精神。辩护律师恳请法庭,"依宪法精神,谕知无罪,以保全读书种子,尊重言论自由"。

在准备讨论"政治问题法律化"这一话题的过程中,笔者一直苦于找不到合适的典型案例,尤其是难以发现那些较为成功的辩护案例。在微信朋友圈里发现这篇辩护词后,笔者眼前一亮,立即将其下载和保存下来,并进行反复阅读和分析,深感这是一篇难得的优秀辩护词,充分体现了法律人的经验和智慧。律师通过辩护所取得的理想结果,也显示出唯有进行"政治问题法律化"的操作,才能对此类敏感案件作出有效的辩护,也才有可能说服裁判者接受本方的辩护观点。

本案是一个涉及煽动颠覆国家政权的重大敏感案件,被告人被指控通过在互联网发表和转载文章,煽动颠覆国家主权和推翻社会主义制度。该罪名属于刑法分则第一章"危害国家安全罪"的一个子罪名。而危害国家安全罪又是从原来的"反革命罪"转化过来的罪名。被告人被指控"向不特定网民散布攻击党和政府的言论"。而根据既往的刑事司法实践,被指控在互联网上发表类似言论的人最终被法院定罪的案例还是屡见不鲜的。因此,对于这一政治上高度敏感的案件,很多律师即便接受委托或者被指定担任辩护人,通常也很难有所作为,或者很容易按照政治案件的辩护惯例进行无效的操作。

如何在如此敏感案件中作出尽职尽责的辩护呢?我不禁想起北京大学法学院已故的杨敦先教授的名言:"**对于政治性案件,我只做一个法制主义者。**"杨教授从20世纪80年代开始,就多次接受委托或指定,为"林彪、江青反革命集团案"等重大敏感案件担任辩护人。不论这些案件涉及哪些方面的政治事件、政治人物和政治立场,他始终坚持以现行法律为依据,从事实认定和法律适用的角度,为委托人作出专业化的辩护,尽量在证据采纳、事实认定或法律适用等方面,提出自己的辩护观点,尽力为委托人争取无罪、罪轻的诉讼结果。

在前述陈某某案件的辩护中,律师也遵循了"政治问题法律化"的辩护操作思路。用他自己的话说,就是不去触及本案中的政治观点,既不对被告人的政治立场作出评价,也不提出自己的政治主张,而是根据我国刑法所确立的犯罪构成要件,论证煽动颠覆国家政权罪不能成立。笔者认为,仅仅用"政治问题法律化",还不足以完全概括该律师的辩护思路。准确地说,该律师的辩护思路应当有两条:**一是"坚守法治主义的辩护立场",将政治性案件往法律层面进行转化;二是"从理论和历史等多重视角进行论证"**,而不拘泥于刑法条文和刑法理论。

律师要从犯罪构成要件上推翻公诉方的指控,仅仅就犯罪构成谈论犯罪构成是远远不够的,也是没有说服力的。过去,很多律师过分拘泥于犯罪构成和刑法条文,或者仅仅关注有关的司法解释,所作的辩护没有开阔的视野,也没有足够的说服力。本案的事实认定没有争议,被告人确实在互联网上发布了一系列批评、抨击党和政府的文章。但这些文章究竟属于言论自由的范畴,还是构成煽动颠覆国家政权的行为呢？对这一问题的解答,才是本案辩护的要点之所在。

为有效地说服法官接受本方的观点,律师提出并论证了一些重要的理论观点,如"政府不等于国家""社会主义是一种经济制度""发表文章或言论根本不足以达到颠覆国家政权的效果"等。律师若没有扎实的理论功底,没有充分的理论准备,是无法提出这些令人耳目一新的理论观点的。与此同时,律师充分阐释了宪法上言论自由的含义和要素,论证了在互联网上发表文章的行为属于言论自由的范畴,属于被告人行使言论自由和监督权的具体表现。为强化本方观点的说服力,律师旁征博引,既援引了中共领袖的著名语录和相关观点,也引述了中国古代历朝搞文字狱、罗织罪名而导致冤狱遍地的事实,还分析了中国"文化大革命"的历史教训,在论证中可谓信手拈来,以无可辩驳的语录、观点和事实,论证了被告人在行使宪法所保护的言论自由和监督权的观点,令人心服口服。例如,律师援引章士钊为陈独秀案件辩护的观点,"以言论反对,或攻击政府,无论何国,均不为罪","政府不等于国家,民国的主权在民,复辟国体才是叛国,才是危害";律师援引邓小平、江泽民、胡锦涛关于党政分离的言论,论证执政党不等于国家政权的观点;律师援引毛泽东的言论,"让人讲话,天不会塌下来",以此证明中共领袖支持言论自由;律师援引联合国国际公约有关言论自由的条款,以及国际公约有关言论自由的边界条款,以证明被告人的行为没有造成"现实而紧迫的威胁"……这些论证方式都是可圈可点的。

这起案件的辩护经验表明,唯有坚持法治主义的立场,才能将政治上较为敏感的案件引入法律评判的规范之中。**要实现"政治问题法律化",就要像这位甘肃律师所做的那样,只对案件和被告人的行为作出法律上的评价,而不对案件作出任何政治性评判,更不要把法庭当作发表政治性言论和主张的舞台**。在一些案件的辩护中,有些律师不注意对自己的辩护观点加以节制,动辄提出诸如"被告人遭受政治迫害""办案机关属于一群违法犯罪分子""办案人员在人为制造冤假错案"等说法。这种政治性辩护除了激怒法官以外,不会取得任何积极的辩护效果。

此外,律师也不应对法庭审判案件这一事实本身作出政治性评价,更不应对审判人员、公诉人员作出政治定性。有些律师在法庭上要求法官、检察官回答"是不是中共党员",并要求所有具有中共党员身份的法官、公诉人回避,理由是"本案既不适合由中共党员主持审判,也不应由中共党员支持公诉"。这种没有任何法律依据的辩护理由，不仅无法达到应有的辩护效果，而且还会适得其反，引起法官、检察官的强烈反感和抵触，并最终损害委托人的正当利益。

不仅如此，**律师在政治性案件的辩护中，在坚守法治主义立场的前提下，还应发挥一定的想象力，进行充分的理论准备，从宪法、历史、政治、社会、国际法等多重角度寻找辩护观点的论据，对辩护观点进行全方位的论证，增强辩护的说理性，以达到说服法官的辩护目的**。在辩护过程中，律师当然要提出诸如"证据的证明力""非法证据排除规则""犯罪构成要件""事实清楚、证据确实充分的证明标准"等一系列法律概念，并从中提炼出证明被告人不构成犯罪或者应对被告人从轻处罚的观点。但对于那些存在重大争议的政治性案件，尤其是那种涉及言论自由与犯罪界限不明的复杂案件，律师仅仅拘泥于从证据法、程序法和实体法的角度进行论证说理，就有可能陷入技术主义的泥坑。在此情况下，假如从历史上论证任意入罪的教训，从宪法的角度论证被告人行为的正当性，从国际公约中寻找被告人行为正当性的依据，甚至从逻辑和经验层面论证被告人的行为不具有社会危害性，就能达到出神入化的辩护效果，为说服裁判者接受本方辩护观点打下坚实的基础。

适当利用社会和政治力量

国家专门机关拥有较为强大的国家权力,也善于调动包括上级机关、新闻媒体在内的一切社会政治资源,不仅可以将被告人加以"妖魔化",制造一种"被告人罪大恶极"的舆论,而且会通过处置涉案财物、长时间羁押等方式造成被告人构成犯罪的既定事实。在此情况下,假如过分苛求辩护律师墨守成规,只在法律程序内进行抗辩,无异于要求其"坐以待毙",违背基本人情和经验常识。因此,面对专门机关的强大政治影响,律师引入媒体和党政机关的力量,就属于一种必要的辩护策略。

办案机关与办案结局存在重大利害关系,并且可以通过办案获取重大经济利益,这是我国刑事司法制度存在的严重缺陷。即便经过多年的司法体制改革,这一问题仍旧没有得到根本的解决。尤其是在公司企业涉嫌单位犯罪的案件中,涉案金额动辄高达数百万元、数千万元甚至上亿元,侦查机关在立案侦查的初期,就采取诸如查封、扣押、冻结、拍卖、变现等诸多强制性处分手段,使得涉案单位的资金、财物或不动产被直接控制在侦查机关手中,甚至或直接或间接地通过财政部门的"收支两条线"处置机制,归入侦查机关名下,转化为侦查机关的办案经费或者侦查人员的奖励资金。而这些行为都发生在侦查过程之中,案件尚未被移送起诉,或者法院还没有来得及作出有罪判决。结果,在案件进入法庭审理程序之后,任凭律师付出天大的努力,任凭律师将无罪辩护意见"说破了天",也难以说服法院作出无罪的裁决。道理很简单,法院假如宣告无罪,就等于既剥夺了侦查机关业已获取的经济收益,也失去了"分一杯羹"的机会。更何况,侦查机关在我国政治体制中通常都具有较为显赫的地位,即要么具有较高的党内地位,要么具有对法院本身进行监督或者监察的宪法地位,而法院在整个刑事司法体制中既不具有独立的地位,也缺乏为行使司法裁判权所必需的权威性。可以说,在这类侦查机关事先对涉案财物采取强制性处分措施的案件中,律师如何展开有效的无罪辩护,向来是刑事辩护的一大难题。

那么,面对侦查机关试图掌控整个案件进程和诉讼结局的局面,律师究竟应如何展开辩护活动呢?下面一个案件的辩护过程就显示了律师充分利用当地社会力量和政治力量的经验和智慧,使得委托人避免了最坏的结局。

案例

2012年3月26日,湖北省某市中级人民法院开庭审理联谊有限公司涉嫌非法经营和高利转贷一案。根据检察机关的指控,2007年上半年,联谊有限公司因主营业务(钢材贸易)利润下滑,与雪正公司下属的民生典当签署合作协议,利用民生典当事业发展部合作开展典当业务。2009年1月,联谊有限公司相继注册成立了两家子公司——锴景工贸公司和谊信永和公司，两家子公司作为法人股东控股成立融泰典当公司。2007年10月至2009年5月，联谊有限公司与雪正公司合作，利用民生典当的印章和合同，共向17家企业发放2.5亿元贷款，共同获利1800多万元。2008年3月至2010年12月间，联谊有限公司又先后利用民生典当和融泰典当的印章和合同，向55家企业发放17亿多元的贷款，收取利息6400多万元。在发放的贷款中，有5400多万元属于银行信贷资金，该部分利息收入为131万多元。检察机关认为，根据央行的基准利率，银行年贷款利率最高不得超过6%。按照典当行2.8%的月息计算，则相当于年息33.6%；而若按照4%的月息计算，则年息高达48%，是银行年利率的8倍。联谊有限公司的放贷行为构成高利转贷罪。与此同时，联谊有限公司违反国家规定，未经中国银监会批准，非法从事金融业务，触犯相关法律规定，与其高利转贷属于竞合行为，应当以非法经营罪追究刑事责任。

在法庭审理中，针对公诉方的指控和观点，辩护律师从以下几个方面发表了辩护意见：一是该案典当业务行为的实施主体是融泰典当公司，而该公司是由谊信永和公司和锴景工贸公司控股设立的典当公司，联谊有限公司并没有直接实施典当业务，不应成为本案的被告人。二是应区分联谊集团与联谊有限公司，尽管有4000多万元的银行信贷资金进入联谊集团的大资金池，但融泰典当所使用的是自有资金，而不是银行信贷资金。三是无论是前期的民生典当还是后期的融泰典当，所从事的都是合法的典当业务，而没有非法发放贷款。四是针对公诉方指控被告人联谊有限公司"向不特定群体发放高利贷，违反国家规定"的观点，律师认为刑法意义上的"国家规定"只能是立法机关通过的法律和国务院通过的行政法规，公诉方所援引的国务院《非法金融机构和非法金融业务活动取缔办法》并没有将任何行为加以"入罪"，所援引的商务部《典当管理办法》则仅仅属于部门规章，不具有"国家规定"的效力，因此，被告人不构成非法经营罪。

2013年11月27日，某市中级人民法院作出判决，认定被告人联谊有限公司和高某不构成非法经营罪，但以转贷牟利为目的，利用金融机构信贷资金高利转贷他人，共计利用信贷资金4000余万元，违法放贷利息约为132万元，其行为均已构成高利转贷罪。

联谊有限公司涉嫌高利转贷、非法经营一案，被视为"领导批示、公安部交办"的"中国典当第一案"。联谊有限公司是一家以钢铁贸易为主营业务的民营企业,曾是全国十一家特大钢铁企业的代理商,也是武汉钢铁公司第一大经销商,位列全国钢铁贸易行业第四位,中南五省第一位,并连续九年进入全国民营企业500强。联谊有限公司董事长高某为第九、十届湖北省政协委员,武汉市武昌区第十三届人大代表,湖北省总商会副会长。2009年10月,审计署驻武汉特派员办事处根据举报,对联谊有限公司资金使用情况进行了专项审计,结论是联谊有限公司通过关联企业谊信永和公司(无典当资质)和锴景工贸公司(无典当资质)对外办理资金拆借业务累计发生额16亿多元,其中挪用银行信贷资金12亿多元,涉嫌高利转贷行为。根据该办事处移交的材料和审计报告,公安部于2010年7月通知湖北省公安厅对此案立案侦查。在湖北省公安厅的指点下,某市公安局负责侦办此案,并成立了专案组。

2010年8月26日,某市公安局封锁联谊有限公司总部,查封联谊有限公司的银行账号,将该公司流动资金5000万元予以划扣,转入某市公安局的账户。由于公司涉嫌犯罪,银行催收贷款,公司资金链中断,全部钢铁贸易业务陷入停滞状态。

2010年10月,某市公安局通过公安部经侦局将专案组拟定的《关于商请对武汉雪正等公司高利贷行为出具行政认定意见的函》,送交中国银监会进行行政认定。后者于次年作出复函,认定联谊有限公司等所实施的高利贷行为属于"非法金融业务活动",涉嫌犯罪,但也强调"鉴于来函中所提供的并非全部案情,请注意在犯罪行为有竞合、牵连关系时准确认定案件性质"。这份认定函后来成为检察机关提起公诉的重要依据。

在这起重大敏感案件的辩护过程中,律师充分运用自己的社会影响力,除了组建精明强干的辩护团队、形成切实可行的辩护思路以外,还进行了大量法律程序外的辩护活动。首先,及时向当地党政部门和政法主管部门反映案情,强调联谊有限公司的特殊地位和高某的特殊身份,影响当地舆论,推动当地党政负责人对此案作出"慎重处理"的批复,推动当地人大、政协形成议案、提案,呼吁重视湖北民营企业的刑事法律风险,要求"改善湖北投资软环境",以联谊有限公司案件为例编发有关民间投资环境问题的会议简报,推动湖北省政法委出台《政法机关服务企业营造公正安全发展环境的六项措施》。在律师的积极努力下,某市公安局迫于压力,将联谊有限公司的高管人员全部取保候审。其次,推动有关部门召开由省高院、检察院、公安厅、司法厅等参加的案件协调会议,使得案件的管辖层级被提升为由某市中级人民法院管辖,使得当地有关部门"将案件解决在某市"的期望化为泡影。律师形象地说,"管辖之战"胜利的意义不亚于辽沈战役在解放战争中的价值。最后,针对公安部门通过公安部刑侦局将案件提交最高人民法院寻求内部批复的举动,律师团队在及时掌握信息的情况下,向最高人民法院有关部门提交了律师意见书,全面提供了本案的事实情况,阐述了本案不构成高利转贷罪和非法经营罪的意见,避免最高人民法院有关部门偏听偏信,阻止了最高人民法院有关部门对本案提供书面批复的行为。这使得有关公安部门通过单方面影响最高人民法院以在开庭审理前获取内部批复的企图没有成功。

这起案件的辩护过程,可谓一波三折、惊心动魄。辩护律师最终说服法院作出被告人不构成非法经营罪的判决,殊为不易。按照辩护律师的说法,假如律师沿着传统的套路进行按部就班的辩护,这个案件的有罪结局将是没有任何悬念的。为避免最坏的结局,辩护律师利用一切可以利用的社会政治资源,与侦查机关展开了艰苦的"斗智""斗勇""斗法"。表面看起来,在抗辩能力和社会影响力方面,几个普通律师与"武装到牙齿"的侦查机关是不可同日而语的,两家民营企业对司法机关的影响力也是微不足道的。但是,律师采用了一种"借力打力"的辩护策略,借助于一系列社会政治力量,对侦查机关、公诉机关和法院施加了强大的压力,迫使其在不过分偏离事实和法律轨道的前提下有所妥协,选择了一种折中性的裁判方案。可以说,本案是律师运用社会政治力量取得辩护成功的经典案例,值得我们总结和提炼出一般的辩护经验。

第一,辩护律师应当具有强大的社会影响力。本案的辩护律师曾经担任当地法院的刑事法官,是多所大学法学院系的兼职教授,还是当地政法机关的专家咨询委员,在当地法律界享有崇高地位和良好声誉,并在当地律师协会担任刑事业务委员会的领导职务。这种地位一方面可以保证律师能够与当地政法机关保持畅通无阻的沟通和协商,另一方面也维护了律师的职业安全,避免了不必要的职业风险。

笔者向来认为,在我国从事刑事辩护业务的律师,应当充分地参与社会活动,提升自己的社会地位和政治地位,尽可能多地担任各种职务,为自己的执业活动提供一层又一层"保护膜"。在业务精通的前提下,律师应当在各级律师协会担任一定的专业职务,争取成为律师界的领袖人物,甚至成为当地政府的法律顾问;在尽量参与公益服务的基础上,律师应当兼任一些社会职务,争取成为当地的社会贤达;在保持专业服务和良好声誉的前提下,律师可以参与政治活动,加入民主党派,争取成为人大代表或政协委员,打通参政议政的路径;在与公检法机关保持良好工作合作的前提下,争取成为法院、检察院的专家咨询委员会委员,甚至成为当地法官、检察官遴选(或惩戒)委员会的委员……为此,律师在逐步摆脱了生存压力的情况下,应当在办案之余,适度参与社会活动,热心公益事业,积极参与律师协会的活动,提升自己的知名度,树立良好的公共形象。短期来看,这对自己的辩护业务可能没有明显的促进作用。但从长远角度看,特别是在遇到像本案这样的特大案件时,律师所拥有的这种社会政治积累和社会影响力,就会发挥出强大的作用。

第二,辩护律师应当通过各种渠道及时获悉案件的进展情况。很多案件的办理活动,都同时包含着两个方面的过程:一是正式的诉讼过程;二是非正式的内部"请示"和协调过程。对于前者,律师通常都能及时了解,但对后者,却未必能够随时把握其发展动态。尤其是对于公检法三机关向上级机关所作的请示汇报,上级机关对本案的批示指导,律师假如不明就里,无法了解事态的发展变化情况,就会陷入极为被动的境地。有时候,不了解案件的内部请示动态,律师别说对案件的结局施加有效的影响,就连案件什么时候产生最权威的解决方案都无从知晓。

经验表明,在公检法机关进行内部请示汇报的情况下,律师唯有知己知彼,了解案件进展情况,才能展开有针对性的辩护工作。本案的侦查机关最初通过省级公安机关,将案件报给公安部,后者则将案件送交最高人民法院,希望最高人民法院出具"认可本案构成非法经营罪"的意见。假如侦查机关获取了这种来自最高人民法院的意见,那么,当地一审法院、二审法院就不会再对被告人构成这一罪名持有异议了。可想而知,在两级地方法院都事先认可侦查机关有关本案构成某一罪名意见的情况下,律师在法庭上的辩护还有什么实质意义呢?

第三,辩护律师应当利用专家的力量。尽管社会各界对法学专家的论证意见一直持有异议,有人甚至提出了"取消专家论证"的激烈建议,但是,专家论证已经成为律师可以利用的辩护策略之一,却是一个不争的事实。就连公检法机关,在遇到重大、疑难或有争议的案件时,也会聘请专家提供专业性的建议。更何况,律师除了委托法学专家出具论证意见以外,还经常会委托诸如知识产权、环境保护、税收、金融、审计、证券等多领域的专家,出具专家意见,或者充当专家辅助人出庭作证。可以说,在我国目前的刑事司法体制下，利用好专家论证意见，是一项不可或缺的辩护策略。将来，随着我国司法体制改革的深入推进，法院审判的独立性得到切实的保障，律师的辩护意见得到充分的尊重，到那时，"专家论证意见"自然就会随之消失。法学专家与其他领域的专家一样，可以专家辅助人或者专家证人的身份，参与诉讼活动，甚至出庭作证。

在本案的辩护过程中，辩护律师邀请多位法学专家出具专家论证意见，并将该论证意见及时提交当地司法机关，甚至提交到有关党政部门手中。无论是在公检法机关讨论这一案件的定性时，还是在当地党政部门对此案进行"协调"的过程中，专家论证意见对本案不构成非法经营罪的论断，都对本案的处理产生了举足轻重的作用。

第四，辩护律师应当重视管辖问题。本案侦查机关曾试图推动案件在湖北某市一个基层法院进行一审，以便利用两审终审制的便利，争取在本地中级人民法院作出终审裁决。可想而知，在该侦查机关的负责人兼任当地政法委领导的情况下，当地的两级法院怎么会有独立审判权呢？为避免可以预见的不利结局，辩护律师将本案的管辖问题提交给了本省政法机关联席会议。在这次关键的会议上，多数意见主张本案应当"提高管辖层级"，由市级检察机关向中级人民法院提起公诉，从而保证案件至少由高级人民法院充当终审法院，以避免本案侦查机关所具有的强大政治影响力对法院审判的干预。辩护律师的这一努力，最终取得了成功，打赢了"管辖之战"，为最终说服法院"打掉"非法经营罪奠定了基础。

第三部分
刑事辩护的未来

刑事辩护业务的模块化与单元化
量刑辩护的精准化
协商与妥协的艺术
不发表不利于委托人的意见
　　——辩护律师的忠诚义务
被告人是最好的辩护助理
刑事辩护的第六空间
　　——由刑事辩护衍生出的民事代理业务
无筹码,不协商

刑事辩护业务的模块化与单元化

> 律师从事的是一种带有经营性的法律服务活动。要使刑事辩护业务走向专业化和高端化,律师需要将辩护业务划分为若干工作模块和单元,使得每一部分业务都能得到精细化的操作。与此同时,这种工作模块和单元划分得越科学和精细,律师的刑事辩护就越可能走向高端化。

律师从事的是一种带有经营性的法律服务活动。律师一方面要努力将自己的思想塞到别人脑子里,另一方面也要尽量把别人的财富转移到自己的腰包里。这是律师辩护成功的标志。可以说,确立一种合理的律师收费制度,是建立刑事辩护激励机制的关键之所在。但在刑事辩护的收费方式上,一直存在着两种极端的模式:一是计时收费模式,二是计件收费模式。所谓计时收费,是指根据律师投入某一案件的时间来计算辩护费用的模式。一些普通法国家和地区就比较流行这种收费模式。而所谓计件收费,则是指,律师在与委托人达成委托代理协议后一揽子收取所有辩护费用的模式。我国目前实行的基本上就是这种辩护收费模式。

这两种收费模式各有特点,也各有利弊,无法对其作出此优彼劣的评断。不过,我国实行的这种"计件收费"制度,目前越来越充分地暴露出其中的弊端和缺陷,成为一种"奖懒罚勤"的标志,违背了劳动价值论的基本原理,甚至已经到了严重制约刑事辩护制度发展的程度。这是因为,在律师与委托人签订委托代理协议之后,委托人需要付清全部辩护费用,然后律师才会开始从事辩护活动。委托人对律师的辩护工作缺乏基本的制约和监控,辩护律师掌握了刑事辩护工作的主导权,委托人一般只能消极地接受律师的辩护方案,被动地接受律师辩护的结果。在此情况下,一个尽职敬业的律师,或许可以提供富有成效的辩护服务。但假如委托人不幸遇上一个不负责任、敷衍塞责的律师,那么,整个辩护活动就将会一塌糊涂。可以说,在这种一揽子收费方式的影响下,委托人能否从律师那里获得有效的法律帮助,取决于律师自身的专业素养和职业伦理。另外,这种"先收费,后辩护"的收费方式,也会严重阻碍刑事辩护业务走向专业化和高端化。按照刑事辩护的基本规律,在接受委托从事辩护活动之前,律师通常既不了解某一案件的复杂程度,也不熟悉这个案件的争议焦点,更不清楚在这个案件的辩护过程中将会投入多少工作量。这个时候,律师往往根据经验和惯例来确定辩护费用的标准,而缺乏科学合理的评估和计算。有时候,律师往往根据案件的影响力、委托人的经济状况以及自身的知名度等因素来确定一个收费标准,而很难将收费标准与将来所要投入的时间、精力甚至人脉联系起来。而在经过一定的会见、阅卷、调查以及审慎的研究工作之后，律师逐渐了解了该案件的争议焦点和辩护空间，对即将投入到该案件之中的工作量也有了大致的认识。到了这个时候，律师或许会发现原来收取了较为合理的费用，但有时也会发现"收取的费用不足以抵偿自己的工作量"。但我国的国情决定了一旦收费完成，一般不得反悔。中间加收或者增加辩护费用，都被视为律师辩护工作的大忌，也往往会引发律师与委托人之间的严重冲突。就这样，在因为"少收辩护费"而心生后悔之意的状态下，部分律师仍不得不心不甘情不愿地开始整个刑事辩护工作。而在辩护工作缺乏充分激励的情况下，律师辩护的效果也就可想而知了。

这种"计件收费"方式的弊端，已经引起越来越多律师的反思。一些律师事务所开始对刑事辩护收费方式进行改革探索。当然，在现行刑事司法体制没有发生较大变革的情况下，单纯提高刑事辩护的收费标准，或者完全引入普通法国家和地区的"计时收费制"，都不是切实可行的改革路径。要增强律师辩护收费的合理性，并逐步提高律师辩护的整体收费标准，就需要引入一种新的思维方式，将律师辩护工作的专业化与收费标准的合理化密切结合起来。于是，一种结合了"计时收费"和"计件收费"优点的收费方式，在我国司法实践中逐渐出现。这种收费方式具有"基础性收费"和"延伸性收费"相结合的特点，也就是对每起案件的每个诉讼阶段确定一个相对固定的"最低收费标准"，律师需要投入一个最低限度的工作量。在此基础上，在委托人提出额外服务要求的情况下，律师可以提供一种延伸性的辩护服务，但也要收取额外的服务费用。由此，整个刑事辩护活动就被划分为一系列的工作模块或者工作单元。延伸性收费带有"菜单式收费"的特征，也就是由委托人根据案件辩护需要和自身经济状况来勾选新的辩护服务，律师根据"按劳取酬"的原则投入更多的时间和精力，同时也收取相应的劳动报酬。浙江某律师事务所在这一方面就作出了一些引人注目的探索。

2017年5月21日，浙江某律师事务所向社会公布了一份《刑事辩护标准化服务文本》（以下简称《标准化文本》）。这是一部旨在指导辩护律师收费和提供法律服务的标准指南。该所提出了刑事辩护工作标准化和辩护收费标准化的设想，试图以此逐步推动全国刑事辩护工作走向标准化和流程化。

这部《标准化文本》主要分为两个部分：一是"刑事辩护标准化服务价目表"，根据律师辩护工作的内容、工作量，并结合律师收费管理办法来加以确定；二是"刑事辩护标准化服务内容"，律师可以根据法律和本所办案经验来确定标准化的服务项目。

在"刑事辩护标准化服务价目表"部分，《标准化文本》为侦查、审查起诉、一审、二审等各个诉讼阶段规定了基础性服务内容，并确定了各阶段的收费标准；在此基础上，又确定了延伸性服务内容以及相应的费用调整标准。例如，在侦查阶段，基础性服务内容包括"会见六次""与侦查人员沟通三次""提交辩护意见一份""提交取保候审意见一份""申请和参加批捕听证会""接待家属八次"，而一次性收取的费用涵盖了上述服务内容。根据委托人的要求，侦查阶段可以增加延伸性服务内容，并对费用进行相应的调整。例如，每"增加一次会见"，增加若干费用；每"多一项罪名"，增加若干费用；每"多一节事实"，增加若干费用；每"多一名同案被告人"，增加若干费用。

又如，在第一审阶段，基础性服务内容主要包括"会见四次""制作庭审提纲一套""与公诉人法官庭前沟通一次""进行开庭辩护""提交书面辩护意见""庭审后与法官沟通一次""领取判决书""草拟上诉状""接待家属四次"。在此基础上，应委托人的要求，律师可以从事延伸性服务，并进行相应的收费调整。例如，每"延长审限一个月"，增加若干收费（含会见一次，与法官沟通一次，与家属沟通一次）；每"延期审理一次，时限为三个月"，增加若干费用（含会见三次，与法官、检察官沟通三次，进行补充阅卷，提出补充辩护意见）；每"增加一次开庭"，增加若干费用；每"多一项罪名""多一节事实""多一名同案被告人"，增加若干费用……

在"刑事标准化服务内容"部分，《标准化文本》确立了律师在侦查、审查起诉、第一审和第二审阶段所要提供的基本服务的内容。其中，对于侦查阶段，《标准化文本》确立了以"接待""会见"和"沟通"为核心的服务内容。这一部分列举了极为具体的服务内容，规定了律师接待家属时需要了解和反馈的主要情况，明确了会见在押嫌疑人时需要了解的事实和情况以及需要提供法律咨询、商讨辩护方案、转达相关家事的要求，阐述了与办案机关和办案人员进行沟通的途径、方法、需要了解的情况以及需要提出的诉求。

《标准化文本》将审查起诉阶段的服务内容划分为"接待""阅卷""会见""调查""沟通"等几个部分。除了对"接待家属""会见在押嫌疑人""与办案机关沟通"提出了较为具体的要求以外，该文本还明确了律师阅卷的基本操作方式：及时联系案管中心或案件承办人，约定阅卷时间和方式；递交手续，复制案卷材料；制作阅卷笔录；起草各类申请书和辩护意见；在退回补充侦查后及时补充阅卷。该文本还对律师的调查取证工作提出了具体要求，包括自行调查和申请调查的方式，以及查看现场、核实证据、"请教专家"的方法。

《标准化文本》将审判阶段的服务内容分为"接待""阅卷""会见""调查""开庭""沟通"等几个部分。其中，在第一审阶段，律师除了接待家属、继续阅卷、会见被告人、与办案人员沟通以外，还要在开庭环节注意发问方式、掌握举证技巧、调整辩论方案、及时提交书面辩护意见。而在第二审阶段，律师在进行一般性辩护工作的基础上，应注意提交相关申请，如开庭申请、调查取证申请、重新鉴定申请、排除非法证据申请、取保候审申请等；还应注意围绕上诉争议焦点问题展开法庭辩论；等等。

该律师事务所在标准化服务方面所作的探索，无疑走在我国刑事辩护界的前列。通过这种辩护模块的划分，辩护律师可以为委托人提供较为精细化的法律服务，同时也使得律师的收费与其所投入的工作量产生了密切联系。律师在收取一些基础费用的基础上，可以按照法律服务的数量来收取额外的服务费用。很显然，这种将辩护工作划分为若干模块的尝试，既有利于激励辩护律师提供尽职尽责的法律服务，也有利于委托人按照"菜单式收费"的模式来选择所需要的法律服务，体现了"责、权、利相统一"的原则。

为什么要将律师的辩护工作划分为若干模块和单元呢？

按照传统的辩护工作划分方法，律师通常会根据刑事诉讼程序的进程将其辩护工作划分为侦查阶段的辩护、审查起诉环节的辩护、第一审程序的辩护、第二审程序的辩护以及死刑复核程序的辩护等。应当说，对于那些争议不大的刑事案件，这种根据诉讼进程划分工作模块的方法，确实是无可厚非的。但是，对于案情重大复杂且需要律师投入大量专业化工作的案件而言，这种工作模块的划分就显得非常粗糙了。另外，按照我国刑事辩护界的传统收费方式，委托人在与律师签订委托代理合同之后，需要一揽子将全部辩护费用交到律师事务所，然后律师才开始刑事辩护活动。这就使得律师在签订合同和收取费用之后，完全占据了辩护服务的主导权，委托人对于辩护律师的制约作用大为减弱。因此，这种传统的工作模块划分方式以及一揽子收费方式，不仅在律师界存在广泛的争议，被认为背离了基本的市场规律，也经常导致辩护律师与委托人之间发生争端,委托人以辩护律师不尽职尽责为由投诉律师或者提出退费要求的情况时有发生。

经验表明,这种粗线条的辩护工作模块划分方法已经严重阻碍了刑事辩护的进一步发展。要确保律师的辩护工作走向专业化和高端化,唯有对辩护工作进行更为精细化的模块划分,并对每一模块的辩护工作提出更为精细化、标准化的要求,才能有效维护委托人的合法权益,实现有效的辩护。

具体来说,刑事辩护工作模块化和单元化的实现,有望达到以下几个基本目标:一是实现刑事辩护工作的精细化和专业化,工作模块划分得越精细,就越是要求律师提供专业化的辩护服务,律师在每个工作环节的辩护效果也就可以得到较为科学的评估。二是为辩护律师确立有效的激励机制,体现按劳取酬的基本原则。精细化工作单元的划分,可以为律师收取辩护费用提供科学的依据。这对于那些尽职尽责的律师而言,将是获得高报酬的保证;而对于那些专业精神不够的律师而言,也会在其收费方面产生立竿见影的不利影响。三是为委托人提供选择辩护服务的机会,使其可以量力而行,根据自身财力和需要来获得律师的辩护服务。四是可以督促律师提供有效的辩护,律师在每个单元中的辩护工作将得到细致的检验,那些无效的辩护工作也将容易暴露。委托人可以通过对每个工作模块服务质量的审核,对律师辩护进行更为有效的督促。

那么,究竟如何对辩护工作进行模块化和单元化的划分呢?

既然按照刑事诉讼程序的流程进行粗线条的工作单元划分存在着明显的缺陷和不足,那么,对刑事辩护工作的精细化划分就显得格外重要了。从律师辩护的基本形态出发,我们可以对这种辩护工作进行如下划分。

一是**审判前的辩护活动**。随着刑事辩护制度的逐步发展,审判前的辩护活动越来越走向精细化和专业化,这些辩护活动可以划分为以下工作模块:

立案前的辩护活动,目的在于将案件阻挡在立案程序之外;

侦查阶段的辩护活动,通过向侦查人员提供辩护意见,提出侦查取证违法以及嫌疑人不构成犯罪的意见;

审查批捕环节的辩护活动,通过向批捕检察官提出辩护意见,指出本案存在侦查程序违法的情形,以及嫌疑人不符合逮捕的条件;

审查起诉环节的辩护活动,通过向审查起诉的检察官提出辩护意见,指出侦查人员存在违法取证的情形,或者案件不符合起诉条件;

庭前辩护准备活动,包括会见在押嫌疑人、阅卷、调查取证、申请取保候审或者变更强制措施等活动。

二是**审判阶段的辩护活动**。在检察机关提起公诉之后，律师需要将其辩护工作进行较为精细化的划分，一般的辩护工作可以分为以下单元：

庭前会议的申请和参与，也就是通过启动庭前会议程序，就回避、管辖、非法证据排除、延期审理、证人出庭作证等程序性争议问题发表意见，提出诸如申请证人出庭作证、调取证据材料、重新鉴定等诉讼请求，就案件争议焦点问题的确定发表意见；

为申请非法证据排除所进行的程序性辩护活动，包括提交排除非法证据申请书、证明案件符合启动初步审查程序的条件、参与正式调查程序等程序性辩护活动；

无罪辩护活动，也就是针对检察机关起诉书指控的罪名，论证被告人不构成指控罪名；

量刑辩护活动，也就是针对检察机关提出的量刑建议，从量刑情节的角度，提出有利于被告人的量刑种类和量刑幅度；

涉案财物追缴和没收环节的辩护活动，也就是针对侦查机关查封、扣押、冻结、拍卖、变现以及自行处置的涉案财物，协助利害关系人论证其不构成"赃款赃物"，目的在于最大限度地避免委托人以及其他利害关系人的合法财产受到非法的追缴或者没收；

一审程序的辩护活动，也就是在一审法庭上，参与法庭调查和法庭辩论；

二审程序的辩护活动，也就是在二审法庭上，提出辩护意见，或者参与法庭调查和法庭辩论；

死刑复核程序的辩护活动，也就是在案件进入最高人民法院的死刑复核程序之后，通过会见、阅卷以及向承办法官提交辩护意见的方式，建议最高人民法院不核准死刑；

三是**法庭外的辩护活动**。也就是在案件进入刑事诉讼程序之后，律师在法庭之外所进行的必要交涉和协商工作，主要包括以下工作板块：

促成被告方与被害方达成刑事和解的工作，也就是通过参与被告方与被害方的协商和斡旋活动，促使双方就赔偿、放弃继续追诉等事项达成刑事和解协议的辩护活动；

组织专家论证并出具专家论证报告的工作，也就是在邀请到相关专业领域的专家的基础上，组织专家论证会，形成具有权威性的专家论证意见，或者邀请相关专家以专家辅助人的身份出庭作证；

向上级司法机关提交专家意见和辩护意见的工作,也就是在得知案件被提交上级司法机关进行内部请示报告之后,及时将辩护意见和专家论证意见提交给上级司法机关,以避免上级司法机关在听取一面之词的情况下作出不利于委托人的批复或者其他倾向性指导意见;

适度利用社会政治力量,进行必要的汇报和协调,也就是在刑事追诉机构已经对案件施加强大社会政治影响的情况下,律师利用各种社会政治资源,为了案件的公正处理进行庭外辩护活动。

当然,并不是每一个案件都要经历上述略显复杂的辩护环节。但是,根据每一个案件的具体情况,律师可以对该案的辩护工作进行类似工作模块的划分,以便为委托人提供一个较为精细的"工作菜单"。这样,刑事辩护工作就不再仅仅是根据刑事诉讼程序流程来进行单元划分,而可以根据律师所提供的法律服务的内容来区分工作模块,从而真正实现专业化的辩护操作方案。

以上是就辩护工作单元化和模块化所提出的基本设想。那么,**这种模块化和单元化的辩护工作划分,究竟会对律师收费制度产生哪些影响呢**?

按照传统的一揽子收费方式,律师在与委托人签订委托协议之时,就要收取全部辩护费用,然后律师才会开始刑事辩护工作。为避免这种收费方式的弊端,我们有必要根据辩护工作模块化和单元化的划分标准,对律师辩护收费方式作出全面调整。具体来说,**辩护律师的收费应当包括三大部分:一是基础性收费;二是延伸性收费;三是胜诉酬金**,也就是通常所说的"风险代理费用"。

所谓**基础性收费**,又可以被称为"合同费用",是指辩护律师与委托人一旦签订委托协议书,成立委托代理关系,就可以收取的基础性服务费用。我国各地司法行政机关和物价部门为律师辩护所设定的收费标准,其实可以作为基础性收费的基本标准。这部分费用可以在签订委托协议书之后,由律师事务所一揽子收取。在收取这部分费用后,律师应当为委托人提供基础性的法律服务。例如,律师可以按照刑事诉讼流程为委托人提供常规性的辩护服务,在会见、阅卷、调查、协调沟通等方面开展基本的工作。

所谓**延伸性收费,是指律师根据委托人所选择的工作单元所收取的激励性费用**。根据辩护律师与委托人的约定,律师在开展基础性会见、阅卷、调查取证、沟通协商等准备工作之外,对于所进行的额外准备工作,要收取延伸性费用。与此同时,律师在根据刑事诉讼程序流程从事常规性辩护活动之外,在审判前、审判环节以及庭审外所进行的额外辩护活动,应当成为收取延伸性费用的直接依据。

至于**胜诉酬金制度**,本来在民事诉讼代理中属于律师收费的常例,但在刑事辩护中却一直被视为禁区。其实,将胜诉酬金制度引入刑事辩护领域,不仅不会带来任何明显的负面作用,反而对于督促律师提供有效的辩护具有激励作用。例如,在作出无罪辩护和量刑辩护方面,辩护律师就可以与委托人签订一种风险代理合同,在收取基础性费用和延伸性费用之外,根据案件的诉讼结局,再根据约定收取一笔奖励性费用。又如,在涉案财物的追缴和没收方面,律师可以与委托人约定,未来在法院判决生效之后,可以根据委托人财产损失的减少幅度,按照比例收取相应的奖励费用。

为避免可能发生的职业风险,律师在现行制度框架下,应避免直接采取"风险代理"的方式,避免根据案件的某种诉讼结果来收取报酬。尽管如此,律师仍可以借鉴"胜诉酬金制度"的经验,将某一刑事辩护活动分为若干工作单元,签订相应的委托协议书或代理合同。在取得前一环节辩护成功的前提下,律师履行下一环节的合同,开展下一阶段的辩护活动。

量刑辩护的精准化

> 最高人民法院、最高人民检察院和各高级人民法院发布的量刑指导意见,不仅可以成为法官量刑的指引,还可以成为律师进行量刑辩护的武器和根据。辩护律师通过援引量刑指导意见,来提出精准化的量刑辩护意见,这属于一种可推广的辩护经验。

尽管人们对量刑辩护的性质有了初步的认识,然而这种辩护在司法实践中却仍然存在一些难以尽如人意之处。一方面,自20世纪80年代以来,我国律师界在刑事辩护中一直有一种"崇尚无罪辩护"的情怀,较为重视那种充满对抗精神的无罪辩护;而对于那种对抗性不强甚至带有技术操作性的量刑辩护,则既缺乏深入的研究,也没有给予真正的重视。另一方面,量刑辩护的重心在于各种非常具体的量刑事实和量刑情节,辩护律师要证明某一从重情节不成立,或者证明某一从轻情节、减轻情节或者免除处罚情节能够成立,需要进行扎扎实实的调查取证工作,需要投入大量的人力、物力、财力和时间。而相比之下,不少律师动辄通过阅卷、会见等常规性工作,就可以提出"案件事实不清、证据不足"的无罪辩护意见,或者指出侦查人员存在刑讯逼供等非法取证行为,这里的无罪辩护、程序性辩护有时反而并不需要投入太多的精力。因此,从"成本—收益"的角度来看,律师界对于无罪辩护和程序性辩护经常趋之若鹜,而在量刑辩护中则往往"例行公事",难以有真正有效的作为。尤其是一些法律援助律师所作的"量刑辩护",通常遵循既不会见也不阅卷的"惯例",在法庭上简单地陈述诸如"认罪悔罪""退赃""初犯偶犯"之类的情节,笼统地要求法庭"从轻处罚"。这种敷衍粗糙的指定辩护,也在一定程度上破坏了量刑辩护的声誉和形象。

那么,律师究竟应如何展开专业化的量刑辩护呢?2011年12月,人民网与全国律师协会共同举办了"2010年度最佳辩护词(节选)"的评选活动。经过专家严格评审,在征集到的百余篇辩护词中,有八篇辩护词获得一致好评,并入选获奖名单。其中,获得一等奖的唯一一篇是北京的一位律师的《陈某某涉嫌故意伤害罪辩护词》。这篇辩护词被认为"很好地把握了新出台的最高人民法院量刑指导意见,在量刑'技术'层面提出了'精准'的意见,条理清晰,论证有据,步步为营",被一致推举为量刑辩护的杰作。我们可以通过对该辩护词的分析,来观察律师是如何运用最高人民法院量刑指导意见所确立的量刑准则,根据案件事实来确定量刑起点、量刑基准,对主要量刑情节确定调节比例,最终提出数量化的量刑辩护意见。这种数量化、精准化的辩方式,代表了律师在量刑辩护领域的最新发展趋势。

案例

根据北京市人民检察院第一分院的指控,2009年11月27日,被告人陈某某接到其孪生弟弟的电话,得知后者路遇醉酒驾车的被害人崔某,受到恫吓,崔某扬言要将其置于死地。在陈某某的弟弟驾车逃离的情况下,被害人崔某纠集多名同伙,绕路驾车迎面将其截住,并将其从车上拽下殴打。接到弟弟的求救后,陈某某连同一名亲友一起赶到现场,与崔某一方多人厮打在一起。混战之中,陈某某手持利器将被害人崔某刺伤,后逃离现场。崔某当晚经抢救无效死亡。案发次日,陈某某在家人的陪伴下主动向公安机关投案自首,其家人也主动向被害人家属赔礼道歉,表示愿意进行经济赔偿。在法官的主持下,加害方与被害方就民事赔偿部分达成和解意见,陈某某家人赔偿被害人家属100万元。此前,被告人曾于2001年因故意伤害罪被判处缓刑,2006年因寻衅滋事罪被判处缓刑。

在法庭审理过程中,控辩双方对被告人构成故意伤害罪不持任何异议。公诉机关当庭提出对被告人陈某某适用无期徒刑的量刑建议。律师不同意这一量刑建议,认为对被告人应在有期徒刑幅度内进行量刑,综合考虑被告人的法定从轻、减轻情节,对各个量刑情节确定量刑调节比例,申请法院在有期徒刑5年至10年之间进行量刑。庭审结束后,经过合议庭评议表决,法庭采纳了辩护人的大部分辩护意见,判处被告人有期徒刑12年。

律师辩护的主要依据是最高人民法院2010年10月1日通过的《人民法院量刑指导意见》(以下简称《量刑指导意见》)。根据该指导意见,量刑的第一步是"根据基本犯罪构成事实在相应的法定刑幅度内确定量刑起点。存在故意伤害致一人死亡情形的,可以在10年至15年有期徒刑幅度内确定量刑起点。在量刑起点的基础上,可以根据伤亡后果、伤残等级、手段的残忍程度等其他影响犯罪构成的犯罪事实增加刑罚量,确定量刑基准。据此,辩护律师认为:本案被告人陈某某并不具备应被处以无期徒刑以上刑罚幅度的例外条件;被告人在被害人主动寻衅挑起事端的情况下,情急之下犯下罪行,案发后及时投案自首并如实供述自己的罪行,其犯罪行为的社会危害性以及应承担的刑事责任在同类犯罪中应处于中间水平。辩护人据此认为,对被告人量刑的基准刑应确定为有期徒刑13年为宜。

紧接着,辩护律师针对双方没有异议的四个主要量刑情节,分别提出了在基准刑基础上的调节比例。根据《量刑指导意见》,对于自首情节,一般可以减少基准刑的40%以下,犯罪较轻的,可以减少基准刑的40%以上或者依法免除处罚。辩护律师反驳了被害人诉讼代理人有关被告人属于恶意自首的意见,认为被告人依法构成自首,并且如实供述罪行,认罪态度诚恳。对于这一情节,可以确定调节比例为减少基准刑的20%—30%。

根据《量刑指导意见》,对于积极赔偿被害人经济损失的,综合考虑犯罪性质、赔偿数额、赔偿能力等情况,可以减少基准刑的30%以下。本案被告人及其家属深感歉意,具有赔偿的诚意,积极寻求各种有效途径与被害人家属接触,在经济拮据、没有赔偿能力的情况下,想尽一切办法,经多方筹措,主动将70万元交到法院,并答应会将剩余赔偿款予以付清。对此情节,辩护人认为可以减少基准刑的10%—20%。

根据《量刑指导意见》,因被害人过错引发犯罪或者对矛盾激化犯罪负有责任的,可以减少基准刑的20%以下。本案被害人崔某对本案冲突事件的发生、矛盾的激化、纠集众人参与群殴以及伤害结果的发生都有重大责任,存在明显的过错。对此情节,可以确定10%—20%的调节比例。

根据《量刑指导意见》,对于有前科劣迹的,综合考虑前科劣迹的性质、时间间隔长短、次数、处罚轻重等情况,可以增加基准刑的10%以下。针对被害人诉讼代理人有关被告人构成累犯的意见,辩护人认为,被告人两次犯罪都被宣告缓刑,既然被告人未被执行刑罚,就不符合累犯的在刑罚执行完毕后又犯新罪的条件,故被告人虽有前科,但不构成累犯。针对这一前科情节,辩护人认为可以确定基准刑10%的调节比例。

在对主要量刑情节的调节比例加以确定的基础上,量刑辩护的关键步骤是整合量刑情节的调节比例,确定宣告刑。根据《量刑指导意见》,具有多种量刑情节的,要根据各个情节的调节比例,采用同向相加、逆向相减的方法,确定全部量刑情节的调节比例,再对基准刑进行调节。据此,辩护律师认为可以有两种调节方法:一是最高调节比例 30%+20%+20%-10%=60%;二是最低调节比例 20%+10%+10%-10%=30%。这样,在基准刑13年的基础上,减去上述最高或最低调节比例之后,就可以在5年至10年之间确定宣告刑。

当然,这一经过对全部量刑情节调节比例的计算所确定的宣告刑,已经低于刑法有关故意伤害致人死亡的法定最低刑。根据《量刑指导意见》,量刑情节对基准刑的调节结果在法定最低刑以下,具有减轻处罚情节,且罪责刑相适应的,可以直接确定为宣告刑;只有从轻处罚情节的,可以确定法定最低刑为宣告刑。辩护律师认为,本案被告人陈某某具有自首这一减轻处罚情节,因此可以根据调节结果来确定宣告刑。

北京市第一中级人民法院经过法庭审理,采纳了辩护律师的大部分辩护观点,最终确定了有期徒刑12年的量刑裁决。对此裁决,控辩双方都没有表示异议,案件一审判决最终发生法律效力。

这是一个根据数量化的量刑方法来作出量刑辩护的经典案例,是律师在量刑辩护精准化方面所作的有益尝试。律师的辩护词之所以获得律师界的肯定,不仅是因为其用词精准,语言流畅,讲究所谓"法庭辩论的艺术",更主要的是因为律师严格遵循最高人民法院的《量刑指导意见》,在确定基准刑的基础上,对于每个量刑情节对量刑结果的影响都确定了调节比例,并根据"同向相加,逆向相减"的原则,提出了本方的量刑意见。尽管法院的判决并没有完全接受辩护律师的量刑意见,但最终的量刑裁决却显然受到了律师量刑辩护的深刻影响。律师在这一案件中的辩护经验表明,无论是最高人民法院、最高人民检察院颁布的量刑指导意见,还是各高级人民法院发布的更为细化的量刑指导意见,都不仅可以成为法官量刑的指引,而且可以成为律师进行量刑辩护的武器和根据。辩护律师通过援引量刑指导意见,来提出精准化的量刑辩护意见,这显然属于一种可供推广的辩护经验。

自2010年以来,最高人民法院开始在全国推行"量刑规范化改革"。这一改革包括两个不可分割的方面:一是实体上的数量化量刑方法;二是程序上的定罪与量刑相对分离制度。前者是指对常见罪名确定基准刑,并对常用量刑情节确定量刑调节比例,使法院最终根据对量刑调节比例的综合计算,来确定一个大体合理的宣告刑。后者则是指通过确立相对独立的量刑程序,公诉机关提出独立于起诉书的量刑建议,律师提出独立于无罪辩护的量刑辩护意见,法院在对量刑问题进行相对独立的法庭调查、法庭辩论的基础上,确定最终的量刑方案,并在一份裁判文书中提供量刑裁判的专门理由。改革者试图通过推动这一改革,来有效规范法官在量刑方面的自由裁量权,实现量刑裁决的准确性和公正性,避免在量刑方面出现不均衡或者不公正的问题。

对辩护律师来说,量刑规范化改革既提供了一个难得的机遇,也带来了严峻的挑战。所谓机遇,主要是指律师不仅有机会提出本方的量刑情节,质疑公诉方的量刑情节，而且可以根据量刑指导意见，从基准刑、调节比例、综合计算等方面来提出一种精确的量刑意见，使得量刑过程变得更为公开化、透明化和对抗化，辩护律师有更多机会来说服法官接受本方的量刑辩护观点。但是，我国律师界长期以来一直存在着"重无罪辩护，轻量刑辩护"的问题，动辄强调推翻公诉机关的指控罪名，动辄作出"事实不清、证据不足"的无罪辩护，而对于那种对抗程度不太激烈的量刑辩护，则既缺少激情和动力，也缺乏专业化的训练。结果，律师界在量刑辩护过程中普遍存在辩护不足或者无效辩护的问题。不少刑事法官也对律师界的量刑辩护颇有微词，甚至提出尖锐的批评。再加上一些法律援助律师由于报酬过低、能力有限等方面的原因，在通常所从事的量刑辩护中很少进行较为充分的准备。

那么，律师究竟如何运用数量化量刑方法进行有效的量刑辩护呢？根据不少律师的辩护经验，这种精准化的量刑辩护包含以下几个要素：一是将公诉机关的量刑建议作为辩护的对象；二是通过质疑公诉方的量刑情节以及提出有利于被告人的量刑情节，来确定量刑情节的范围；三是在确认全部量刑情节的前提下，确定基准刑，确定各个量刑情节的调节比例，并计算出初步的宣告刑，从而提出本方的量刑意见。

首先，**量刑辩护是针对公诉机关的量刑建议而展开的**。如果说无罪辩护是以起诉书作为标靶的话，那么，量刑辩护则是以推翻或者削弱公诉机关的量刑建议为目的的辩护活动。通常，公诉机关的量刑建议要么以"量刑建议书"的形式提出，要么以口头"量刑建议"的形式出现。但无论以哪种方式出现，量刑建议都包含着公诉机关所认定的量刑情节，以及根据这些情节所主张的量刑种类和量刑幅度。而量刑辩护的目的，就是要对公诉机关所认定的量刑情节进行证伪，对公诉机关所主张的量刑种类和量刑幅度加以质疑。在一定程度上，量刑辩护也是一种证明公诉机关量刑建议不能成立的辩护活动。但是，仅仅对量刑建议进行质疑或者证伪还远远不够。要达到最大限度说服法官作出有利于被告人量刑裁决的效果，律师还要提出本方的量刑情节，主张本方的量刑种类和量刑幅度。可以说，量刑辩护包含着"先破后立"的辩护过程。

其次，**在量刑辩护过程中，对量刑情节的清理和确定是一项基础性的工作。这同时包含两个密切联系的过程：一是对公诉方确认的量刑情节进行质疑；二是提出本方所主张的量刑情节**。针对公诉方提出的诸如被告人系主犯、累犯、教唆犯等法定量刑情节，或者被告人主观恶性较强、社会危害性较大、认罪态度不好等酌定量刑情节,辩护律师假如认为其中的量刑情节是没有证据支持的,应当及时加以质疑,通过有效的质证,说服法官不接受这些量刑情节。

与此同时,假如案件存在被告人系自首、立功、坦白、从犯、未成年人、精神病人等法定量刑情节,或者案件存在被告人认罪态度较好、积极退赃退赔,被害人存在过错,被告人与被害人达成和解协议等酌定量刑情节的,辩护律师也要当庭据理力争,通过举证活动,说服法官采纳本方提出的有利于被告人的量刑情节。

可以说,通过上述一反一正的论证和抗辩活动,辩护律师可以促使法官全面考虑量刑情节的范围,将那些经得起检验的量刑情节确立下来,为下一步的量刑裁决奠定基础。

最后,精准化量刑辩护的核心环节是,在确认全部量刑情节的基础上,律师需要运用数量化的量刑方法,确定案件的基准刑,对每个量刑情节确定增减调节比例,并提出本方所主张的初步宣告刑。基准刑是在不考虑任何量刑情节的情况下,根据案件的犯罪构成要件,也根据行为人"犯罪既遂"的情况,所确立的基础性的量刑种类和幅度。辩护律师可以根据案件所构成的罪名,也可以根据最高人民法院、最高人民检察院发布的量刑指导意见,确定本案的基准刑。在此基础上,辩护律师还要对每个量刑情节确定具体的调节比例。通常,律师需要对不利于被告人的量刑情节确定"加项比例",而对有利于被告人的量刑情节则确定"减项比例"。考虑到量刑指导意见对每个量刑情节都确立了一定幅度的调节比例,辩护律师也可以确定本案"最高加项比例"和"最低加项比例",对减项比例也可以作出这样的界定。接下来,根据"同向相加,逆向相减"的原则,将加项比例和减项比例进行综合计算,最终确定"最高综合调节比例"和"最低综合调节比例"。然后,再根据基准刑的幅度,确定初步确认的最高宣告刑和最低宣告刑。

当然,上述精准化量刑辩护方法是律师针对案件的量刑所采用的辩护方案。假如案件存在无罪辩护的空间,律师仍然要在无罪辩护方面作出努力。假如案件没有无罪辩护的可能性,律师则可以在量刑辩护方面大显身手。但即便是在提出无罪辩护意见的情况下,律师在征得委托人同意的前提下,仍然可以就量刑问题提出这种精准化的量刑辩护意见。应当说,在被告人自愿认罪的普通程序之中,以及在案件适用简易程序或者刑事速裁程序的情况下,律师对这种精准化量刑方法的应用可以有更为广阔的空间。

协商与妥协的艺术

> 刑事辩护是一种说服法官的艺术。律师不能一味地对抗到底,或者单纯地"为对抗而对抗"。必要时,辩护律师还可以进行适度的协商和妥协,也就是通过对对方诉讼观点的全部接纳或部分认可,取得"宽大刑事处理"的结果。

传统的刑事辩护是一种充满对抗的活动。从第一审程序的角度来看,所谓刑事辩护,其实是一种通过推翻或者削弱公诉机关指控的罪名来说服法院接受本方辩护意见的诉讼活动。与公诉机关立场、观点和诉讼主张的冲突与对抗,是刑事辩护的常态,也是辩护律师为委托人利益而斗争的内在应有之义。当然,这样说并不意味着审判前程序和第一审以后的程序中不存在诉讼对抗活动。其实,无论是侦查终结前与侦查机关的交涉,还是审查逮捕阶段对检察机关的说服活动,都存在着辩护律师与侦查人员诉讼观点和立场的冲突。而在第二审程序和死刑复核程序中,辩护律师要与形式上的"公诉机关"进行诉讼对抗,更要将第一审法院或第二审法院的裁判结论视为"假想敌"。若要在这些阶段取得辩护的成功,就必须将这些不利于被告人的裁判结论予以全部推翻,或者说服二审法院或最高人民法院撤销原审法院的部分裁判结论。

但是,刑事辩护毕竟也是一种说服法官的艺术,而诉讼对抗则只是说服法官的一种手段。要成功地说服法官接受本方的诉讼观点,辩护律师就不能一味地对抗到底,或者单纯地"为对抗而对抗"。换句话说,在诉讼对抗之外,辩护律师还有其他足以说服法官的手段和方式,那就是适度的协商和妥协,也就是通过对对方诉讼观点的全部接纳或者部分认可,来最大限度地维护委托人的合法权益。比如,辩护律师在侦查终结前说服委托人认罪悔罪,或者为侦查机关提供其他犯罪线索,帮助其破获其他刑事案件,从而换得侦查机关作出撤销全部或部分案件的决定;辩护律师在审查起诉阶段说服委托人及时退还赃款赃物、赔偿被害人损失,从而换得检察机关作出不起诉的决定;辩护律师在审判阶段说服委托人认罪悔罪,与被害方达成刑事和解,从而说服法院作出从轻、减轻或者免除刑事处罚的裁决。而随着2014年以来"认罪认罚从宽制度改革"的逐步推行,辩护律师在各诉讼阶段都可以说服委托人自愿认罪,接受刑事速裁程序,并与公诉机关就量刑问题进行交涉,达成最有利于委托人的量刑协议,从而促使法院作出较大幅度的宽大处理。

可以说,在刑事诉讼的各个阶段,辩护律师在委托人同意的前提下,与侦查机关、公诉机关乃至法院通过协商达成协议、通过妥协换取委托人利益最大化的辩护活动,都有了越来越大的空间。在一定程度上,刑事辩护既是诉讼对抗的艺术,也是协商与妥协的艺术。过去,很多律师比较擅长也极为热衷于"对抗式的辩护",而对"协商和妥协式的辩护"则既不具有基本技能也缺乏必要的热情。本着与时俱进的精神,律师应对这种协商和妥协式的辩护方式,给予高度重视,将其视为一项基本的辩护技能,总结其经验,掌握其要领,并汲取那些在这一领域取得成功的律师的智慧。以下就是一个律师从事这类辩护的经历。①

案例

2017年4月10日,嫌疑人孟某因涉嫌诈骗被广州市海珠区公安分局刑事拘留。根据会见在押嫌疑人以及向海珠区公安分局了解到的情况,辩护律师得知嫌疑人孟某2014年与广州市人力资源市场服务中心签订劳动合同,被派驻广州某股份有限责任公司(以下简称"某公司"),担任物流部的司机,负责驾车送货工作。在2014年至2016年工作期间,孟某担心车辆超载会被罚款,因此避开高速公路,改走国道,但将虚假的高速公路费收据交公司报销。某公司在审批孟某报销路桥费的申请时,发现孟某虚报了费用,发票所载的行驶路线与实际行驶路线也不相符,路桥费虚报金额达88674元。于是,该公司向公安机关报案,公安机关遂立案侦查。

案件发生后,某公司派人与孟某多次沟通,督促其退回所虚报的款项,但因为孟某家庭经济非常困难,上有年迈卧病在床的父母,下有三个未成年子女,其妻子在家务农,全家唯一的生活来源是孟某每月不足2000元的微薄工资收入。但孟某再三表示会尽一切努力退回这些费用,并多次向妹妹等亲友借款求助,其妹妹求亲告友等措了7000元,还给被害单位。经了解,孟某虚报的欠款大都被用于支付父亲脑梗的医疗费用,少部分用于家庭开支。

在接受嫌疑人家属委托后,律师在家属没有收到拘留通知书的情况下,想办法查明了孟某被羁押在广州市海珠区看守所,并随即进行了会见预约登记。4月17日,律师与孟某进行了第一次会见,了解了案件的基本情况,随即形成了初步的辩护方案:一是作无罪辩护;二是建议孟某尽快将没有还清的虚报款项归还被害单位,争取得到被害单位的谅解,并拿到谅解书;

---

① 关于本案辩护律师办案经过和相关法律意见书的内容,参见邓忠开:《又一起无罪辩护!直击邓忠开律师办案实操》,载微信公众号"金牙大状",2017年5月18日。

三是就嫌疑人的家庭特殊情况,委托村委会出具书面证明;四是尽快出具《关于涉嫌诈骗罪的孟某没有犯罪故意,且情节显著轻微不构成犯罪应予释放的法律意见书》。对此辩护思路,孟某表示完全同意。

4月19日上午,律师与孟某的妹妹取得联系,告知其上述辩护方案,后者表示完全赞同,并答应继续筹措款项。当日下午,律师与孟某妹妹一起去了被害单位,与单位工会主席进行了深入的了解和沟通,并表示会尽快将孟某剩余的虚报费用予以还清,并恳求公司尽快出具谅解书。经过艰难的谈判,工会主席要求孟某首先写出一份检讨书,还款也要有孟某的亲笔委托书,公司才会收下这笔款项,然后再来讨论出具谅解书的问题。律师提议由孟某妹妹代为书写一份检讨书,遭到工会主席的拒绝,后者要求必须由孟某亲自书写。

第二天上午,律师第二次会见在押嫌疑人,将其妹妹代为书写的检讨书读给他听,并征求了他的修改意见。当日下午,律师偕同嫌疑人妹妹再次来到被害单位,该公司的工会主席和物流部的经理看过检讨书后,都认为嫌疑人反省不深刻,无法接受这种检讨,也表示无法向公司交差,要求孟某重新书写,并提到了需要深刻检讨的内容。

4月21日,经向多方亲友筹措借贷,孟某妹妹终于凑齐了81674元,通过银行汇入被害单位的账户。经与工会主席电话确认,被害单位已经收到全部88674元涉案款项。

4月26日,律师按照被害单位的意思将检讨书重新写了一遍,并将检讨书的电子版发给孟某妹妹,后者转发给了被害单位的工会主席。工会主席接受了这份检讨书,并答应尽快交公司讨论决定,尤其要取得股东的同意,才能决定是否出具谅解书。

5月2日,孟某妹妹告知被害单位终于出具了谅解书,原件已经提交给海珠区公安分局某派出所警官,并将谅解书复印件发了过来。律师随即将《关于涉嫌诈骗罪的孟某没有犯罪故意,且情节显著轻微不构成犯罪应予释放的法律意见书》连同村委会证明、两张转账单、谅解书等打印出来,以特快专递寄了出去。

5月10日,"37天黄金救援期"快过了,律师向海珠区公安分局递交了一份《取保候审申请书》。次日,办案民警通知律师领取一份《不予变更强制措施通知书》,该通知书拒绝了律师所提出的变更强制措施的申请,理由是孟某作案后一直潜逃在外,对其采取取保候审不足以防止发生社会危险性。律师意识到公安机关很可能向检察机关提请批准逮捕,下一步的工作应当是向检察机关提交不起诉意见书。

5月16日,律师重新起草了一份《关于涉嫌诈骗罪的孟某犯罪情节显著轻微,危害不大,不认为是犯罪,应予释放的法律意见书》,通过快递寄给了海珠区检察院。

5月16日当晚,律师接到孟某家属电话,被告知派出所要家属带上1000元钱,为孟某办理取保候审。海珠区公安分局向检察机关提请审查批准逮捕,检察机关作出了不批准逮捕的决定。公安分局最终作出了取保候审的决定。

律师提交给检察机关的法律意见书认为,行为人没有虚构事实,没有隐瞒真相,被害单位没有受到实质上的财产损失,孟某没有非法占有他人财物的主观故意,不构成诈骗罪。与此同时,孟某已经退还88674元,并得到被害单位的谅解,答应不再追究其刑事责任。尽管涉案金额较大,但根据2011年最高人民法院、最高人民检察院《关于办理诈骗刑事案件具体应用法律若干问题的解释》,行为人具有法定从宽处罚情节,一审宣判前全部退赃、退赔,被害人谅解,其他情节轻微、危害不大等情形的,检察机关可以作出不起诉或者免予刑事处罚的决定。据此,建议检察机关对此案作出不起诉的决定。

本案的辩护律师为争取检察机关作出不批捕和不起诉决定的诉讼结局,进行了一系列辩护活动。其中最值得关注的是律师与被害单位的协商和斡旋活动。在这类情节显著轻微的刑事案件中,被告人获得被害方的谅解通常是司法机关终止刑事诉讼程序的前提要件。为取得被害单位的谅解,辩护律师反复做被告人及其近亲属的工作,通过多方借贷,筹措到了资金,将赔偿金交给被害单位,并提交了体现被告人真诚悔过态度的检讨书,最终赢得了被害单位的谅解。与传统的对抗性辩护不同,律师在本案中主要进行的是斡旋、协商、沟通和促成谅解的活动,并通过这些活动,有效地说服检察机关先后作出了不批捕和不起诉的决定,最大限度地维护了委托人的利益。

过去,律师界所进行的辩护大都带有"大专辩论会"的性质,动辄通过举证、质证和辩论等抗辩活动,来推翻或者削弱公诉方的诉讼主张,并说服法院作出有利于被告人的裁判结论。但是,**随着刑事司法改革的逐步推进,我国刑事政策发生了显著的变化**,辩护律师经常要通过参与斡旋、协商、沟通来达成妥协,通过一种"退一步海阔天空"的方式,换得委托人利益的最大化,或者将委托人的损失降到最低限度。有些律师很好地掌握了这种辩护活动的要领和艺术,在对协商和妥协的把握上达到了出神入化的程度。

通常而言,辩护律师的协商与妥协主要发生在以下几个情境之中:一是通过协助委托人进行积极赔偿,与被害方达成刑事和解协议,从而换得司法机关的无罪处理,或者获得较为宽大的量刑结果;二是通过说服委托人积极认罪,与公诉方签订认罪认罚协议,使得案件通过认罪认罚从宽等特殊程序获得宽大处理;三是通过说服委托人积极退赃,认罪悔罪,来换得法院适用缓刑、认定自首或者给予其他宽大处置。

在前述案例中,律师通过积极斡旋,说服了被告方尽其所能赔偿被害单位的经济损失,并向被害单位出具了检讨书,换得了被害单位的谅解,并最终说服检察机关作出不批捕和不起诉的决定,使得案件以被告人被宣告无罪而告终。在司法实践中,类似这种通过积极赔偿被害方经济损失来换得无罪处置的案例还有很多很多。但无论如何,这种通过支付一定的"赔偿金""补偿金"或者"抚恤金"换得的法院从宽处理的结果,本身就是一种协商和妥协的结果。辩护律师唯有说服委托人提供此类经济赔偿,才有可能为司法机关说服被害方接受最终的无罪裁决创造必要的条件。而只有被害方得到真正的安抚,不再进行诸如申诉、信访或者诉诸媒体等活动,法院才能没有后顾之忧地作出无罪之宣告。

当然,被告方与被害方达成刑事和解协议,更多是为了获得较为宽大的量刑处理。我国刑事诉讼法将刑事和解的适用范围限制得过于狭窄,使其主要适用于那些可能判处三年有期徒刑以下刑罚的故意犯罪,以及可能判处七年有期徒刑以下刑罚的过失犯罪,且确立了其他诸多方面的限制条件。但是,在司法实践中,真正具有达成刑事和解协议条件的案件通常集中在两类极端案件之中:一是那些可能适用缓刑的轻微刑事案件;二是那些可能适用死刑的重大刑事案件。在这两类刑事案件中,被告人通过与被害方的协商,有望获得适用缓刑或者不适用死刑立即执行的机会。尤其是在那些被害人有一定过错、被告人真诚认罪悔罪的案件中,促成被告方与被害方的刑事和解,几乎是辩护律师无法绕开的辩护思路。

为促成双方达成这种刑事和解,辩护律师可以从以下几个方面展开斡旋、协商和沟通的工作:一是说服本方委托人认清形势,了解自身的危险处境,要通过一切途径获取适当资金,必要时不惜求亲告友,卖房告贷,以便筹集足够的资金；二是在说服本方委托人接受刑事和解方案的基础上，与被害方进行适当的斡旋和协商，劝说对方放弃不切实际的幻想，降低经济赔偿的期望值，获取较为合理的赔偿；三是在对方愿意接受被告方认罪悔罪、真诚道歉以及经济赔偿的情况下，说服对方尽快签署刑事和解协议书，表明放弃申诉、信访以及其他诉求的机会，愿意接受司法机关依法作出的一切刑事处理；四是在对方暂时不接受经济赔偿的情况下，辩护律师也应及时将被告方积极赔偿的意愿和行为告知司法机关，并尽量将拟作为赔偿金的资金交付司法机关，只有交给法院、检察院保管，律师才可以说服其认定被告方"具有赔偿的意愿和积极行为"，并将此作为酌定从轻处罚的情节。

除了推动被告方与被害方达成刑事和解协议以外，**辩护律师还可以在推动案件进入认罪认罚从宽程序上有所作为**。所谓"认罪认罚从宽"，既是一种刑事司法改革的举措，也是一种新的刑事政策。根据这一政策，在嫌疑人、被告人自愿认罪并愿意接受公诉方所指控的罪名和所提出的量刑建议的情况下，法院对被告人可以作出较为宽大的刑事处罚。在这一政策的影响下，我国刑事诉讼程序被分为两大模式：一是被告人不认罪的普通程序；二是被告人认罪的特殊程序，包括被告人认罪的普通程序、简易程序以及刑事速裁程序。在嫌疑人、被告人自愿认罪，而案件确实不具有任何无罪辩护空间的情况下，律师应当推动案件尽快进入认罪认罚从宽程序的轨道，以确保案件尽快得到较为宽大的刑事处理。为此，辩护律师可以展开以下几个方面的协商活动：一是说服嫌疑人、被告人尽早作出认罪的表示，以便公检法机关尽快将案件纳入认罪认罚从宽的"快速轨道"之中；二是与检察机关就量刑问题展开协商，必要时进行一定的讨价还价，以便为被告人争取到最为"优惠"的量刑方案；三是督促侦查机关、检察机关对案件作出不批准逮捕的决定，使得嫌疑人、被告人不被采取羁押性强制措施，以便为法院判处轻刑或者缓刑创造前提条件；四是在法庭审理中，律师应当督促法院重点审核案件在定罪上是否具有基本的事实根据，被告人认罪是否具有自愿性，是否了解认罪的法律后果；五是一旦发现被告人认罪存在不自愿、不明智的情形，或者案件在定罪上存在重大的合理怀疑，那么，辩护律师应当推动案件从认罪认罚从宽程序转向普通程序，或者说服被告人提起上诉，在二审程序中获得相应的司法救济。

除了在刑事和解和认罪认罚从宽方面有所作为以外，**律师还可以通过说服被告人认罪悔罪、积极退赃，来为其争取最大限度的量刑"优惠"**。根据我国的刑事法律，被告人要获得包括缓刑的适用、自首的认定等方面的宽大处置，都需要有认罪悔罪和积极退赃等行为表现。而很多被告人由于不了解这些方面的法律规定和刑事政策，经常心存侥幸，无法为法院作出宽大处理创造必要的条件。因此，在案件确实不具有无罪辩护空间的情况下，基于委托人利益最大化的考虑，辩护律师应当说服委托人放弃对抗或者翻供，通过积极认罪悔罪，来与公诉方达成协议。与此同时，为说服法院适用缓刑或者判处轻刑，律师也可以根据案件需要，在委托人力所能及的范围内退还赃款赃物，以便为说服法院适用缓刑或者轻刑创造条件。当然，律师应本着维护委托人利益的原则，在说服委托人作出一定让步的情况下，也要为其换取相应的诉讼利益。

不发表不利于委托人的意见
——辩护律师的忠诚义务

> 在委托人不接受律师辩护观点的情况下,律师即便要作无罪辩护或程序性辩护,也要与委托人进行充分沟通和协商。未经委托人的同意或者授权,律师不得从事任何违背委托人意志的辩护。这既是忠诚义务的要求,也是有效辩护的体现,更是辩护律师职业伦理的基本要求。

在刑事辩护的过程中，律师究竟应当如何处理与委托人之间的关系？在与委托人辩护观点不一致的情况下，辩护律师能否进行独立辩护？在与委托人反复协商，而委托人仍然执意坚持律师无法接受的辩护思路的情况下，律师还能继续从事辩护活动吗？辩护律师能否在违背委托人意愿的情况下，依照"事实"和"法律"进行客观独立的辩护？……

对于这些问题，不仅法学界一直存在激烈的争议，而且就连律师界都有不同的观点。2000年，全国律师协会颁布实施的《律师办理刑事案件规范》，曾确立了律师"独立辩护"的原则。根据这一原则，"律师担任辩护人或者为犯罪嫌疑人提供法律帮助，依法独立进行诉讼活动，不受委托人的意志限制"。按照田文昌律师的看法，这一律师独立辩护原则，导致律师经常在违背当事人意愿的情况下进行辩护活动，在法庭上出现被告人坚决不认罪，而律师却作有罪辩护；或者被告人认罪，律师却作无罪辩护的情形。这显然是对律师职业道德和辩护原则的一种误判。这一错误理念至今仍然指引着部分律师在法庭上错误地行使辩护权，造成律师与被告人之间的冲突，也导致了人们对于律师职责和律师制度的误解。

2017年5月，在全国律师协会召开的关于修改《律师办理刑事案件规范》的座谈会上，与会的学者和律师就律师"独立辩护"问题发表了意见，也提出了针锋相对的观点。一种基于"公正义务"立场的观点认为，律师应当"依据事实和法律"进行辩护，而不受委托人意志的左右。否则，律师就会变成委托人的附庸，甚至是委托人"雇来的枪"，以至于失去了基本的公正立场。而另一种观点则认为，律师的辩护立基于委托人的委托和授权，律师应当履行基本的"忠诚义务"，应当最大限度地维护委托人的合法权益，至少不得做不利于委托人的事情。因此，律师的独立辩护主要不是指独立于委托人而进行辩护活动，而是指独立于侦查人员、公诉人和法官，对律师独立辩护原则应当进行重新解读。

经过激烈的争论，并且征求了众多刑事辩护律师的意见，全国律师协会最终接受了上述后一种观点，对律师独立辩护原则作出了重大调整，形成了以忠实于委托人利益和意志为基础的新的律师职业伦理规范。

2017年全国律师协会通过的《律师办理刑事案件规范》,对律师独立辩护条款作出了几乎颠覆性的调整,使用了全新的表述:"律师担任辩护人,依法独立履行辩护职责。……律师在辩护活动中,应当在法律和事实的基础上尊重当事人意见,按照有利于当事人的原则开展工作。不得违背当事人的意愿提出不利于当事人的辩护意见。"

有资深律师认为,新规范之所以作出根本性的修订,是因为律师的辩护权是由当事人的委托而产生的,本质上应当从属于当事人。这一点只有在保障人权和违法性限制的特定情形下才有例外。辩护人的职责是充分维护当事人的合法权益,因此他不受当事人意志以外的任何其他因素的干扰和影响。辩护权独立性的内涵,只能是独立于其他法外因素,而不是独立于当事人本人的意志。相反,与当事人意志保持一致,才是辩护权的基本属性。

也有律师指出,独立辩护原则不适用于当事人本人,律师辩护不能不顾当事人的意志。最典型的例子是违背当事人意志,为其作罪重的辩护。这种辩护严重违背律师职业伦理,是绝对不可以的。假如当事人执意要求辩护律师尊重自己的选择,包括对有罪的案件选择无罪辩护思路,或者对无罪的案件选择有罪辩护思路,律师这时能否违背当事人意志呢?答案也是否定的。律师辩护权产生的基础在于当事人的委托,律师必须尊重委托人的意志。当然,律师与当事人在辩护思路方面经过协商无法达成一致意见的,可以解除委托关系。

在新的律师职业伦理规范出台的背景下,律师该如何处理与委托人的关系呢?我们可以从一位律师的辩护案例入手,对此作出专业性分析。

案例1

2003年8月,广东省某市人民检察院向法院提起公诉,指控被告人雷某等人犯有贪污罪、受贿罪。根据起诉书指控的事实,被告人雷某作为某市电信局聘任干部,被电信局委派到某公司担任副经理。雷某利用向有关厂家购进电缆等货物的机会,采用虚增购物款的手段,划出购货款152万元给另外三家厂家,然后由这三家厂家扣除开具的发票税金,退回货款现金共136万元。雷某等在收取退回货款后,没有交回公司入账,除了用于公司部分开支以及发放股东分红以外,剩余的42万元被雷某等四名被告人以生产奖、节日慰问金的名义予以发放。这一行为构成贪污罪。与此同时,雷某等四名被告人还先后多次收取十三家供货单位支付给所在公司购买电信材料的回扣款、手续费共计290万元，在没有交公司入账的情况下，以生产奖、效益奖等名义将该款项予以发放。这一行为构成受贿罪。

律师接受委托后发现，被告人雷某此前已经作出过多次有罪供述，承认自己经营的公司存在设置"小金库"、收受回扣等违反财务制度的行为，并且已经将全部赃款赃物退还至检察机关。律师经过会见、阅卷还发现，被告人雷某等确有设置"小金库"、使用"账外账"等行为。此案在当地电信系统影响很大，不少国家工作人员都已经受到牵连。

在非常短的时间里，律师结合本案全部案卷材料，对有关法律法规、司法解释、地方文件乃至权威案例等进行了全面研究，并先后与在押被告人进行了多达20次的会见。在全面掌握案情的基础上，律师将本案的辩护重点放在被告人的主体资格和行为定性方面，形成了无罪辩护思路。

为消除被告人作出有罪供述所带来的不利影响，律师在辩护词中首先强调，被告人是否承认构成贪污罪、受贿罪根本就不重要；假如被告人的行为根本就不符合贪污罪、受贿罪的犯罪构成要件，那么，不论被告人是否"认罪伏法"，依法处理的结果都应是无罪。被告人是一位商人，而不是法律人士，她完全会在特定环境下草率认罪，要求她对贪污罪和受贿罪的犯罪构成有深刻理解，这是不现实的。

针对检察机关的指控，辩护律师提出了四条辩护意见，以证明被告人雷某不构成贪污罪和受贿罪：一是被告人雷某不属于"国家机关、国有公司、企业、事业单位委派到非国有公司、企业、事业单位、社会团体从事公务的人员"，因为她所从事的不是"公务"，由电信局委派到某公司也不是刑法意义上的"委派"，因此不符合贪污罪和受贿罪的主体要件。二是雷某等被告人分配没有入公司账的资金，完全是按照公司的制度公开分配的，无论是工资、分红还是奖励，公司所有员工和股东都受惠，这不构成非法占有公司财产。三是本案所涉及的"回扣"，是单位收取的，而不是个人收取的；是公开收取的，而不是秘密收取的；是以有关规定为依据低比例收取的，而不是无根据收取的；是凭协议收取的，而不是无协议收取的；是在产品价格及质量均符合市场或相关规定的情况下收取的，而不是在危及他人利益的情况下，带有贿赂性地收取的。四是本案尽管存在"不入公司账"、私设"小金库"等行为，但被告人并没有利用"小金库"去非法占有公司及其股东的财物，其将账外账用于发工资、分红利以及奖励公司员工，这是其职权范围内的行为。

2003年12月4日,某市人民检察院以"因事实、证据有变化"为由,申请撤回起诉,后以取保候审的方式将被告人雷某予以释放。最终,检察机关对雷某作出了不起诉的决定。①

在这一案例中,辩护律师在被告人自愿认罪并退还赃款赃物的情况下,坚持作无罪辩护,并最终说服了检察机关,使案件以检察机关不起诉而告终。我们从有关材料中无法看到律师究竟是否与被告人进行了充分沟通,以及被告人是否对律师的无罪辩护持有异议。但根据基本的经验和常识,被告人在侦查机关那里极少有不认罪的情况,在被告人认罪且退赃的情况下,律师为其作无罪辩护,被告人通常都会乐见其成,不会持有明确的反对意见。当然,一些希望通过认罪和退赃来获得自首、坦白的认定以及缓刑、认罪认罚从宽等宽大处理的被告人,有时也会明确反对律师的无罪辩护思路,以避免司法机关因为律师作无罪辩护而作出更为严厉的刑事处置。不过,本案显然不属于这种情况。可以说,律师为一个认罪且退赃的被告人进行无罪辩护,至少没有违背被告人的意志。在一定程度上,这种无罪辩护还属于一种"知难而进"的辩护,律师肯定要付出大量额外的辛劳,并面临重重压力和困难。这种为认罪被告人所作的无罪辩护,既没有违背委托人的真实意愿,也最大限度地维护了委托人的合法权益,圆满地履行了律师的"忠诚义务",实现了有效辩护。

那么,律师究竟该如何把握尺度,在不违背被告人真实意愿的情况下,为被告人提供尽职尽责的辩护呢?

首先,最大限度地维护委托人的利益,至少不实施不利于委托人的行为,这是律师所要遵守的第一职业伦理。

原来的"独立辩护"原则,存在着一个在逻辑上无法成立的论断,那就是律师完全站在"事实"和"法律"的立场上进行辩护活动,而不必顾及委托人的观点。但是,这种违背委托人意志的辩护经常违背委托人的利益。试想,一旦辩护律师以所谓"忠实于事实真相"的名义,将不利于委托人的证据提交法院,甚至直接揭发委托人的"犯罪行为",岂不就将委托人置于死地了吗?再假设一下,假如辩护律师一味地坚持所谓的"以法律为准绳",那么,面对委托人可能构成犯罪而又拒不认罪的情况,辩护律师岂不是可以拒

---

① 参见《被告人自己都"认罪伏法"的巨额贪污、受贿案,律师成功无罪辩护!》,载微信公众号"金牙大状",2017年7月4日。

绝为委托人辩护,甚至随时退出辩护活动?而这难道不是背离了委托人的利益吗?

为走出上述逻辑困境,我们需要确立辩护律师的忠诚义务,并将此确立为律师的第一职业伦理。在理论上,所谓的"以事实为根据,以法律为准绳",只能是司法机关需要奉行的基本法律准则,而不应是辩护律师的执业行为准则。相对于"忠实于事实""适用法律"乃至"维护正义"而言,律师应将忠实于委托人利益奉为更高的职业目标。为维护委托人的利益,律师可以有选择地强调有利于委托人的事实和"故事",对那些有利于委托人的法律规则加以关注,并侧重于实现"避免委托人受到错误惩罚"这一正义理念。换句话说,在"不枉"与"不纵"之间,律师应优先强调不冤枉无辜者;面对"疑罪"或"难办案件",律师应努力促成存疑时有利于被告人的解释;在可能危及委托人利益的场合,律师宁肯牺牲所谓"事实真相""适用法律""司法正义"的目标,也不能出卖委托人的利益。

为履行忠诚义务,律师应当在法律允许的范围内,最大限度地维护委托人的利益。忠诚义务有两个基本要素:一是积极的忠诚义务,也就是尽职尽责,实现有效辩护的义务;二是消极的忠诚义务,也就是不实施任何不利于委托人的行为。相对于积极的忠诚义务而言,消极的忠诚义务为律师辩护活动确立了一条执业底线,那就是在任何情况下,无论出于什么样的理由,都不能通过律师的行为,将委托人置于更为不利或更为危险的境地。根据这一原则,律师负有保守职业秘密的义务;律师不得随意地中途拒绝辩护或者退出辩护;律师不得在违背委托人意愿的情况下,当庭发表与委托人不一致的辩护意见;律师不得与案件存有利益冲突……

其次,**与委托人进行充分的讨论和协商,根据案情形成最符合委托人利益的辩护思路,是律师实现有效辩护的前提条件。**

在辩护律师的职业伦理问题上,**有一个需要作出明确解释的问题:忠诚于委托人的利益,是否意味着要完全服从委托人的意志?**这一问题带有迷惑性,沿着这一问题的解答思路,很可能会走上"独立辩护"的道路。毕竟,一些律师会反驳说,被告人不精通法律,在如何维护自己的利益方面经常出现误判。假如一味地尊重委托人的意志,那么,律师有时反而会违背其利益。因此,正如医生不可能完全尊重病人的意志一样,律师也不能唯委托人意志是从。这种论断几乎成为独立辩护原则的理论基础。

但是,**不尊重委托人的意志,也根本谈不上忠实于委托人的利益。**试想,一个连委托人的真实想法都不尊重的辩护律师,谈何维护委托人的利益呢?尽管委托人对于维护自己利益的路径并不熟悉,但他们对自己利益还是极其珍惜的。不尊重委托人意志的律师,必然就连委托人维护自己利益的意志,也无法予以尊重。因此,尊重委托人的意志,就等于尊重委托人维护自己利益的意志。这是无需争议的问题。问题的关键可能在于如何维护委托人的利益。

在维护委托人利益的路径和方式上,辩护律师的确具有独立的职业优势——委托人一般都是法律外行人士,当然远远不及辩护律师专业和精明。但是,律师的辩护经验再丰富,仅凭其个人的力量,也难以取得辩护的成功。没有委托人的配合和支持,律师的辩护就会变得"孤掌难鸣",甚至会因为委托人的反对而形成"辩护方"同室操戈、自相残杀的局面,以致造成辩护效果的相互抵消。在一定程度上,**说服委托人接受自己的辩护思路,与委托人形成刑事辩护的"合力",才是律师辩护的最高境界**。正因为如此,辩护律师不可孤军奋战,将委托人置于"诉讼客体"地位,无视后者的存在,将其仅仅看作律师辩护的受益者。相反,被告人作为当事人,也作为辩护权的"享有者"和"行使者",其辩护权应当得到激活,并与辩护律师一起,组成协调一致的"辩护方"。

有鉴于此,辩护律师尽管不可能对委托人言听计从,也不能对委托人的意志作无原则的妥协,却应当承担"沟通和协商的义务",也就是与委托人讨论和沟通辩护思路和辩护路径的义务。具体说来,在形成辩护思路的过程中,辩护律师应听取并采纳委托人的意见;在形成辩护思路之后,要说服委托人接受,并为达到预期的辩护效果进行有效的配合和支持。

在经过充分的沟通和协商,委托人接受律师的辩护思路的情况下,辩护律师要善于将委托人转化为"最好的助手",以便形成"诉讼合力"。而假如委托人不能接受律师的辩护思路,辩护律师也不能不顾委托人的意志,展开所谓的"独立辩护"。无论如何,在委托人明确反对的情况下,辩护律师不应再继续坚持自己的辩护思路,而应该按照委托人的意图,调整自己的辩护思路,或退出案件的辩护工作。

再次,**在与委托人发生辩护观点分歧的情况下,律师应在征得委托人同意的前提下,本着从有罪转向无罪、从重罪转向轻罪的原则,发表有利于委托人的辩护意见**。

不少律师都认为,在与委托人发生辩护观点冲突的情况下,律师不能作不利于委托人的辩护,但可以作有利于委托人的辩护。具体而言,在委托人坚持拒不认罪的情况下,律师绝对不能作罪轻辩护或者量刑辩护。但是,在委托人当庭作出有罪供述的情况下,律师却可以作无罪辩护,或者作由重罪改为轻罪的辩护。之所以提出这样的观点,主要是因为律师不能违背委托人的利益和意志,作出对其不利的辩护。但是,在作有利于委托人的辩护方面,律师却可以独立于委托人的意志,因为这样才能真正地维护委托人的利益。

应当说,在委托人拒不认罪的情况下,律师绝对不作不利于委托人的辩护,是忠诚义务的体现,也是毫无疑议的。律师界能够认识到这一点,显然是整体成熟的标志。但是,在被告人自愿认罪的情况下,律师真的能够置被告人的意志于不顾,而独自作出无罪辩护或者有利于委托人的罪轻辩护吗?请不要忘记,很多被告人之所以选择当庭认罪,主要是因为他们认为案件已经没有无罪辩护的空间,而选择当庭认罪,则有可能获得诸如坦白、自首的认定以及缓刑乃至认罪认罚从宽等较为宽大的刑事处罚。在被告人当庭选择上述辩护策略的情况下,律师竟然不闻不问,而自顾自地作出无罪辩护,这显然是律师与委托人没有有效沟通和交流的结果。假如律师认为确有必要提出无罪辩护意见,也应当与委托人进行充分的沟通和协商,讨论这样做的必要性,评估这样辩护的后果,并为委托人争取宽大处理留出足够的空间和余地。

很显然,律师即使坚持作无罪辩护,或者作有利于委托人的罪轻辩护,也不应一意孤行,而应在充分沟通和履行告知义务的前提下,征得委托人的同意或者授权。否则,就不能发表这样的辩护意见。正如医生治疗疾病一样,不论开出怎样的灵丹妙药,也不论制定了多么高明的手术方案,没有病人或其近亲属的签字认可,药方都是没有意义的,手术也是不能进行的。

最后,**在委托人拒绝接受自己的辩护意见,且执意要求律师按照某一不可接受的思路进行辩护的情况下,律师可以及时与委托人解除委托关系,退出此案的辩护工作。但退出辩护前应当及时告知所在诉讼阶段的办案机关,并给予被告人另行委托辩护人的机会。**

律师的忠诚义务也好,沟通和协商义务也罢,都建立在委托人与律师建立委托代理关系的基础之上。而如果没有这种委托代理关系,或者双方因为互不信任而失去了继续维持这种委托代理关系的基础,那么,这些基于律师辩护而产生的职业伦理都将不复存在。

正如患者不接受医生的药方或者手术方案,可以随时更换医生或者转院治疗一样，委托人假如无法接受律师的辩护思路或辩护方式，也可以随时解除与律师的委托代理关系。当然，考虑到委托人在刑事诉讼中处于较为弱势的地位，律师在考虑解除委托代理关系时，应当给予委托人重新委托其他辩护律师的机会。尤其是在案件即将开庭审理，或者已经处于开庭审理过程之中的情况下，律师假如突然退出，就可能使被告人处于孤立无援的状态，其辩护权难以得到及时有效的行使。有鉴于此，在准备退出案件辩护过程的时候，律师应当及时向法院提出这一问题，建议及时休庭，请求法院给予被告人重新委托辩护律师的机会。只有在被告人重新获得辩护人帮助之后，律师才能真正退出案件的辩护活动。

被告人是最好的辩护助理

辩护律师处理与委托人关系的最高境界,是将被告人转化为"辩护助理"。也就是说,律师通过开庭前的会见和沟通,尽力说服委托人在接受自己辩护思路的前提下,理性地选择自己的诉讼角色和立场,最大限度地支持和配合律师的辩护,相互间形成一种"诉讼合力",对公诉方的指控进行抗辩,说服裁判者作出最有利于被告人的裁判结论。

众所周知,在刑事辩护过程中,无论出面委托律师担任辩护人的是嫌疑人、被告人还是他们的近亲属、朋友或者其他人,真正的委托人只能是嫌疑人或者被告人本人。其他人士尽管可能是出面签订协议的一方或者提供资金的一方,却只能属于代为委托律师辩护的人,而既不具有委托人的身份,也不具有"客户"的地位。那么,律师究竟该如何处理与作为委托人的嫌疑人、被告人之间的关系呢?通常来说,律师尽管要依据事实和法律进行独立辩护,但这种独立辩护主要不是针对委托人而言的。对于委托人,辩护律师要在维护其合法权益的前提下,与其进行充分沟通和协商,尽量尊重委托人的真实意愿,至少不得发表不利于委托人的辩护意见。这应该是律师从事刑事辩护的职业底线。

但是,在刑事诉讼中,嫌疑人、被告人并不只是被动接受律师辩护的当事人,他们同时扮演两种诉讼角色:一是作为了解案件事实的人,应向侦查机关、公诉机关、法院提供有关案件事实的陈述,提供有罪供述或者无罪辩解,也就是案件事实的陈述者;二是作为主要当事人,应向侦查机关、公诉机关、法院发表辩护意见,提出无罪或者罪轻的观点和主张,也就是行使辩护权的当事人。在审判前程序中,嫌疑人、被告人的当事人角色通常被忽略,其提供证据的陈述者角色则受到过多的强调。而在法庭审理阶段,被告人则可以充分发挥其作为当事人的"辩护者"作用,其当庭作为言词证据提供者的陈述者身份却往往不受重视。正因为如此,辩护律师在开庭之前经常面临一个难题:究竟应如何与被告人进行沟通和交流,以确保被告人接受自己的辩护思路呢?辩护律师究竟该如何通过庭前的协商或者"辅导",劝说被告人对律师的辩护活动给予支持和配合呢?

在这一方面,一些律师进行了一些富有新意的探索,形成了一种专业性的辩护经验。**这种辩护经验用简短的语言加以概括,就是律师要"将被告人转化为自己的助手"**。顾名思义,律师通过开庭前的会见和沟通,要尽力说服委托人在接受自己辩护思路的前提下,理性地选择自己的诉讼角色和立场,最大限度地支持和配合律师的辩护,从而相互间形成一种"诉讼合力",从不同角度说服法庭作出最有利于被告人的裁判结论。

一位广东律师对此有过精彩的总结:

> 有效辩护不是辩护律师一个人的独角戏,(而)是严重依赖于当事人的专业配合才行(的)。如果当事人在法庭上的表现与律师的辩护目标背道而驰、自相矛盾,那么辩护的效果自然大打折扣,最终损害的将是当事人自身的利益。
>
> 最佳的辩护是当事人与律师形成合力、相辅相成,而最佳辩护是建立在依法对当事人进行专业"辅导"、将当事人培训成"律师"的基础上(的)。律师通过多次会见当事人(一两次会见是难以让当事人消化的),通过对当事人的诉讼权利义务告知,证据核实,法律规定告知(实体法、程序法、证据法),具体发问提纲、辩护思路以及注意事项告知等等,通过上述告知与演练,让当事人成为律师有力的助手,在避免失误的同时,分工合作进行有效辩护。[①]

那么,究竟如何"将被告人转化为自己的助手"呢?通过以下两个案例可以看到律师在这方面的探索和努力。

案例1

2012年3月14日,叶某因涉嫌集资诈骗罪被某县公安机关刑事拘留,同年4月13日被县人民检察院批准逮捕,9月13日被检察机关提起公诉。检察机关的起诉书指控叶某伙同其他被告人以投资开采麦饭石矿产为由,以许诺高回报为诱饵,以A公司名义创建网站,骗取近100人次缴纳会员费,涉案金额高达200余万元。自侦查机关介入以来,被告人叶某一直都作无罪辩解,拒不承认其参与集资诈骗行为。

律师发现,无论侦查机关还是公诉机关,认定叶某实施集资诈骗行为的理由主要有四个:一是认定叶某参加过麦饭石考察;二是认定叶某参加过A公司以集资诈骗为议题的"东海饭店会议";三是认定叶某委派张某参加A公司的犯罪活动;四是认定叶某审批同意了江某从QQ上发来的陈某到A公司任职的推荐书。

[①] 肖文彬:《无罪辩护、有效辩护的经验交流》,载微信公众号"金牙大状",2017年11月18日。

在法庭审理中,律师为叶某作了事实不清、证据不足的无罪辩护。律师的基本辩护意见有四:一是现有证据不足以证明被告人叶某参与了集资诈骗行为;二是本案系江某等人利用被告人叶某的经济实力进行诈骗,叶某本身就是被他人蒙骗和利用的受害者;三是公诉机关将叶某与江某的外部合作洽谈错误地当成叶某加入 A 公司并成为实施犯罪活动的一分子,这是对行为主体的认识错误,最终导致错误地认定叶某实施了集资诈骗行为;四是检察机关据以指控叶某实施集资诈骗行为的证据全都是言词证据,没有任何客观证据加以支持,且证据相互间存在重大矛盾,因此属于事实不清,证据不足。基于上述理由,律师认为被告人叶某既没有参与过招揽投资方案的决策和制作,也不是该集资诈骗公司的财务人员,更没有从中分到过赃款赃物,因此不构成集资诈骗罪。律师认为,这一有理有据的无罪辩护意见,"最终动摇了审判法官的内心确信,为被告人获得缓刑判决奠定了基础"。

律师认为,在现行司法体制下要为被告人争取无罪判决结果,几乎是不可能的,比较现实的考虑是说服法庭作出缓刑判决。但是,被告人叶某自侦查阶段以来一直拒绝作出有罪供述,而适用缓刑的前提则是被告人必须认罪悔罪。为此,律师与叶某进行了多次会见,并进行了较为充分的沟通,最终说服叶某供述有罪,并制作了两份笔录:一份是被告人叶某"表态认罪"的笔录,叶某在笔录中陈述"由于交友不慎,造成今天成为刑案被告人的局面,对此我很后悔,希望法庭从轻处理,如判缓刑,我保证不上诉";另一份笔录则记录了被告人为何作认罪表态,叶某在笔录中陈述"是出于无奈才作此表态,想早点出去,我是没有参与、实施犯罪的,但如果不表态,就可能会判实刑"。律师认为,这是一种"骑墙式"做法,也是一种"双保险"的选择,既属于"技术处理",也是一种"无奈的变通",但总归说来是对被告人有利的选择。

法院最终认定叶某构成集资诈骗罪,但考虑到其犯罪情节较轻,对其宣告缓刑对所居住社区没有重大不良影响,因此判处有期徒刑 3 年,缓期 3 年执行。①

在这类案件的辩护过程中,辩护律师面临着如何帮助被告人寻求缓刑裁判的焦虑,同时也要面对如何说服一直不认罪的被告人作出有罪供述的窘境。在无罪辩护成功的希望十分渺茫的现实情况下,这种两难选择是很多律

---

① 参见徐宗新等:《辩护人认为:刑事辩护观点的挖掘、提炼与运用》,法律出版社 2013 年版,第 74 页以下。

师都经常遇到的。律师所面临的困境在于，明明内心确信被告人不构成集资诈骗罪，明明在法庭上发表了精彩的无罪辩护意见，但为了"迎合"法院"留有余地的裁判方式"，最大限度地避免被告人的利益损失，而只能违心地劝说被告人供认有罪。最终，被告人为避免更为严厉的量刑裁判，而接受了律师的劝说，作出了有罪供述，为法官适用缓刑创造了最重要的条件。在这一案例中，被告人一开始也许是辩护律师进行无罪辩护的助手，两者相互配合，发表了有理有据的无罪辩护意见，令法官动摇了事先就已经形成的内心确信。但是，在无罪判决的可能性极为渺茫的现实面前，在法官或许出于善意的建议下，律师将无罪辩护观点转变为量刑辩护观点，并成功地将被告人转化为量刑辩护的助手。而正是在被告人有效的配合和支持下，律师才成功地说服法官作出了缓刑裁决。

案例 2

被告人杨某系某国有企业的总经理，他与公司另外 4 名高管被检察机关以贪污罪提起公诉。检察机关指控的事实是，杨某等 5 名被告人在任职期间，通过虚开发票等方式，套取单位资金作为奖金加以分配，时间跨度长达 4 年，金额超过 200 万元。辩护律师团队几经研究和协商，确定了打掉贪污罪、说服法院认定私分国有资产罪的辩护思路，得到了被告人及其近亲属的认可。同时，对于其中具有自首情节的被告人，辩护团队确定了争取说服法院认定自首的辩护方案。

律师回忆说："在开庭前的会见中，承办律师所代理的当事人曾十分纠结，不知道在法庭上该如何说。因为他被认定为自首，怕说得多了，公诉人会认为他态度不好，不认定他自首。我们对他的情况作了分析，一方面，让他实事求是地说，这是法律规定的权利，也是被告人应当做的正确的事情；另一方面，其笔录讲述的都是事实，关于定性为私分国有资产罪的辩解是定性上的辩解，不属于认罪态度问题，不影响自首的认定。辩护律师对其再三强调：'法庭上是你最后讲清案情的机会，如果不讲清楚，你可能永远失去争取权利的机会。'

"开庭过程应当说比较顺利。5 名被告人对事实的描述十分一致，在回答公诉人讯问、辩护人发问过程中，5 名被告人都认为因国企效益不好才想出激励员工私下发放奖金的办法，是经过集体讨论并以单位名义发放的，虽然也承认是私下发放，承认违规，但均提出不构成贪污罪的辩解。

"果然，公诉人生气地指出我的当事人和另外一名有投案自首情节的当事人因为当庭不承认自己具有贪污故意，在主观方面没有如实供述，不构成自首，建议法院不予认定。

"当事人一听此言，目光即朝承办律师看过来，好像在说'律师你看，完了吧，自首没了'。承办律师则以坚定的目光回应，告诉他：'公诉人观点不符合事实与法律，放心！'在答辩中，辩护律师指出三点：其一，当事人原来的供述对事实的描述与今天在法庭上的供述对事实的描述是一致的；其二，当事人的辩解属于对案件定性的辩解，根据最高人民法院的司法解释，不影响自首的认定；其三，当事人原来的笔录中讲述的有非法占有的故意，并不是区分私分国有资产罪与贪污罪的根本特征，不能认为其原来的笔录就是承认贪污，而在法庭上就不承认贪污，这根本就并非认罪态度问题，而是对事实的理解问题。

"为了说明辩护观点，律师还将《人民法院报》上登载的一篇名为《被告人对主观方面的辩解是否影响自首的成立》的文章在庭后寄给了主审法官。该文不仅明确对性质的辩解不影响自首的认定，而且还明确对主观方面的辩解也不影响自首的认定。

"庭后，律师还与公诉人及法官进行了沟通，再次说明自首的意义和理由。最终，自首得到法院一审判决的认定。"

一审法院以贪污罪判处被告人8年至11年有期徒刑不等的刑事处罚。二审法院最终采纳了律师团的辩护意见，以私分国有资产罪判处被告人3年至6年半有期徒刑不等的刑事处罚。

在这一案件的辩护中，律师团队经委托人同意，确定了罪轻辩护的方案。而要达到推翻贪污罪、说服法官认定私分国有资产罪的目的，就需要被告人坚持既有的不构成贪污罪的观点，而这一立场又可能影响自首情节的成立。在这左右为难的情况下，律师在开庭前与被告人进行了推心置腹的沟通，说服被告人实事求是地讲清案件事实，发表本案不构成贪污罪的观点，而至于自首情节的认定，则由律师通过当庭努力来促成。五名被告人接受了律师的辩护思路和辩护策略，当庭提出了经集体讨论并由单位决定发放奖金的事实，并指出这不构成贪污罪。面对公诉人要求法庭"不认定自首"的威胁，辩护律师及时地发表意见，认为被告人对案件事实的陈述没有任何变化，享有对案件定性加以辩解的权利，而这种对法律适用的辩解并不足以影响对自首的认定。被告人与辩护律师的精彩配合，相得益彰，最终形成了"诉讼合力"，说服了法庭认定被告人的自首情节，并说服二审法院最终推翻贪污罪的认定，改定为私分国有资产罪，由此达到了预期的辩护效果。

为什么律师要尽力将被告人转化为助手呢？

答案其实是很简单的。律师要有效地说服法官接受本方的辩护观点，就要进行有理有据的论证，尤其要对公诉方提出的"事实"或者"故事"进行证伪，同时讲出另一套新的"事实"或者"故事"。而在这一破一立的论证过程中，被告人的诉讼角色显得格外重要。考虑到在整个侦查阶段，被告人普遍身陷囹圄，受到侦查人员的人身控制和强力调查，从而几乎都作出了有罪供述，也就是充当不利于自己的"特殊证人"，假如被告人在法庭上继续延续原来的"控方证人"角色，那么，辩护律师的无罪辩护就将成为一种类似"独角戏"的拙劣表演，根本无法达到说服法官的效果。

这当然主要是从律师作无罪辩护的角度来分析的。而即便律师作罪轻辩护或者量刑辩护，对于被告人构成犯罪这一点不持异议，假如被告人心有异志，非要否认自己的犯罪事实，也会造成辩护律师与被告人"同室操戈"的局面，大大削弱律师的辩护效果。试想一下，辩护律师要作罪轻辩护或者量刑辩护，无非是要争取较为宽大的量刑结果。而一旦被告人拒不认罪，与辩护律师当庭"唱反调"，那么，法庭轻则会认定被告人"认罪态度不好"，重则会剥夺其获得认定自首、适用缓刑或者其他宽大处理的机会。

一言以蔽之，一个富有经验和智慧的辩护律师，通常都会通过有效的沟通和交流，说服被告人放弃那种"天马行空""自行其是"的辩护思路，而接受律师为其精心安排的辩护立场。这正如一个高明的医生一样，不仅医术高超，而且善于对患者进行说服动员工作，说服其接受自己的治疗方案。而如果不能说服患者接受其治疗方案，那么，再高明的医生也无力回天。同样的道理，假如不能与被告人进行有效的沟通，那么，律师纵然再有辩护经验和技巧，面对不配合、不支持甚至当庭抗拒的被告人，也难以达到说服法官的辩护效果。相反，假如律师真正赢得了被告人的信任和尊重，说服其接受律师的辩护方案和辩护思路，那么，后者在法庭上就会对其进行充分的配合，在律师作无罪辩护时，作积极回应，讲述自己不构成犯罪的理由；在律师作罪轻辩护或者量刑辩护时，真诚认罪悔罪；在律师提出排除非法证据或者其他程序性辩护观点时，提供侦查人员违反法律程序的事实；等等。通过这种法庭上的"珠联璧合"和"比翼双飞"，辩护律师就获得了委托人的强有力支持，形成了观点一致、相互补充的强大"辩护方"。这对于推翻或者削弱公诉方的观点,说服裁判接受本方观点,显然是极为有利的。

那么,辩护律师应如何将被告人转化为自己的助手呢?

根据诸多律师的辩护经验,律师与委托人之间所进行的沟通和协商,其实就是一种"心理征服"的过程。如同教师"征服"学生、神父"征服"忏悔者、医生"征服"患者、演艺人士"征服"观众一样,律师也要经历"征服"委托人的过程。当然,这种"征服"所依靠的主要是律师的经验、智慧、专业能力乃至人格魅力。真正的委托人大都身陷囹圄,丧失了人身自由,也无法自主地委托辩护律师。绝大多数律师都是通过被告人亲友的委托,或者法律援助机构的遴选,而前来充当辩护人的。在押的嫌疑人、被告人唯有通过第一次会见,才有机会见到这位由亲友代为委托或者由政府代为指定的律师,并在急匆匆的情况下,在未经充分沟通和认真交流的情况下,就签署了那份标志着双方委托关系成立的授权委托协议书。而从此以后,辩护律师与委托人的沟通和交流基本上也就只能通过短暂的会见来进行了。

但是,这种短暂的沟通和交流,存在着一些致命的缺陷,使得律师对委托人的说服,经常难以抗衡委托人在未决羁押状态下所受到的外来影响和诱惑。在看守所这样的环境中,嫌疑人、被告人失去人身自由,遇有疑问无法向亲近的人进行咨询,难以获取有用的信息,这容易造成其判断上的偏执和不理性。再加上同监室在押人员的蛊惑,办案人员基于办案需要对其进行的诱导,监管人员对其发挥的影响……这些因素结合起来,使得嫌疑人、被告人一旦形成自己对案件的认识,就很难再接受辩护律师的建议或者方案,有时甚至会产生主导律师辩护方向的想法。

要避免上述局面的发生,辩护律师需要与委托人进行尽可能多的会面,通过反复沟通和交流,破除其事先可能已经形成的不切实际的预断和偏见,使其对辩护律师本人产生信任,对其辩护经验和技能予以尊重。从消极的方面来说,辩护律师应说服委托人接受其辩护观点,至少不对其辩护思路感到排斥。而从积极的角度来说,辩护律师应当晓以利害,通过动员和辅导,说服委托人支持和配合律师的辩护工作,扮演恰当的诉讼角色。

当然,要取得委托人的配合和支持,辩护律师也应当通过会见和阅卷,为案件制定恰如其分的辩护方案。通俗地说,律师应当因势利导,顺应案件本身的机缘和委托人的理性选择,适当地形成切合实际的辩护思路,切不可"揠苗助长",提出一个既没有证据支持也不具备现实可行性的辩护观点,然后强行要求委托人接受,并对其进行所谓的"配合"。

例如,在委托人已经多次向侦查人员作出有罪供述,并且这些有罪供述已经有其他证据加以印证的情况下,律师就应面对现实,考虑提出量刑辩护或者罪轻辩护的方案,以便使委托人在量刑结果上获得最大的收益。又如,尽管委托人曾经作出过有罪供述,但律师通过阅卷、会见和调查取证工作,发现本案确属事实不清、证据不足的案件,或者委托人的行为根本不符合特定的犯罪构成要件,也可以采取无罪辩护思路。再如,委托人作出了数次有罪供述,但是,律师发现侦查人员存在多种违反法律程序的行为,如刑讯逼供,在威胁、非法拘禁的情况下进行讯问,拘留后不在法定羁押场所进行讯问,对讯问过程没有依法录音录像,等等,就可以采取程序性辩护的思路,以便说服法院将侦查人员非法获取的证据予以排除。

无论是辩护思路的形成,还是与委托人的沟通和交流,都主要通过会见活动来完成。那么,律师究竟该如何对会见进行合理安排呢?

首先,**律师需要通过会见来形成辩护思路**。会见在押嫌疑人、被告人,是律师辩护活动的重要组成部分。通常情况下,律师会见在押嫌疑人、被告人具有三方面的功能:一是与在押嫌疑人、被告人确立委托代理关系,并建立进一步的相互信任关系;二是了解案件情况,形成辩护思路;三是与委托人沟通,形成协调一致的辩护立场。其中,通过会见形成辩护思路这一方面,要引起辩护律师的高度重视。

与阅卷、调查取证一样,会见在押嫌疑人也是律师了解案情的重要途径。毕竟,通过会见,律师可以获知委托人就案件事实所讲述的"故事",了解侦查人员对其实施讯问以及有关有罪供述的情况,并从中获悉对本方有利和不利的事实情节。有经验的辩护律师,通常都会将会见与阅卷交叉进行,必要时再辅以调查取证活动。由此,律师就会对本案究竟选择什么样的辩护道路,即,是选择无罪辩护,还是量刑辩护、罪轻辩护,抑或是程序性辩护,逐步形成大体的思路。

其次,**在会见过程中需要向委托人核实有关证据材料**。自审查起诉之日起,辩护律师在会见在押嫌疑人、被告人时,可以向其核实有关证据。通过这种核实证据的活动,律师一方面可以了解委托人对相关证据的看法,审查这些证据的证明力和证据能力;另一方面也可以借此让委托人了解公诉方的证据体系,以便形成最终的辩护思路。因此,律师在会见之前,需要准备好相关证据材料,以便及时将其带入看守所。当然,考虑到会见时间短暂,为提高会见的效率,律师一般不宜将全部案卷材料都带入看守所,而最好将其中存有争议或者需要核实的证据材料带入。不过,为帮助委托人全面了解案卷材料的情况,律师也可以事先制作阅卷摘要或者阅卷目录,在会见时将其交由委托人查阅,或者向其讲解本案公诉方案卷的基本情况。在此基础上,律师的证据核实活动可能会取得更好的效果。

再次,**在辩护思路形成之后,律师应当做好说服工作**。通过几轮有效的会见,再加上阅卷、调查取证等活动,律师一般都会形成大致的辩护思路。对于这些辩护思路,律师最好将其写入初步的辩护意见之中,并在后面的会见中将其出示给委托人。对这份辩护意见,律师应在委托人查阅的基础上,向其作出必要的解释,讲述辩护观点赖以形成的事实根据和法律依据,分析辩护所要达到的理想效果,告知即将运用的辩护策略和技巧。在委托人提出疑问的情况下,律师还要向其进行必要的解答。在委托人提出明确反对意见甚至表达强烈不满的情况下,律师还可以对辩护思路进行必要的修正,对辩护意见作出适当的调整。

最后,**高度重视开庭前的最后一次会见,既对委托人的心态进行及时把握,也开展最后的"辅导"工作**。很多律师都将开庭前的最后一次会见称为"辅导",言外之意在于,律师要对委托人进行最后一次说服工作,以便引导其按照律师的意图选择法庭上的诉讼角色。当然,这种说法也容易误导年轻律师,使得后者以为律师可以"教"委托人如何作出陈述,甚至诱导其改变供述或者"翻供"。这当然是一种十分危险的行为。其实,在最后一次会见时,律师所要做的仍然是说服委托人接受本方的辩护观点,并向其强调要依照事实和法律恰当选择自己的诉讼角色。对于这次极为重要的会见,律师应尽量安排在距离开庭日期最近的时间,以便及时了解委托人的心态,避免出现委托人突然翻供或者出人意料地认罪悔罪的局面。与此同时,律师在会见时也应再次晓以利害,强调本方的辩护思路和辩护策略,建议委托人尽量配合和支持自己的辩护工作。

需要引起高度注意的是,**要注意职业风险的防范,避免陷入可能的职业讼累之中**。在司法实践中,会见在押嫌疑人、被告人也是一项高风险的辩护工作,律师应当注意防范可能发生的职业风险。为此,律师应尽量避免单独会见在押嫌疑人,最好让一名助手协同参与会见;律师应避免将任何与案件无关的材料或物品带给委托人,也不应将委托人交付的任何材料或者物品带出看守所,更不要将委托人近亲属转交的文件带入看守所,或者交给委托人签字;律师应当尽量避免鼓励委托人改变供述内容,或者强调翻供的重要性,尤其要避免直接向委托人提供陈述内容的做法。

在与委托人(被告人)的会面过程中,律师应谨记一条格言:"**律师画地图,被告人选择道路**"。律师可以向委托人讲述选择各种诉讼角色的可能性,分析各种诉讼角色可能带来的法律后果,解释选择各种诉讼角色的利弊得失。而至于究竟选择何种诉讼角色,则应交由委托人自己去作出决定。唯有如此,律师在为委托人提供法律帮助的过程中,才能避免身陷讼累,免除可能的法律风险。

刑事辩护的第六空间

——由刑事辩护衍生出的民事代理业务

"刑律不善不足以害良民,刑事诉讼律不备,即良民亦罹其害。"一旦侦查或调查部门采取查封、扣押、冻结等措施,一旦检察机关提起对物之诉,无论是被追诉人、被害人,还是利害关系人、善意第三人,都可能面临财产权益受到侵犯的可能。面对涉案财物的追缴问题,律师在从事刑事辩护业务的同时,还可以开展一种特殊的"民事代理业务",避免个人的财产权益受到非法剥夺。

按照传统的刑事诉讼理论,刑事辩护存在五种典型的形态:无罪辩护、量刑辩护、罪轻辩护、程序性辩护和证据辩护。归根结底,这些辩护形态都是以推翻或者削弱公诉机关指控的罪名为基础,说服法院免除或者减轻被告人刑事责任的辩护活动。但是,在有些较为重大、敏感的案件中,律师几乎找不到为被告人作无罪辩护的空间,量刑辩护的余地也不大,从程序或者证据的角度提出的辩护意见也很难为法院所采纳。可以说,传统的辩护手段或者"招数"会出现普遍失灵的现象。在此情况下,一些律师发现,在罚金、没收财产、涉案财物的处置等方面,仍然有为委托人争取合法权益的空间,也就是通过会见、阅卷、调查、申请重新鉴定等活动,最大限度地减少罚金、没收财产、追缴赃款赃物的数量,从而减少被告人的经济损失。这尽管并不属于传统刑事辩护业务的组成部分,但作为维护他人合法权益之举,这种诉讼活动也应被视为传统刑事辩护业务的必要延伸。

与此同时,2012 年以后,我国法律确立了违法所得没收程序,对那种嫌疑人、被告人逃匿或死亡的刑事案件,在刑事诉讼程序终止的前提下,由检察机关发动一场"违法所得没收之诉"。在法定公告期之内,被告人近亲属或者其他利害关系人提出异议的,法院组成合议庭,通过开庭审理,给予近亲属和其他利害关系人参与诉讼的机会。由此律师可以近亲属或其他利害关系人诉讼代理人的身份,参与诉讼活动,维护其合法民事权益。

不仅如此,即使在嫌疑人、被告人到案的普通刑事诉讼中,法院也经常要对被告人作出追缴涉案财物的决定。这种对涉案财物的追缴,并不属于法定的刑事处罚,却可能给被告人带来重大财产损失,其追缴的财产数额经常远远超过罚金、没收财产等财产刑所涉及的财产数额。但迄今为止,刑事诉讼法并没有将这种涉案财物追缴纳入刑事诉讼程序之中,而是给予法院较大的自由裁量权,在未经专门的法庭调查、辩论程序的情况下,法院可自行确定涉案财物的数额和追缴的方式。结果,法院擅自扩大追缴财产范围、对被告人近亲属或其他利害关系人合法财产加以追缴的情况时有发生。在越来越多的案件中,被告人及其近亲属都委托律师参与涉案财物追缴的决定过程,一些律师也发现了其中存在的业务机会,接受了近亲属或其他利害关系人的委托,要求以诉讼代理人的身份参与诉讼活动。这种要求大多被法院严词拒绝,近亲属或其他利害关系人参与刑事诉讼程序的问题也并没有得到妥善的解决。律师尽管无法以诉讼代理人的身份参与法庭审理过程,但仍然可以向法院提交相关证据和提出诉讼请求,以促使法院准确无误地确定"涉案财物"的范围,避免与案件无关的合法财产被任意追缴或没收。

可以说,刑事诉讼制度和实践的发展呼唤着新的辩护理论,也为律师的刑事辩护业务提供了新的发展契机。**相对于五种传统刑事辩护业务而言,我们可以将刑事诉讼中对被告人及其近亲属或其他利害关系人民事权益的维护,视为"刑事辩护的第六空间",或者将其视为"刑事辩护衍生出的民事代理业务"**。对于这种新型的诉讼业务,律师究竟该如何操作呢?一位律师发表了他在这一领域的探索和思考。

针对有些律师认为受贿案件律师"基本无事可做"的看法,一位律师表达了不同意见,认为受贿案件尽管存在辩护难的问题,但也可以寻找新的辩护突破点。这种突破点就是尽可能帮助委托人减少涉案财物的数额,最大程度地减少委托人的经济损失。李春光认为,针对涉案财物的辩护主要有四个要点:一是涉案财物价值的评估和鉴定问题;二是对涉案财物的非刑事委托问题;三是退赃策略的运用问题;四是民法原理在刑事诉讼中的运用问题。

司法实践中,贿赂案件的涉案财物不仅仅是金钱,还有可能是其他贵重物品,如象牙、黄金饰品、珠宝甚至贵重花草,对这些物品价值的评估和鉴定,经常存在高估、错估、误估的问题。而这些物品的价值评估或鉴定,往往直接决定被告人是否构成犯罪,或者决定被告人的量刑问题。律师对这种价值评估或鉴定,可以通过质疑鉴定人、鉴定机构的资质,也可以通过质疑其得出的价值结论等,进行专业化的挑战,以便让法院对公诉机关提交的价值评估或鉴定结论产生怀疑。

关于涉案财物的非刑事委托问题,律师认为这里面潜存着风险代理的商机。假如起诉意见书认定受贿物品300万元,最后判决只认定200万元,那么,这100万元的差额应否退还给被告人呢?刑事案件尽管不能做风险代理,但是,在实践中可以创造一种合法的方法:跟当事人签一个民事代理协议,将退还的欠款不视为赃款赃物,而是被告人的合法财产，律师与委托人发生的是民事法律关系，获得一定比例（比如20%）的胜诉酬金。假如侦查机关查封、扣押、冻结了被告人的财物，律师就可以在审查起诉、第一审、第二审等各个程序阶段努力争取减少涉案财物追缴的数额，直到案件裁判生效为止。所减少或退还的财物总额，就可以成为基数，律师按照约定的比例，获得相应的报酬。这或许就是贿赂案件辩护中的业务突破口。

关于退赃的策略，律师发现很多官员及其近亲属急于退赃，效果并不理想。而比较现实的退赃应当是"挤牙膏"式的退赃，也就是在侦查、审查起诉、一审、二审分别退一部分，反正主动退赃与被追缴财物在量刑上并无实质的区别。但是，随着刑事程序的推进，越到后来的阶段，退赃的效果就越明显，对量刑的影响也就越大。

关于民法原理在刑事诉讼中的运用，律师认为，对于公诉机关准备追缴的财物，假如运用民法原理，论证其实际产权所有人，或许可以发生奇特的效果，使其从涉案财物中被剥离出来。例如在一起涉及受贿、挪用公款的案件中，一审法院将被告人在上海的一套价值1400万元的房产作为犯罪所得予以没收。律师经过调查发现，这套房产属于被告人夫妻共有财产，并且已经被抵押给上海一家银行了。而现有证据也难以证明该套房产属于受贿所得。于是，律师就跟二审法官交换意见，强调民事抵押权应受到优先保护，没收该套房产会产生无法向银行还款等一系列复杂的民事法律问题。最终，二审法院维持了原审判决确定的罪刑，但撤销了有关没收房产的裁决。假如律师事先与委托人签订一份有关涉案财物返还的风险代理协议，那么律师的收益将是很可观的。[①]

这位律师提到的上述四个方面的业务，都涉及律师在辩护过程中如何对待涉案财物的问题。其中，无论是涉案财物的价格评估与鉴定，退赃策略的运用，还是民法原理在刑事诉讼中的运用，基本上都属于通过重新确定涉案财物的范围、价值以及退还策略，来帮助委托人取得尽可能好的量刑结果。这仍然属于传统量刑辩护策略的具体运用问题。而"涉案财物的非刑事委托"问题，则属于律师通过刑事辩护活动，帮助委托人最大限度地降低罚金、没收财产、赃款赃物追缴的数额，从而维护委托人的民事权益。假如赋予这

[①] 参见北京大成律师事务所编著：《贿赂案件辩护实务》，法律出版社2015年版，第217页以下。

一部分业务相对独立的地位,使其得到真正专业化的处理,那么,律师的刑事辩护空间将会得到极大的拓展,刑事辩护业务的高端化也有可能变为现实。在一些特别重大的刑事案件中,即便无罪辩护乃至量刑辩护没有太大的空间,律师仍然可以针对涉案财物的没收或追缴问题,为委托人提供有效的法律帮助,避免委托人的合法财产权益受到非法侵犯。一位北京律师代理的为当事人讨回被公安部门查扣的涉案财物的案件,就属于一个典型的案例。

2014年1月24日,辽宁省营口市中级人民法院以组织、领导黑社会性质组织罪等六项罪名,判处被告人袁某某有期徒刑20年,其妻谢某某也获刑3年5个月。在本案的侦查过程中,公安机关查封、扣押、冻结了被告人价值76亿元的巨额财产和存款,并对其中部分财产和存款进行了非法处置,没有向检察机关、法院移送。对于侦查机关查封、扣押、冻结的财产和存款,一审法院判决书责令将其中与犯罪行为无关的部分予以返还。判决书认定,"袁某某、谢某某、袁某等人名下以及非企业名下的存款、现金、房屋、车辆、物品,均视为系被告人个人或者家庭所有,与以黑护黑、以商养黑的违法犯罪行为相分离,且部分物品来源不清,故不宜作为黑社会性质组织聚敛的财产予以追缴、没收"。同时,判决书对于"企业入股银行的股金",也作出不予追缴、没收的处理。

对于侦查机关查封、扣押、处置的其他涉案财物,一审判决书则进行了追缴和没收。这些被追缴的财产共分为五个部分:一是22家企业的固定资产、账户资金、机器设备、产品及办公用品;二是企业账户内的资金;三是冻结的资金;四是自行处置的其他被告人的资金;五是30台企业车辆。

2015年11月24日,辽宁省高级人民法院终审判决维持对袁某某等人的量刑部分,但判决对袁某某被查扣的部分财产予以返还。辽宁省高级人民法院认为,在案证据不能证明本溪市金和矿业有限公司和其他十几家企业"及企业账户资金、车辆以及冻结资金和其他资金部分,用于违法犯罪活动及与黑社会性质组织犯罪有关联性。故按照证据裁判原则,原判将上述企业及其附属财物作为涉黑财产予以追缴、没收不当,应当由查封、扣押、冻结机关依法返还。因此,此节上诉理由及相关辩护意见,有事实及法律依据,本院均予以采纳"。此外,袁某某及其家人名下和涉案企业名下的各类财产,包括存款、现金、入股银行的股金等,也要进行返还,其中还包括被查封扣押的 300 箱茅台酒等大量贵重物品。

二审判决生效后,辽宁省公安厅返还袁某某 3.8 亿元,但仍有大量被非法查扣的财产未予归还。2017 年 5 月,袁某某、谢某某委托一位北京律师向辽宁省公安厅递交国家赔偿申请书,要求返还被非法扣押的 37.5 亿元财物。该律师作为诉讼代理人,将辽宁省高级人民法院的终审判决书作为申请国家赔偿的依据,请求辽宁省公安厅将非法查封、扣押、冻结的财产予以返还,而返还财产也是国家赔偿的一种法定形式。

同年 8 月 11 日,辽宁省公安厅作出国家赔偿,返还袁某某夫妇各项财物约 6.79 亿元。其中包括扣押的转让企业款及利息 2.62 亿元,扣押钱款及利息 4.12 亿元,234 箱茅台酒以及其他贵重财物。①

在本案的辩护过程中,律师在为委托人作无罪辩护的同时,还围绕着涉案财物的追缴、没收问题展开了辩护活动。尤其是在一审判决作出后,辩护律师的工作重点放在了两个方面:一是在检察机关没有提起抗诉的情况下,促使侦查机关返还那些经一审法院认定的不属于"赃款赃物"的被扣财物;二是对一审判决予以追缴、没收的财物,论证其与领导、组织黑社会性质组织的行为没有关联性,请求二审法院判决将其中的合法财物予以返还。为加强本方辩护观点的说服力,律师还委托一些知名法学专家召开了专家论证会,专家出具的论证报告既强调侦查机关对查封、扣押、冻结的涉案财物进行处置,以及没有随案移送法院,都是严重的越权和违法行为,同时也认为凡是与被告人所涉嫌的犯罪行为没有关联的财物,尤其是被告人个人及其家庭的合法财物,以及所经营的公司企业资产和存款等财物,都应当及时解除查封、扣押、冻结,二审法院也应及时将其排除在追缴、没收的范围之外。

当然,律师在判决生效之前所进行的上述活动,都属于刑事辩护的有机组成部分。但是,在本案判决生效后,面对公安机关拒绝全面执行二审法院生效裁判的情况,律师开始以诉讼代理人的身份,协助委托人申请国家赔偿。名义上,这似乎属于一项独立的诉讼业务,但这种国家赔偿的实质仍然是督促公安机关返还那些被非法查封、扣押、冻结甚至处置的资产,从而保证法院生效判决有关责令返还这些资产的部分得到切实的执行。因此,这一国家赔偿之诉仍然属于从刑事辩护中延伸出来的诉讼业务。律师在上述案件中的

---

① 参见王巍:《创纪录:辽宁黑老大袁诚家获 6.79 亿元国家赔偿》,载微信公众号"重案组 37 号",2017 年 9 月 7 日。

表现足以说明，即使在无法改变法院定罪判刑结局的情况下，律师仍然有可能在纠正侦查机关违法查封、扣押、冻结和处置涉案财物等方面有所作为，仍然可以将减少被告人经济损失、维护被告人合法财产权益作为一项重要的诉讼业务。这种发生在刑事辩护过程中的"民事代理业务"，显示出辩护律师的业务空间有着相当大的弹性，除了"救人一命"或者"降低刑罚幅度"以外，律师还可以开拓出更多的业务空间。

那么，律师在刑事诉讼中究竟可以从事哪些"民事代理业务"呢？概括而言，这种代理业务主要有以下几个方面：一是在刑事辩护过程中，将追求罚金、没收财产数额的降低，作为量刑辩护活动的一部分；二是在被告人逃匿或者死亡的案件中，作为利害关系人的代理人，避免司法机关以"没收违法所得"之名，侵犯利害关系人的合法民事权益；三是在被告人到案的情况下，作为被告人的辩护人，避免司法机关任意追缴、没收被告人的合法财产；四是在被告人到案的情况下，作为利害关系人的诉讼代理人，避免其合法民事权益受到非法侵害。

首先，说服法院将罚金、没收财产控制在合理的幅度内，这是律师量刑辩护的有机组成部分。根据传统的观念，所谓量刑辩护，主要追求的是刑罚适用种类的轻缓以及刑罚幅度的降低，这似乎主要是针对自由刑而言的。但是，在法院作出有罪判决不可避免、在自由刑的适用上难以有太大减缓空间的情况下，说服法院将罚金、没收财产控制在适当的限度之内，却是辩护律师可以发挥作用的一个领域。所谓罚金、没收财产，作为两种附加适用的财产刑，主要适用于那些涉及侵犯财产类犯罪的案件，并且都不是没收行为人违法犯罪所得的财物，而是通过剥夺其合法所得的财产，增大其实施犯罪的风险和成本，剥夺其再犯罪的能力。在适用罚金和没收财产的时候，司法机关应避免过度惩罚行为人，更不能使其近亲属或其他利害关系人受到不公正的惩罚。律师在进行量刑的辩护过程中，应当根据委托人行为的性质、社会危害程度、认罪态度、家庭经济状况、本人支付能力、再犯可能性等因素，向法院提出有关适用罚金、没收财产的辩护意见，对于过度运用这两种财产刑的行为，律师还应提出积极的抗辩。

其次，**在被告人逃匿、死亡案件中，一旦检察机关提起"违法所得没收之诉"，律师可以担任利害关系人的诉讼代理人，维护其合法财产权利。**在被告人逃匿、死亡案件中建立"违法所得没收之诉"，是 2012 年刑事诉讼立法取得的一项重大进展。根据这一制度，对于被告人逃匿或者死亡的案件，检察机关可以向法院提交没收违法所得申请书,列明行为人涉嫌违法的事实以及所要没收的财产数额。法院随即设置一个为期六个月的公告期,在公告期之内,行为人的近亲属以及其他利害关系人都可以提出异议。利害关系人在公告期内提出有效异议的,法院要组成合议庭,进行开庭审理。对于这种没收违法所得之诉,律师可以诉讼代理人的身份,代理行为人的近亲属以及其他利害关系人的诉讼活动,出席法庭审理,进行举证、质证和辩论,说服法院合理界定违法所得的范围,避免无根据、不合理的违法所得没收行为。

再次,**在被告人到案的情况下,作为被告人的辩护人,在为其作无罪辩护或者量刑辩护的同时,论证追缴、没收犯罪所得的适当范围,督促法院纠正侦查机关采取的过度的查封、扣押、冻结、处置行为,这应当是律师刑事辩护的一种延伸**。前面所分析的案例,就属于律师成功地从事此类代理活动的典型范例。具体说来,这种诉讼业务可以包括两类代理业务:一是作为辩护人,在从事传统刑事辩护活动的同时,说服法院将追缴、没收违法所得控制在合理的限度之内,避免过度地行使追缴和没收的权力;二是作为诉讼代理人,在法院判决生效之后,提起国家赔偿申请,请求侦查机关对法院生效判决认定不属于犯罪所得赃款赃物、犯罪工具或者违禁品的财物,及时解除查封、扣押、冻结等措施,对于尚未处置的财物予以返还,对于处置完毕的财物则予以赔偿。

最后,**在被告人到案的情况下,作为案外第三人的诉讼代理人,就本案犯罪所得的追缴、没收范围发表代理意见,提交相关证据,避免法院过度运用追缴和没收程序**。迄今为止,在被告人到案的情况下,作为利害关系人的案外人,还无法被赋予第三人的地位,也无法参与刑事诉讼活动,更无法参与当庭的举证、质证和辩论。在司法实践中,很多利害关系人为避免自己的财产损失,都委托律师做自己的代理人,律师也有参与刑事诉讼活动的意愿。但在法庭审理过程中,法庭通常都没有将第三人及其诉讼代理人安排到审判区就座,更不允许其参与法庭上的举证、质证和辩论活动。在此情况下,一些接受委托的律师,就只能坐在旁听席上,旁听案件的全部审理过程,并在庭前或者庭后提交本方的意见,促使法院采取适度的追缴和没收措施,避免委托人合法财产权益受到任意剥夺。

当然,从长远角度来看,第三人及其代理律师参与刑事诉讼活动的问题,需要通过进一步的刑事诉讼立法来解决。但从现实的角度来看,律师也可以应利害关系人的请求,担任其诉讼代理人。在法庭不允许其出席法庭审理的情况下,代理律师可以在开庭前提交相关的代理意见,在法庭上也可以旁听庭审过程,庭审后还可以再次提交新的代理意见。遇有法院在没有事实根据和法律依据的情况下,任意采取追缴、没收措施,损害第三人合法财产权益的,代理律师也可以向上一级法院提出申诉意见,以促使上级法院对下级法院的追缴、没收行为的合法性和合理性进行重新审查。

根据不少律师的经验,律师在从事上述涉及委托人财产权益的诉讼活动时,可以与刑事辩护活动保持相对的独立性。例如,律师可以与委托人签订一份刑事辩护方面的授权委托协议书,还可以与委托人就同一案件的罚金、没收财产以及涉案财物的追缴、没收等问题签署一个诉讼代理协议。当然,最为稳妥的办法是同一律师事务所的两名律师分别担任同一委托人的辩护人和诉讼代理人,在相互协作的基础上,分别就定罪量刑和财产权益问题进行抗辩,以便最大程度地维护委托人的合法权益。

总之,**在刑事辩护过程中将民事代理业务独立出来,使其获得专业化的处理,是推动刑事辩护业务走向专业化、高端化的必由之路**。

无筹码，不协商

> 在认罪认罚从宽制度的框架下，要激活量刑协商机制，开展有效的辩护，律师需要发现"协商的筹码"，对公诉方的量刑方案提出有力挑战，促使其作出实质性的让步。无论是"对抗性筹码"，还是"妥协性筹码"，都是协商性辩护取得进展的关键之所在。

随着认罪认罚从宽制度的实施，被追诉人在大多数案件中都选择了认罪认罚程序，放弃了正式的法庭审判程序，也放弃了无罪辩护的机会，而选择以认罪认罚为前提、以刑事协商为手段，换取司法机关宽大刑事处理的诉讼路径。由此，律师即便参与此类案件的刑事辩护过程，也无法开展传统的"对抗性辩护"，而只能选择"协商性辩护"的道路。那么，律师究竟应如何有效地参与量刑协商呢？

在司法实践中，被追诉人自愿供认犯罪事实，愿意接受刑事处罚的，案件可以适用"认罪认罚从宽程序"。自侦查阶段，嫌疑人认罪认罚的，侦查机关即可对其进行讯问，并将其选择认罪认罚程序的意愿，载入案件笔录，案件随即通过特殊通道移送检察机关进入审查起诉程序。在审查起诉阶段，检察官通过讯问嫌疑人，听取辩护律师或值班律师的意见，形成对嫌疑人的初步量刑建议。在各方达成一致意见的基础上，检察官召集嫌疑人、辩护律师或值班律师同时到场，责令嫌疑人签署认罪认罚具结书，并由辩护律师或值班律师在具结书上签字。至此，就相当于形成了检察官与嫌疑人协商一致的量刑建议。对此认罪认罚具结书，检察官在提起公诉时，要连同起诉书、量刑建议书和案卷材料一起，移交给法院。在法庭审理过程中，只要没有出现法定的例外情形，法院就要采纳这份量刑建议，并以此为根据，形成对案件的判决结论。

由此可见，认罪认罚从宽的关键环节是检察机关主导下的审查起诉程序，在这一程序中检察官要形成一种得到嫌疑人认可的量刑建议。按照传统的做法，检察官可以依据职权，单方面提出包括量刑种类和量刑幅度的量刑建议，嫌疑人只要接受这一量刑建议，也就大功告成了。对于这种形成量刑建议的程序，我们可称之为"职权主导型程序"。而根据我国推进认罪认罚从宽制度改革的经验，为吸引和激励更多的嫌疑人、被告人选择认罪认罚从宽程序，检察官在审查起诉环节需要纳入一定的协商、讨论和妥协因素，也就是确立一种"量刑协商型程序"。但仅仅依靠自身的力量，嫌疑人、被告人是根本无法与检察官展开对话和协商的。因此，辩护律师和值班律师介入量刑协商程序,就成为维持"量刑协商型程序"正常运转的前提条件。

经验表明,现行的值班律师制度存在着严重的不足,无法为嫌疑人提供尽职尽责的法律帮助,也无法与检察官就量刑建议的形成展开有效的对话和协商。原因很简单,那些在看守所、检察院、法院进行轮值的值班律师,充其量只是一种临时的法律帮助人,只是流水作业式地为那些有认罪认罚意向的嫌疑人提供法律咨询、代为申诉或者控告、代为申请变更强制措施。在审查起诉阶段,值班律师可以向检察官发表有关认定事实、定罪、适用刑事处罚的意见,并在嫌疑人签署认罪认罚具结书时在场见证并签字确认。不仅如此,我国刑事诉讼法还允许值班律师查阅案卷材料,会见在押嫌疑人,使得值班律师拥有一些原本为辩护律师所行使的诉讼权利。但是,由于值班律师并不具有辩护人的身份,无法与嫌疑人、被告人形成诉讼代理关系,所领取的服务报酬甚至远远低于那些被指定担任辩护人的法律援助律师。因此,值班律师并不具有为委托人提供有效法律帮助的意识和动力,更难以遵守辩护律师的职业伦理规范。结果,在司法实践中,值班律师不仅无法为嫌疑人提供实质性的法律帮助,而且还有可能变成督促嫌疑人认罪认罚的人,甚至变成检察官的追诉助手。至于与检察官展开充分的对话和协商,有效地提出本方的量刑方案,说服检察官将量刑加以"压低",那就更无从谈起了。

值班律师在参与量刑协商程序方面固然乏善可陈,但假如嫌疑人在审查起诉阶段委托律师担任辩护人,那么,辩护律师究竟能否有效地参与量刑协商程序呢?目前,嫌疑人在审查起诉阶段委托辩护律师的案件还为数不多,而大多数观察者都主要关注"值班律师的辩护人化"等问题。因此,辩护律师有效参与量刑协商的问题,被大大忽略了。

其实,在任何国家和地区,无论是那些临时提供法律帮助的值班律师,还是那些被指定担任辩护人的法律援助律师,都很难为嫌疑人、被告人提供令人满意的法律服务。民间所说的"救济粮无好粮""公立医院医疗水平差""公立教育比不过私立教育"等等,说的都是同一个道理。在律师参与刑事诉讼方面,真正能够为委托人提供高质量法律服务的,主要还是那些受委托担任辩护人的律师。

那么,在认罪认罚程序中,那些受委托担任辩护人的律师,究竟如何为委托人提供有效的法律帮助呢?尤其是在检察机关主导的审查起诉环节,辩护律师究竟该如何参与量刑协商,从而真正说服检察官形成一种较低幅度的量刑建议呢?在以下案例中,一位辩护律师参与认罪认罚程序的经历,足以说明，律师只要尽职尽责，进行充分的辩护准备，摆出强有力的"辩护筹码"，对检察官的起诉形成有效的制衡，就有可能使检察官"压低"量刑幅度，提出一个出人意料的量刑建议。这个案例所显示的，其实就是辩护律师与检察官通过"商业谈判"式的协商，互谅互让，相互妥协，最终促使法院作出对委托人十分有利的量刑裁判。

案例

根据某基层人民检察院的指控，张某与李某合谋从事毒品买卖活动。张某负责联系毒品买家和毒品货源，李某负责将毒品通过快递方式邮寄给买家。根据公安机关提取的证据，包括微信记录、转账记录、快递记录、快递店员工指认、买家指认以及毒品扣押笔录，李某被认定前后两次给买家王某邮寄毒品，在第三次来到快递店时被民警当场抓获。警察从其身上搜出甲基苯丙胺3.29克。李某供述说准备将这些毒品邮寄给云南的一个买家。

律师接受李某委托担任辩护人后，初步确立了两个辩护思路：一是论证李某为贩卖毒品的从犯；二是争取打掉其中一次贩卖事实，避免被认定为"多次贩卖"。

案件进入审查起诉环节后，辩护律师经过阅卷、会见等活动，发现侦查机关在取证程序上存在多个程序瑕疵，也发现认定李某涉嫌贩卖毒品的事实存在证据锁链上的缺陷。例如，侦查人员制作的毒品扣押清单与后来的称量记录，对于毒品的编号和包数的记录并不一致；侦查人员没有在法定期限内对毒品进行鉴定；侦查人员对从李某身上搜出的两包毒品，进行混合后称量和检验；对侦查人员称量过程进行见证的人，属于职业见证人；李某第三次贩卖毒品的事实，并没有毒品买家的证言和其他证据加以印证；等等。

辩护律师向检察官提出侦查人员的行为存在诸多程序瑕疵后，检察官将案件退回补充侦查。公安机关重新移送后，以情况说明和讯问笔录的形式进行了程序补正和解释。辩护律师经过对案件情况的综合考虑，认为"证据虽存在瑕疵，但不至于动摇其真实性，难以攻破证据锁链，故向检察官示好，提议做认罪认罚。检察官的态度极好，答应做认罪认罚"，并表态认同李某的从犯情节，对量刑问题再进行具体协商。

为了准备量刑协商，辩护律师对当地类似案件进行了"大数据检索"，形成了检索报告，以此作为"协商量刑的筹码"。同时，辩护律师根据广东省高级人民法院发布的量刑细则，计算出了本案李某的基准刑，并根据相关的量刑情节,初步确定量刑区间在 15—20 个月之间。

在检察官听取辩护人意见时,律师与检察官进行了专门的"刑期协商"。辩护律师详细描述了这一协商过程:"检察官问:你们认为(应该)量刑多久,我们矜持地说'您先说'。检察官说 8—10 个月如何,罚金 2000 元。当时我们又惊又喜,立即答应,并开始怀疑自己的量刑计算方法,检察官的量刑是不是有点低了,如果按照多次贩卖,法定刑是 3 年以上,即便以从犯减轻30%,再加上认罪、初犯等,难以突破 15 个月。如果只按照毒品的数量,2 克以上,量刑起点 1 年,每增加一克增加 3 个月,即 12 个月加 9 个月,减半也要10 个半月。这个想法也引起被告人的共鸣,她说不是很相信,仓里的人贩卖一两克都判 8—9 个月,我们的怀疑直到开庭得到了验证。"

在开庭前,法官与检察官、被告人及其辩护人就量刑建议有一段交涉过程。辩护律师记录了这一过程:"法官皱着眉头对检察官说:这个量刑低了吧?检察官不语,气氛有点尴尬。法官思考了一下说:罚金加 1000(元)吧,按 3000(元起诉)。检察官说:可以,等一下开庭当庭变更量刑建议。法官说:被告人和辩护人有没有意见?被告人和辩护人答:没有。"

开庭后,辩护律师预测法官可能按照认罪认罚具结书确定的量刑建议,顶格判处 10 个月。但判决书最终判处 9 个月。

通过办理几个认罪认罚案件,律师认为,认罪认罚"并不是检察院给予的恩赐,而是一场谈判,需要我们辩护律师手里有过硬的谈判筹码,才能平等地和检察官谈量刑建议"。[1]

在这一案例中,律师向我们展示了参与量刑协商程序的全部过程。其中最令人印象深刻的是辩护筹码和战略妥协的概念。在这起贩毒案件中,辩护方经过阅卷和会见,掌握了检察官方面的两个缺陷或者说软肋:一是侦查机关在搜集证据的过程中存在着明显的程序瑕疵。这些瑕疵尽管尚未达到启动非法证据排除程序的程度,却促使检察官作出退回补充侦查的决定,并督促侦查人员对瑕疵证据进行程序补正和必要解释。二是侦查机关所认定的案件事实存在证据不足的风险。尤其是被告人第三次贩卖毒品的事实只有被告人供述和快递店工作人员的间接证言,而没有买家的证言和其他证据加以印证,存在着事实不清、证据不足,可能无法达到

---

[1] 参见翁均涛:《可能判 3 年以上的贩毒案,只判 9 个月?》,载微信公众号"同道刑辩",2019 年12 月 11 日。

"排除合理怀疑"程度的问题。

但是,辩护律师也清楚地认识到,本案作无罪辩护的空间是微乎其微的,进行程序性辩护也难以达到较为理想的效果。最现实的辩护策略是进行战略妥协,也就是以公诉方证据存在瑕疵或者尚未达到法定证明标准为契机,选择认罪认罚从宽程序,说服检察官提出幅度较低的量刑建议,从而最终帮助委托人获得量刑上的最大优惠。于是,辩护律师随之抛出了两个新的辩护筹码:一是当地同类案件判决的量刑总结;二是说服被告人选择认罪认罚从宽程序。最终,检察官选择了与辩护方进行诉讼合作,并主动向法官提出了令被告人及其辩护人"十分心动"的量刑方案。

在认罪认罚从宽程序中,量刑协商是一种谈判。谈判意味着互谅互让,达成适度的妥协,通过讨价还价,找到双方都能接受的量刑方案。正如在战争中没有实力就没有谈判的筹码一样,在量刑协商过程中,辩护律师要成功地促使检察官将量刑建议中的量刑幅度降下来,"压低到诱人的程度",就必然要具有对抗的实力,也要具有量刑协商的筹码。所谓"量刑协商的筹码",是指辩护律师提出的足以说服检察官作出战略妥协的事实和信息。这种辩护筹码大体上可以分为两大类:一类是对抗性筹码,一类是妥协性筹码。前者是指辩护律师提出的足以令委托人获得最大利益,或者足以令检察官的指控处于不利境地的信息。在量刑协商过程中,辩护律师通过展示这些事实或者信息,向检察官表明本方具有进行"对抗性辩护"的实力,具备足以令指控陷入不利境地的辩护能力。而所谓"妥协性筹码",则是指辩护律师提出的旨在放弃被告人部分诉讼请求、协助检察官实现某种诉讼利益的事实或者信息。辩护律师需要向检察官表明,为避免"两败俱伤",本方准备放弃这些对抗性辩护活动,将这些对委托人有利的事实和信息弃之不用,表达向检察官"示好"的意愿,并随之建议检察官"压低"量刑幅度,或者直接提出一个幅度较低的量刑建议。通常情况下,面对辩护方的辩护筹码,检察官会进行利弊得失的权衡,为避免可能面临的风险和损失,达成利益的最大化,会作出适度的战略妥协,提出一个令被告人及其辩护律师容易接受的量刑方案。

根据律师辩护的经验,"对抗性筹码"与"妥协性筹码"并没有泾渭分明的界限,而是可以发生相互间的转换。通常情况下,辩护律师为了说服检察官放弃较为严苛的量刑方案,需要首先使用"对抗性筹码"。这类筹码可分为五大类:一是侦查程序中存在非法取证行为或程序瑕疵的事实,可以以此提出排除非法证据的请求;二是侦查机关收集的证据存在证明力方面的缺陷;三是侦查机关认定的案件事实,在证明体系和证据锁链上存在不完整的情况,案件没有达到排除合理怀疑的程度;四是存在更为权威的同类案例,可以证明检察官提出高幅度的量刑建议,是没有事实根据和法律依据的;五是假如被告人不供认有罪,或者选择了无罪辩护,将使检察官的指控陷入非常被动的境地。

当然,在检察官表达了接受妥协方案的意愿之后,辩护律师应适可而止,随即提出一系列相应的"妥协性筹码"。例如,辩护律师可以明确放弃提出非法证据排除的申请,不再启动非法证据排除程序,以解除检察官的诉讼压力;辩护律师可以不再对侦查机关的程序瑕疵提出任何诉讼请求,不再关注公诉方证据的程序瑕疵;辩护律师可以不再提出无罪辩护的请求,对于公诉方证据体系上的缺陷不再加以强调。当然,最为关键的是,辩护律师可以向检察官承诺,动员并说服被告人选择认罪认罚从宽程序,不再作无罪辩护,也不在法庭上翻悔,由此可以帮助检察官提高认罪认罚程序的适用比例。

通过以上对"对抗性筹码"的强调,辩护律师向检察官展示了本方的辩护实力;通过对"妥协性筹码"的展示,辩护律师向检察官展现了本方寻求合作和妥协的诚意。通过上述对抗手段和妥协工具的交替使用,辩护律师就可以说服检察官将量刑幅度降下来,将"量刑建议"中的"水分挤干",避免检察官利用其信息垄断优势提出"虚高"量刑建议的情况。